高等院校通识教育系列教材



# 大学语文

李改婷◎主编
马文文 邢香菊◎副主编

中国传媒大学出版社
·北京·

# 编委会

主　编　李改婷

副主编　马文文　邢香菊

编　委　龚芙蓉　李　洁　李　楠

嵇天雨　洪　虹　张志远

# 前言

随着国家社会发展的实际需要，高校教育改革也在逐步深化。“大学语文”作为一门综合性人文素质教育课程，在培养和提高学生汉语言文学方面的阅读、理解、鉴赏、书写、表达能力以及陶冶学生情操、提升学生文化素养等方面都有着重要意义。“大学语文”教研组在该课程的内容设置、教学方法等方面一直进行着不断的改革、创新和探索。

本部《大学语文》教材的编写，是整个教学与写作团队在对各类院校各种《大学语文》教材进行全面调研、比较、思考，对我国当下的国情、人才需求的特点进行详细了解，并紧密结合艺术类院校人才培养目标和学科设置特点等因素综合考量的成果。本教材在编写中突出以下几点：

**1.教材编写的基本理念**

艺术类专业的学生具有一定的艺术审美情趣和艺术领悟力，但阅读、写作能力与人文素养相对薄弱。因此本教材在坚持“大学语文”学科的工具性、人文性、美育性的基础上，充分结合艺术类专业学生特点进行编写。首先，教材选文突出经典性，注重艺术性与文学性的结合；其次，教材突出工具性，注重训练学生的口语表达与写作能力，从而全面改善学生语言文字的表达、交流和沟通能力，提升学生的综合素养。

**2.教材体例的创新**

本教材打破了以往或注重理论知识，或片面追求语文学科工具性的编排习惯，将“大学语文”人文素养和实用功能两者相结合：以人文素养为基础，以口语表达、写作训练为拓展——以大量优秀文学作品为依托，以单元研习训练为活动导向，切实提高学生的综合素养。

本教材分成诗歌、散文、小说、戏剧和艺术与文学五个单元，除第五单元外，每一单元都由“文学阅读”和“单元研习任务”两部分组成。“文学阅读”以文学作品赏析为主，每一篇文学作品都配以背景介绍、文本导读和课后练习；“单元研习任务”以学生实践训练为主，分为知识拓展和语言表达训练。

教材的五个单元之间既有联系又相对独立。每一单元从文学阅读到单元研习任务，都注重由浅及深，由内到外，由理论到实践训练的原则，让“大学语文”课程真正做到既让学生在审美欣赏中陶冶情操，升华情感，丰富精神内涵，又能让学生拓展文化视野，改善知识结构，提高语文素养。如第一单元诗歌阅读，在欣赏诗歌名篇，领略诗歌艺术的同时引入诗歌创作及朗诵的技巧；第二单元散文阅读选取了《史记·项羽本纪》(节选)，通过这篇文章的讲解，不仅让学生体会司马迁将著述历史视为生命的执着精神，掌握《项羽本纪》叙事、人物刻画、语言运用等方面的技巧与成就，还引入人物传记的写作，将作品赏析与写作训练密切联系在一起。

**3.教学模式的探索**

本教材的编写充分注意到教与学之间的相互作用，努力改变传统的灌输式教学模式。在教材的编订中，“大学语文”编写团队注重运用案例教学法、情景教学法、任务驱动法等教学理念和教学组织方法，努力搭建一种从知识中获取经验，从实践中总结知识的课程体系，充分调动学生的学习积极性，激发学生在课程之外的自主学习，培养学生分析问题、解决问题的创造性思维。因此，教材第五单元艺术与文学，特设为学生研习单元。

# 目录

# 第一单元 诗歌阅读

诗歌是高雅的艺术，古今中外的诗人们给我们留下了“关关雎鸠，在河之洲”的纯真质朴，“吾将上下而求索”的不懈攀登，“君不见长江之水天上来”的豪情万丈，“为有源头活水来”的哲理思考，留下了“挥一挥衣袖，不带走一片云彩”的依依深情，“面朝大海，春暖花开”的自由追求，也留下了“冬天来了，春天还会远吗”的召唤，“生如夏花之绚烂，死如秋叶之静美”的深思……

本单元选择了古今中外的优秀诗篇，学习本单元要感受诗歌魅力，获得美的体验；结合诗人情感分析诗作，把握不同诗歌的风格特征；学习诗歌中的抒情方法，领略富有特色的表达艺术。

# 第一课　君子于役

《诗经·王风》

## 相关介绍

《诗经》是我国第一部诗歌总集，最早称为《诗》，西汉时，被奉为儒家经典之一，方称《诗经》。它收录了自西周初年（约公元前11世纪）至春秋中叶（约公元前6世纪）大约500年间的诗歌，这些诗歌主要产生于黄河流域，作者包括了从贵族到平民的社会各阶层人士，绝大部分已不可考。《诗经》共有305篇，另有6篇笙诗，有目无词。按音乐曲调的不同，《诗》分为“风”“雅”“颂”三类。风即音乐曲调，国风即各地区的乐调，分为15国风，共160篇；雅即正，指朝廷正乐，分为大雅、小雅，共105篇；颂即宗庙祭祀之乐，分为周颂、鲁颂、商颂，共40篇。《诗经》内容丰富，涵盖深广，展示了西周初到春秋中叶多层面的社会生活和人们的精神风貌。在艺术形式上，以四言为主，四句独立成章，其间杂二言至八言不等，普遍采用赋、比、兴的艺术表现手法，重章叠句，对我国后世诗歌产生了深远影响。

## 作品赏析

君子①于役②，不知其期。曷至哉③？鸡栖于埘④，日之夕矣，羊牛下来。君子于役，如之何勿思⑤？

君子于役，不日不月。曷其有佸⑥？鸡栖于桀⑦，日之夕矣，羊牛下括⑧。君子于役，苟无饥渴⑨！

---

① 君子：古代指地位高的人，后来指人格高尚的人，这里是抒情女主人对丈夫的敬称。
② 于役：行役。谓因兵役、劳役或公务奔走在外。
③ 曷：（hé）何时；什么时候。
④ 埘：（shí）古代称墙壁上挖洞做成的鸡窝。
⑤ 如之何：如，奈，怎么；如之何，怎么；为什么。
⑥ 佸：（huó）会；相会。
⑦ 桀：（jié）古同“榤”，木桩，亦指鸡栖息的木桩。
⑧ 下括：下来；括，至，到。
⑨ 苟：姑且，暂且。

## 文本导读

《君子于役》选自《诗经·国风·王风》，作于周平王东迁洛邑后，王风即东周王畿洛阳民歌。关于这首诗的主题，历来有两种说法：第一种是《毛诗序》中认为该诗为“刺平王也，君子行役无期度，大夫思其危难，以风焉”，因此是讽刺诗；第二种观点是朱熹说该诗为“大夫久役于外，其室家思而赋之”，因此是思妇诗。由于当时周朝王权衰落，诸侯国之间战乱迭起，危及王畿，周天子派兵戍守，兵士久役不归，妇人思夫作此诗，更合情理。

《君子于役》采用赋的艺术表现手法，开篇直述妇人思念久役不归的丈夫。全诗两章：第一章聚焦于思妇，通过对相思之长、相思之苦、相思之切的描写，抒发漫漫相思之情；第二章凝神于君子，因为归期无望而无可奈何，只能退而求其次，表达对君子的殷殷关切。

全诗语言朴素而内蕴丰厚，通篇使用白描式语句，质朴、简净而又感人至深，如“鸡栖于埘，日之夕矣，羊牛下来”和“鸡栖于桀，日之夕矣，羊牛下括”两句，其勾勒的画面简单实在，恬静和谐，但却映照出妇人的相思之苦，使其相思之情充斥苍穹。《君子于役》的这种描写如画，真情真景，清新淡雅对后世的田园诗产生了深远影响。

## 课后练习

1.《君子于役》中描写乡村傍晚景象的诗句有哪些？诗人选用这些景象有什么意义？如果让你用合适的艺术形式对其进行展示，你该如何做呢？

2.《君子于役》第一章与第二章有哪些类似的地方？这在修辞上叫什么？有何作用？

3.“苟无饥渴”表达了思妇怎样的情感变化，这些变化说明了什么？

# 第二课　春江花月夜[1]

张若虚

## 相关介绍

张若虚(660？—720？),初唐诗人。扬州(今属江苏)人。生平事迹不详。曾任兖州兵曹,一生官运不显。文辞俊秀,与贺知章、张旭、包融并称“吴中四士”。其诗大都散佚,《全唐诗》仅存其诗二首:一首《代答闺梦还》,一首《春江花月夜》。从唐至元,《春江花月夜》一诗几乎难觅知音,被冷落了几百年。据文史学家程千帆先生考证,一些有名的唐诗选本均未收录此诗。直至明人高棅《唐诗品汇》选本,才收录该诗,而高棅并未将其视为“正声”。张若虚虽然只留下两首诗,但《春江花月夜》却是一首千古杰作,被闻一多先生誉为“诗中的诗,顶峰上的顶峰”,一千多年来使无数读者为之倾倒。“孤篇横绝,竟为大家”,才秀人微的张若虚凭借一首《春江花月夜》名垂文学史。

## 作品赏析

春江潮水连海平[2],海上明月共潮生。滟滟随波千万里[3],何处春江无月明？江流宛转绕芳甸[4],月照花林皆似霰[5]。空里流霜不觉飞[6],汀上白沙看不见[7]。江天一色无纤尘,皎皎空中孤月轮。江畔何人初见月？江月何年初照人？人生代代无穷已,江月年年只相似。不知江月照何人,但见长江送流水。白云一片去悠悠,青枫浦上不胜愁[8]。谁家今夜扁舟子[9]？何处相思明月楼[10]？可怜楼上月徘徊,应照离人妆镜台。玉

---

① 《春江花月夜》为乐府旧题,属《清商曲辞·吴声歌曲》,相传由南朝陈后主(叔宝)所创。

② 海:长江下游宽阔的江面。

③ 滟滟:波光闪动的样子。

④ 芳甸:长满花草的郊野。

⑤ 霰(xiàn):雪珠。

⑥ 流霜:月光。

⑦ 汀:沙汀,水滩。

⑧ 青枫浦:在今湖南浏阳境内,古人常用来表示分别的地方。此处泛指思妇所在地。

⑨ 扁(piān)舟子:漂泊在外的游子。

⑩ 明月楼:指思妇居住的楼。

户帘中卷不去[1]，捣衣砧上拂还来[2]。此时相望不相闻，愿逐月华流照君[3]。鸿雁长飞光不度[4]，鱼龙潜跃水成文[5]。昨夜闲潭梦落花，可怜春半不还家。江水流春去欲尽，江潭落月复西斜。斜月沉沉藏海雾，碣石潇湘无限路[6]。不知乘月几人归，落月摇情满江树。

## 文本导读

这是一首推陈出新之作。《春江花月夜》本是乐府旧题。据宋郭茂倩《乐府诗集》所录，除张若虚这一首外，尚有隋炀帝二首、诸葛颖一首、张子容二首、温庭筠一首。但它们或脂粉气过浓，或格局狭仄，比张若虚这一首逊色很多。这首诗吸取了南朝民歌的内容与形式，敢于跳出前人窠臼、摆脱宫体束缚，登上了初唐诗歌艺术的顶峰。

全诗以月升起，以月落结。首尾遥相呼应：开篇八句逐字吐出春、江、花、月、夜五字，结尾八句将这五字逐字收回。中间部分触景生情，情随景转。随着时间的推移和空间的转化，画面与思绪既相互联系又不断变化。结构谨严，浑然一体。

诗情、画意、哲理水乳交融为空灵缥缈、圆融和谐的意境，是这首诗在艺术上最出色之处。作者抓住最动人的五种事物：春、江、花、月、夜。在月光照耀下，江水、沙滩、花林、白云、扁舟、小楼、镜台、砧石、鸿雁、鱼龙、晨雾以及不眠的思妇、漂泊的游子组成了鲜明可感的诗歌形象。诗人融情入景，每一种景物都浸染着浓浓的情感。全诗紧扣春、江、花、月、夜这个大背景，而又以月为主体，把众多意象变为由月光主导的意象群落。诗歌宛如一幅淡雅的中国水墨画，如梦如幻，美不胜收，令人赏玩不已。

全诗三十六句，四句一换韵，共九韵。平仄交替，韵律婉转，切合诗情的流动起伏。用词清丽，笔致缠绵。

---

① 玉户：闺房的美称。

② 捣衣砧(zhēn)：洗衣物使用的石头。古时以练制衣，要先在石砧上捣后，才便于缝制。

③ 月华：月光。

④ 长飞：远飞。此句谓：在融融月光中，即使鸿雁可以长飞去传递书信，书信也传递不过去。古有“鸿雁传书”之说。

⑤ 文：同“纹”，波纹。鱼龙：复词偏义，偏于鱼。古有“鱼能传书”之说。汉乐府《饮马长城窟行》：“客从南方来，遗我双鲤鱼。呼儿烹鲤鱼，中有尺素书。”古人把信封制作成鱼状，即来自鱼能传书之说。此句谓：即使鱼儿能替人捎带书信，也只能在水中跳跃几下使水面出现波纹罢了。

⑥ 碣石：碣石山，在今河北昌黎。此处代表北方(也即游子所在地)。潇湘：二水名，在今湖南省。此处代表南方(也即思妇所在地)。

## 课后练习

1.有人认为此诗感情基调“哀而不伤”,请谈谈你的认识。

2.根据诗歌特点,选择恰当的音乐,体验配乐诗朗诵,谈谈朗读技巧。

3.琵琶曲《春江花月夜》原为《夕阳箫鼓》,后经柳尧章、郑觐文改编为丝竹合奏曲,遂更为今名。意境深远,乐音悠长,被认为是中国古典民乐之代表。请用语言文字描述乐曲呈现的意境。

# 第三课　长恨歌

白居易

## 相关介绍

白居易(772—846),字乐天,自号醉吟先生、香山居士。下邽(今陕西渭南东北)人。唐德宗贞元十六年(800年)登进士第,后授校书郎,累官至左拾遗。元和十年因上疏急请抓捕刺杀宰相武元衡的凶手,遭到当权者的忌恨,从太子左赞善大夫贬为江州司马。后又担任过忠州、杭州、苏州刺史等官职,以刑部尚书致仕。会昌六年卒。赠尚书右仆射,谥文。后人因此又称其为"白文公"。

白居易为中唐时期最杰出的诗人,与元稹、刘禹锡交游甚厚,又多诗酒酬唱,时号为"元白""刘白"。白居易诗、词、文兼擅,尤精于诗。他继承并发展了《诗经》以来的"美刺"传统,不仅创作了大量"惟歌生民病"的新题乐府诗,还提出了"文章合为时而著,歌诗合为事而作"(《与元九书》)的创作主张,有力地推动了新乐府运动的开展。

白居易一生创作颇丰,他晚年把自己的诗作分为讽谕诗、闲适诗、感伤诗、杂律诗四类,留有《白氏长庆集》。

## 作品赏析

汉皇①重色思倾国,②御宇多年求不得。③ 杨家有女初长成,④养在深闺人未识。天生丽质难自弃,一朝选在君王侧。回眸一笑百媚生,六宫⑤粉黛⑥无颜色。春寒赐浴

---

① 汉皇:本指汉武帝刘彻,这里借指唐玄宗李隆基。

② 倾国:指容貌极其美丽的女子。《汉书·外戚传》中记载,汉武帝时乐人李延年,为赞叹妹妹的美色,歌曰:"北方有佳人,绝世而独立。一顾倾人城,再顾倾人国。宁不知倾城与倾国,佳人难再得。"

③ 御宇:统治天下

④ 杨家有女:指杨贵妃,名玉环,蒲州永乐(今山西芮城境内)人。因父杨玄琰早逝,幼时被寄养在叔父杨玄珪家。开元二十三年(735),被册封为寿王李瑁(唐玄宗之子)妃。开元二十八年(740),唐玄宗使其度为道士,道号太真。天宝四载(745),被召入宫中,册封为贵妃。

⑤ 六宫:皇帝后宫妃嫔的住所。

⑥ 粉黛:粉,胭脂水粉;黛,妇女画眉用的青黑色颜料;粉黛即妇女的化妆品,此处代指妇女。

华清池①,温泉水滑洗凝脂②。侍儿扶起娇无力,始是新承恩泽时③。云鬓花颜金步摇④,芙蓉帐暖度春宵。春宵苦短日高起,从此君王不早朝。承欢侍宴无闲暇,春从春游夜专夜⑤。后宫佳丽三千人,三千宠爱在一身。金屋妆成娇侍夜⑥,玉楼宴罢醉和春。姊妹弟兄皆列土⑦,可怜⑧光彩生门户。遂令天下父母心,不重生男重生女。骊宫⑨高处入青云,仙乐风飘处处闻。缓歌慢舞凝丝竹⑩,尽日君王看不足。

渔阳鼙鼓动地来⑪,惊破《霓裳羽衣曲》⑫。九重城阙⑬烟尘生,千乘万骑西南行。翠华⑭摇摇行复止,西出都门百余里。六军⑮不发无奈何,宛转蛾眉马前死⑯。花钿⑰委地无人收,翠翘金雀玉搔头。君王掩面救不得,回看血泪相和流。黄埃散漫风萧索,云栈萦纡登剑阁⑱。峨嵋山⑲下少人行,旌旗无光日色薄。蜀江水碧蜀山青,圣主朝朝暮暮情。行宫见月伤心色,夜雨闻铃⑳肠断声。

天旋日转回龙驭㉑,到此踌躇不能去。马嵬坡下泥土中,不见玉颜空死处。君臣

---

① 华清池:开元十一年(723),唐玄宗在骊山建温泉宫,天宝六载(747)将其改名为华清宫。温泉池也随之改名为“华清池”,位于今陕西临潼。

② 凝脂:形容皮肤白皙嫩滑。《诗经·卫风·硕人》:“肤如凝脂”。

③ 承恩泽:指得到皇帝的宠爱。

④ 金步摇:古代妇女的一种首饰。以金珠装缀,步则摇动。

⑤ 夜专夜:指唐玄宗专宠杨贵妃。

⑥ 金屋:男子所宠爱的妇女的住所。据传说,汉武帝年幼时,他的姑母长公主问他长大后是否要娶她的女儿阿娇为妻子,汉武帝回答:“若得阿娇,当以金屋贮之。”

⑦ 姊妹弟兄皆列土:列土,皇帝把土地分封给王侯。这句指杨玉环得宠被册封后,她的三个姐姐也分别被封为韩、虢、秦三国夫人的事情。

⑧ 可怜:可羡。

⑨ 骊宫:指华清宫。因其建在骊山之上,故称。

⑩ 凝丝竹:丝,弦乐器;竹,管乐器。这里指管弦乐器奏出的音乐。

⑪ 渔阳鼙(pí)鼓:渔阳,郡名;鼙鼓,骑兵用的小鼓。此句指天宝十一年(755)十一月,安禄山从渔阳起兵叛乱之事。

⑫ 霓裳(cháng)羽衣曲:唐代著名法曲,为开元中河西节度使杨敬忠所献。初名《婆罗门曲》,经唐玄宗润色并制歌词,后改用今名。

⑬ 九重城阙:皇帝居住的地方,宋玉《九辩》:“君之门以九重”,这里指都城长安。

⑭ 翠华:天子仪仗中以翠羽为饰的旗帜或车盖,这里指御车。

⑮ 六军:指唐之禁军六军。《新唐书·百官志四上》:“左右龙武、左右神武、左右神策,号六军。”

⑯ 宛转蛾眉马前死:婉转,缠绵悱恻的样子;蛾眉,美女的代称,《诗经·卫风·硕人》:“螓首蛾眉”,这里指杨玉环。此句指马嵬驿兵变,陈玄礼及其部下要求唐玄宗杀掉杨国忠和杨玉环,李隆基无奈,只得把杨国忠杀死,又把杨玉环缢死于马嵬驿(在今陕西兴平市)。

⑰ 花钿(diàn):用金翠珠宝制成的花形首饰。

⑱ 云栈(zhàn)萦纡(yíngyū)登剑阁:云栈,耸入云端的栈道,所谓栈道为在悬崖峭壁上凿石架木修筑的通道;萦纡,蜿蜒曲折;剑阁,剑门关,在今四川省剑阁县北。

⑲ 峨眉山:在四川峨眉山市境内,但这里泛指蜀中高山,因唐玄宗入蜀只到成都,未经过峨眉山。

⑳ 夜雨闻铃:《太真外传》中记载,唐玄宗入蜀,途径斜谷口,大雨连绵不断,持续十多天,玄宗在栈道上听见雨中铃声,隔山相应,凄凉悲伤,更加思念杨贵妃,便采其声作《雨霖铃曲》以寄恨。

㉑ 天旋日转回龙驭:天旋日转,指战事发生转机,唐王朝转败为胜,回龙驭,指唐玄宗的车驾从蜀地回到长安。

相顾尽沾衣，东望都门信马归。归来池苑皆依旧，太液芙蓉未央柳①。芙蓉如面柳如眉，对此如何不泪垂。春风桃李花开日，秋雨梧桐叶落时。西宫南内多秋草②，落叶满阶红不扫。梨园弟子③白发新，椒房④阿监青娥老。夕殿萤飞思悄然，孤灯挑尽未成眠。迟迟钟鼓初长夜，耿耿星河欲曙天。鸳鸯瓦⑤冷霜华重，翡翠衾寒谁与共。悠悠生死别经年，魂魄不曾来入梦。

临邛⑥道士鸿都⑦客，能以精诚致魂魄。为感君王展转思，遂教方士殷勤觅。排空驭气奔如电，升天入地求之遍。上穷碧落⑧下黄泉，两处茫茫皆不见。忽闻海上有仙山，山在虚无缥渺间。楼阁玲珑五云起，其中绰约多仙子。中有一人字太真，雪肤花貌参差是。金阙西厢叩玉扃⑨，转教小玉⑩报双成⑪。闻道汉家天子使，九华帐⑫里梦魂惊。揽衣推枕起徘徊，珠箔银屏逦迤开⑬。云鬓半偏新睡觉⑭，花冠不整下堂来。风吹仙袂⑮飘摇举，犹似霓裳羽衣舞。玉容寂寞泪阑干⑯，梨花一枝春带雨。含情凝睇⑰谢君王，一别音容两渺茫。昭阳殿⑱里恩爱绝，蓬莱宫⑲中日月长。回头下望人寰⑳处，不见长安见尘雾。唯将旧物表深情，钿合金钗寄将去。钗留一股合一扇，钗擘㉑黄金合分钿㉒。但教心似金钿坚，天上人间会相见。临别殷勤重寄词，词中有誓两心知。七

---

① 太液芙蓉未央柳：太液、未央，泛指唐代皇宫中的宫廷池苑。太液，汉代建章宫北的池名；未央，汉代的未央宫，由汉朝开国宰相萧何所营建。

② 西宫南内：西宫南内，指太极宫和兴庆宫；唐玄宗从蜀中回长安后，让位于唐肃宗李亨，唐肃宗为避免玄宗过问国事，把他从兴庆宫迁至西边的太极宫。皇宫称大内，所以太极宫在西称西内，兴庆宫在南称南内。

③ 梨园弟子：指唐玄宗亲自挑选调教的的乐工声伎。宋人程大昌《雍录》记载："开元二年（714），置教坊于蓬莱宫，上（指唐玄宗）自教法曲，谓之'梨园弟子'。"

④ 椒房：后妃居住的宫殿，这里为后妃的代称。

⑤ 鸳鸯瓦：指成对的瓦。

⑥ 临邛（qióng）：今四川邛崃。

⑦ 鸿都：东汉时京都洛阳有鸿都门，设学校和藏书处。在这里借指长安。

⑧ 碧落：天空。

⑨ 金阙西厢叩玉扃：金阙，指仙山上金碧辉煌的宫殿；叩，敲；玉扃，玉饰的门户；扃，门。

⑩ 小玉：传说中吴王夫差的女儿。

⑪ 双成：董双成。神话中西王母的侍女。

⑫ 九华帐：华丽的帐子。

⑬ 珠箔（bó）银屏逦迤（yǐlǐ）开：珠箔，即珠帘；银屏，银质的屏风；迤逦，曲折连绵。

⑭ 新睡觉（jué）：刚刚睡醒。

⑮ 袂（mèi）：衣袖，袖口。

⑯ 阑干：横流的样子。

⑰ 凝睇（dì）：凝视；注视。

⑱ 昭阳殿：汉宫殿名，汉成帝皇后赵飞燕所居，这里借指杨贵妃生前居住的宫殿。

⑲ 蓬莱宫：传说中海上仙山上的宫殿，这里指杨贵妃在仙境中居住的宫殿。

⑳ 人寰（huán）：人间；人世。

㉑ 擘：分裂，分剖。

㉒ 合分钿：盒子上面镶着的金花分为两半。

月七日长生殿①,夜半无人私语时。在天愿作比翼鸟②,在地愿为连理枝③。天长地久有时尽,此恨④绵绵无绝期。

## 文本导读

唐宪宗元和元年(806年),白居易在盩厔(今属陕西周至)县任县尉。这年冬季他与友人陈鸿、王质夫同游马嵬驿附近的仙游寺,三人谈及唐玄宗与杨贵妃的爱情故事,极为感慨,产生创作激情。陈鸿创作《长恨歌传》,白居易创作《长恨歌》以记录李杨爱情,使之传于后世。

白居易的《长恨歌》是一篇叙事长诗,全诗共分四段。第一段主要描写唐玄宗专宠杨贵妃,沉溺女色,懈怠国事。其中,首句"汉皇重色思倾国"总领全段,之后反复渲染描写唐玄宗得遇美人后的荒淫失政,点出"重色"是造成安史之乱的根源,充满讽刺批判的意味。第二段写杨贵妃之死与唐玄宗逃亡途中的悲伤。描写细腻,情景凄凉,使人充满同情,自此全诗的情感基调发生变化。第三段写唐玄宗从蜀中返回长安城后对杨贵妃的刻骨思念。重回故地,物是人非,失去皇权的唐玄宗沉浸在痛苦的相思与悔恨中。第四段写方士寻觅到杨贵妃的亡魂,玄宗与贵女两人互通音信,重申盟誓。整段以歌颂李隆基与杨玉环之间忠贞不渝的爱情为主,结尾两句点明"长恨",收束全篇,余味无穷。

《长恨歌》取材于历史事件和民间传说,但诗人在进行创作时已融入了自己的思想感情和艺术想象,因此《长恨歌》的主题随着叙事的进程和感情的变化而呈流动性。诗的前半以写实为主,对唐玄宗晚年的贪色误国给予了尖锐的讽刺;诗的后半多采用民间传说,对唐玄宗和杨贵妃的爱情悲剧表示深切同情,使整首诗充满浪漫的传奇色彩和浓郁的抒情气氛。全诗结构严谨,叙事有致,情节曲折多变,宛转动人,叙事与抒情、写景完美融合,缠绵感人。诗歌语言优美明丽,自然流畅,易于传诵,被后人奉为古代长篇歌行中的绝唱。

---

① 长生殿:华清宫殿名,即集灵台。
② 比翼鸟:传说中的一种雌雄在一起飞的鸟,比喻恩爱夫妻。
③ 连理枝:两树枝条相连。比喻恩爱的夫妇。
④ 恨:遗憾。

## 课后练习

1.阅读《长恨歌》,思考诗人对李杨爱情的态度是批判还是歌颂,并加以评论。

2.本诗第三段的环境描写对表现“长恨”的主旨有何作用?

3.唐玄宗与杨玉环的爱情是否如诗中所描写的真挚深刻?如果只是诗人虚构,那为什么这首诗在民间广为流传,并被人们津津乐道,倍加赞赏?

4.观看电影《妖猫传》,结合本诗说说《猫妖传》是如何对这首诗歌进行演绎的?

# 第四课 凤凰台上忆吹箫·香冷金猊

李清照

## 相关介绍

李清照(1084—1155?),自号易安居士,济南(今属山东)人。父亲李格非,苏门“后四学士”之一。丈夫赵明诚是宰相赵挺之之子,著名的金石学家。李清照早期生活优裕,婚姻美满。金兵挥军中原后,李清照与丈夫南下。宋高宗建炎三年(1129),赵明诚因病去世,李清照独自漂泊南方,饱受颠沛流离之苦,晚年更是孤苦无依,境遇凄凉。

李清照是宋代著名女词人,有“千古第一才女”之称,所作词,前期多写少女情怀、闺中情思、离愁别绪;后期多悲叹身世,情调感伤。风格以婉约为主,也有豪放之作。有《李清照集》。

## 作品赏析

香冷金猊①,被翻红浪②,起来慵自梳头。任宝奁③尘满,日上帘钩。生怕离怀别苦,多少事,欲说还休。新来瘦,非干病酒④,不是悲秋。

休休!这回去也,千万遍《阳关》⑤,也则难留。念武陵人⑥远,烟锁秦楼⑦。惟有楼前流水,应念我终日凝眸。凝眸处,从今又添,一段新愁。

## 文本导读

《凤凰台上忆吹箫》,词牌名,取传说中萧史与弄玉吹箫引凤的故事为名。刘向

---

① 金猊(ní):猊,即狻猊,传说中的一种猛兽;金猊,指金属质地、狻猊形状的香炉。

② 红浪:柳永《凤栖梧》有云:“鸳鸯绣被翻红浪”,红浪,指红色绸缎的被子乱翻在床上。

③ 宝奁(lián):奁,女子梳妆用的镜匣,宝奁,指精巧华贵的镜匣。

④ 病酒:饮酒过量而生病。

⑤ 《阳关》:古曲《阳关三叠》的简称,此为离别时刻唱的歌曲。

⑥ 武陵人:武陵人出自陶渊明的《桃花源记》,但这里的武陵延伸借用了刘义庆《幽明录》中刘晨、阮肇的故事,用典故,借指心爱之人。

⑦ 秦楼:出自刘向《列仙传》,原指秦穆公女儿弄玉与其夫萧史居住的楼,又称凤台。这里指李清照的住所。

《列仙传·萧史》中记载:"萧史善吹箫,作凤鸣。秦穆公以女妻之,作凤楼,教弄玉吹箫,感凤来集,弄玉乘凤,萧史乘龙,夫妇同仙去。"此词牌早见于晁补之的词《凤凰台上忆吹箫·千里相思》。

李清照此词大约创作于赵明诚任莱州知州期间,此时他们刚刚结束十余年的屏居青州生活,赵明诚重新为官,李清照并未与之同行,所以这是一首充满离愁别苦的词作。词的开篇五句,以"慵"字为核心,通过对词人起居环境的白描,表现词人内心的情感波澜,渲染离愁。紧接着"生怕离怀别苦,多少事,欲说还休",直接点明主题,由此词人万种愁情,一腔哀怨的离愁之苦跃然纸上,并最终因伤离惜别,导致词人容颜消瘦。语言浅俗清新,感人至深。词的下片,以"休休!"开头,写出词人决绝无奈的心情,因《阳关曲》唱了千万遍,也挽留不住丈夫,词人只能以"念武陵人远,烟锁秦楼"表达自己的相思之情与痴痴等待之苦。词作结尾,将词人的离愁别恨推向高潮,缠绵悱恻,委婉含蓄,动人心肠。

整首词依然延续了李清照"以浅俗之语,发清新之思"的格调,层层深入地渲染了离愁别念,以"慵"点染,以"瘦"形容,以"念"深化,以"痴"烘托,逐步写出不断加深的离愁别苦,诚如清陈廷焯评价:"笔致绝佳,余韵尤胜。"(《云韶集》)

## 课后练习

1.结合整首词,论述"慵"之妙用。

2."念武陵人远,烟锁秦楼"词句中运用了哪两个典故?请说明其丰富内涵。

# 第五课 为要寻一颗明星

徐志摩

## 相关介绍

### 1.作家简介

徐志摩(1897—1931),浙江海宁人,现代诗人、散文家。原名章垿,字槱(yǒu)森,留学英国时改名志摩。曾用笔名有南湖、诗哲、海谷、谷、大兵、云中鹤、仙鹤、删我、心手、黄狗、谔谔等。新月派代表诗人,新月诗社成员。

徐志摩出身名门望族,自幼天资不凡。1915 年毕业于杭州一中,先后就读于上海沪江大学、天津北洋大学和北京大学。1918 年赴美国克拉克大学学习银行学,十个月即告毕业,获学士学位,得一等荣誉奖。同年,转入纽约哥伦比亚大学研究院,进经济系。1921 年赴英留学,作为特别生入剑桥大学,研究政治经济学。在剑桥两年深受西方教育的熏陶及欧美浪漫主义和唯美派诗人的影响,奠定其浪漫主义诗风。

1922 年回国,开始在报刊上发表大量诗文。1923 年春,徐志摩在北京办一俱乐部,编戏演戏,也吟诗作画。出于对印度诗人泰戈尔一本诗集《新月》的兴趣,徐志摩提名借用"新月"二字为社名,新月社因此得名。同年加入文学研究会。1924 年任北京大学教授。1926 年《晨报诗刊》的创办,标志着新月诗派的形成。1927 年春,新月社一些成员由于政治形势的变化及其他种种原因,纷纷聚集到上海。徐志摩四处访友,奔走联络,与闻一多等在上海环龙路环龙别墅办了新月书店。1928 年,徐志摩一边在各大学任教,一边创办了《新月》诗刊。1930 年辞去上海和南京的职务,应胡适之邀,再度任北京大学教授,兼北京女子师范大学教授。1931 年 11 月 19 日因飞机失事罹难。

代表作有诗集《志摩的诗》《翡冷翠的一夜》《猛虎集》《云游》,散文集《落叶》《巴黎的麟爪》《自剖》《秋》,小说集《轮盘》,戏剧《卞昆冈》,日记《爱眉小札》《志摩日记》(由其妻陆小曼整理)等。

徐志摩是一位在中国文坛活跃一时并有一定影响的作家。一生追求"爱""自由"与"美",这为他带来了不少创作灵感,亦断送了他的一生。年少成名,游历世界,学贯中西；后半生经历战乱，颠沛流离。他始终保持着一颗单纯透明的童心，其诗文字句清新，神思飘逸，具有鲜明的艺术个性。茅盾称赞徐志摩是“末代的诗人”，朱自清则说他是“跳着溅着不舍昼夜的一条生命水”。

**2.新月派**

新月派是现代新诗史上一个重要的诗歌流派，深受泰戈尔《新月集》影响，以 1927 年为界分为前后两个时期。前期自 1926 年春始，以北京的《晨报副刊・诗镌》为阵地，主要成员有闻一多、徐志摩、朱湘、饶孟侃、孙大雨、刘梦苇等。后期以 1927 年春胡适、徐志摩、闻一多、梁实秋等人创办新月书店为标志，1928 年他们又创办《新月》月刊，主要活动同时转移到上海。

新月派诗人不满于“五四”以后“自由诗人”忽视诗艺的作风，提倡新格律诗，主张“理性节制情感”的美学原则与诗的形式格律化。为了实现这一理论原则，新月派诗人在诗歌艺术上做了有益的尝试，首先是客观抒情诗的创作，即变“直抒胸臆”的抒情方式为主观情愫的客观对象化，把主观情绪化为具体形象。反对滥情主义和诗的散文化倾向，从理论到实践上对新诗的格律化进行了认真的探索。

（1）前期理论

闻一多在《诗的格律》中提出了著名的“三美”主张，即“音乐美（音节）、绘画美（词藻）、建筑美（节的匀称和句的均齐）”。音乐美是指新月派诗歌每节韵脚都不一样，好像音乐一样；建筑美是指诗歌的格式好像建筑一样；绘画美指的是新月派诗歌的每节都是一个可画出的情节。

“三美”主张是针对当时的新诗形式过分散体化而提出来的。这一主张奠定了新格律学派的理论基础，对新诗的发展作出了一定的贡献。因此新月派又被称为“新格律诗派”。新月派纠正了早期新诗创作过于散文化的弱点，也使新诗进入了自觉创造的时期。

（2）后期理论

新月派后期以《新月》月刊和 1930 年创刊的《诗刊》季刊为主要阵地，新加入成员有陈梦家、方玮德、卞之琳等，他们提出了“健康”“尊严”的原则，坚持的仍是超功利的、自我表现的、贵族化的“纯诗”的立场，讲求“本质的醇正、技巧的周密和格律的谨严”，但诗的艺术表现、抒情方式与现代派趋近。

后期新月派的代表人物徐志摩、陈梦家、方玮德以及“汉园三诗人”何其芳、李广田、卞之琳都是纯诗的倡导者与力行者，其中徐志摩的《再别康桥》、卞之琳的《断章》称得上是现代白话诗中的传世之作。同时，受法国象征派诗人魏尔伦、瓦雷里等人的影响，王独清、李金发、戴望舒等人的诗歌创作带有自觉的现代派特征：以奇崛冷僻的意象、半文半白的文字、萦回拖沓的旋律抒写时代之一隅。

## 作品赏析

我骑着一匹拐腿的瞎马，
向着黑夜里加鞭；——
向着黑夜里加鞭，
我跨着一匹拐腿的瞎马。
我冲入这黑绵绵的昏夜，
为要寻一颗明星；——
为要寻一颗明星，
我冲入这黑茫茫的荒野。
累坏了，累坏了我胯下的牲口，
那明星还不出现；——
那明星还不出现，
累坏了，累坏了马鞍上的身手。
这回天上透出了水晶似的光明，
荒野里倒着一只牲口，
黑夜里躺着一具尸首。——
这回天上透出了水晶似的光明！

## 文本导读

四行一节的半自由体在中国新诗里似乎已经成了诗人下笔时不招自来的模式——一种用得太滥的模式，然而它到了徐志摩手里，居然变得多姿多彩，诗香袭人。

这首诗，每个诗节的一、四行间隔重叠，二、三行连续重叠，同时其一、二行与三、四行近乎回文——三、四行是一、二行的颠倒，诗篇就像一方织得十分精美的锦缎。徐志摩的这首诗将连续重叠与间隔重叠交错使用，两者交相支持，诗味浓郁。诗人对“明星”的寻觅是艰巨的，重叠复沓的回环吟唱，恰与这首诗的诗情相适应。重叠中有回环，回环中有重叠，对“明星”的缠绵憧憬之恋，对“明星”的忠贞执著之寻，得到了很好的艺术表达。再加上交错韵(ABBA)的使用，更增强了艺术魅力。

星星常常是黑暗中光明的象征，诗人“寻一颗明星”就是寻理想，寻光明，徐志摩的理想与光明就是爱、自由和美。全诗最后以明星将要出现时寻觅者已在黑夜里倒下作结，披露了诗人对“寻一颗明星”的朦胧和缺乏自信。后来他也真的在人生道路上退却了。在稍后的作品里，诗人已经失去“寻”的朝气，而增多了怀疑甚至颓废，“希望，不曾站稳，又毁了”（徐志摩《消息》）。

## 课后练习

1.结合新月派的“三美”原则，分析这首诗的结构特征。

2.结合作者徐志摩的性格和思想，谈谈你对这首诗的理解。

3.请结合你的专业技能，演绎这首诗歌。

# 第六课　我爱这土地

艾　青

## 相关介绍

艾青(1900—1996),现代著名诗人,本名蒋海澄,字养源,笔名莪伽、克阿、林壁等。

1900年艾青出生于浙江金华金东区畈田蒋村的一个封建家庭,但因为被认为"克父母",自幼由贫苦农妇大堰河抚养。1928年艾青考入杭州国立西湖艺术学院绘画系,翌年赴法国勤工俭学。留法期间,在学习绘画的同时,他接触了欧洲现代派诗歌。1932年初艾青回国,加入"左联"从事革命文艺活动,不久被捕,在狱中写了不少诗,其中的代表作是《大堰河——我的保姆》,因真挚的感情和清新的诗风,一经发表后便引起轰动,一举成名。抗战期间是艾青创作的高潮期,先后出版了《北方》《向太阳》《黎明的通知》等9部诗集。1957年被错划为右派,赴黑龙江农垦、新疆生活和劳动,创作中断了二十余年。1979年平反后,艾青任中国作家协会副主席、国际笔会中心副会长等职,创作有诗集《彩色的诗》《域外集》,出版了《艾青叙事诗选》《艾青抒情诗选》等,其中《归来的歌》和《雪莲》曾获中国作家协会全国优秀新诗奖。1985年,艾青获法国文学艺术最高勋章,这是中国诗人得到的第一个国外文学艺术的最高级别大奖。

## 作品赏析

假如
我是一只鸟,
我也应该
用嘶哑的喉咙歌唱:
这被暴风雨所打击着的土地①,
这永远汹涌着

① 土地:繁衍生长了中华民族的祖国大地的象征。

我们的悲愤的河流，
这无止息地吹刮着的激怒的风①，
和那来自林间的无比温柔的黎明②……
然后我死了，
连羽毛也腐烂在土地里面。
为什么我的眼里常含泪水？
因为我对这土地爱得深沉……

## 文本导读

《我爱这土地》是诗人艾青的代表作之一，也是现代白话诗中的名篇。1938 年，日本侵略军连续攻占了华北、华东、华南的广大地区，烧杀抢掠，无恶不作，妄图以铁血和恐怖摧毁中国人民的民族意志和反抗决心。中国人民奋起抵抗，进行了不屈不挠的斗争。当年 11 月，诗人艾青为如火如荼的抗战热情所鼓舞，于国土沦丧、民族危亡的关头，满怀对祖国的挚爱和对侵略者的仇恨，写下了这首慷慨激昂、深沉悲怆的诗，表达了最深挚的爱国情感。

诗人以假设句开篇，“假如我是一只鸟，我也应该用嘶哑的喉咙歌唱”一句写出了诗人对处于深重忧患和悲壮色彩之中的土地以生死相许的感情。艾青自己在《北方》的《序》中说：“这集子是我在抗战后所写的诗作的部分，在今日，如果能由它而激起一点种族的哀感，不平，愤懑，和对于土地的眷念之情，该是我的快乐吧。”

围绕着这个主题思想，诗人塑造了一个抒情主体，不同于大多数诗歌中的“我”，这个抒情主体是一只“鸟”，正是这只“鸟”将一系列的诗歌意象紧密串联在一起，从而把情感外化为可感可触的诗意，使诗歌既深邃又动人。

歌唱是鸟类的本能，诗中的“鸟”却因为长久地歌唱而使喉咙“嘶哑”。在一般庸常的诗人笔下，鸟儿每唱必“嘹亮”“委婉”“啾啾”，而“嘶哑”这陌生化的语词表达不仅新鲜，更重要的是还起着限制抒情主体的作用，因为“嘶哑”的存在，使得可能泛滥的情感语言得到有效制约，从而使本诗避免了肤浅的宣传，而转入一种无语而有情的深刻。

这只喉咙沙哑的“鸟”歌唱的对象是“这被暴风雨所打击着的土地，这永远汹涌着我们的悲愤的河流，这无休止地吹刮着的激怒的风”。诗人选用这些鲜明具体的意

① 悲愤的河流、激怒的风：中国人民不屈不挠的反抗精神的象征。
② 林间的黎明：象征着充满生机活力的解放区。

象，表达的深意不言而喻：当时，抗日战争已经爆发一年余，五千里大好河山在日本侵略者铁蹄下浸满了血泪，抗日的烽火迅速点燃了这古老的国，也点燃了每个国人的心。可以说，当时在中国人民的内心中所涌动的只有“悲愤”之火，所以诗人用河流和风来承载这些情感，是非常恰当和具有现实意义的。

在这样一个风云激荡的年代，鸟儿的“嘶哑”的歌声还包含着殷切的期望：这片土地不应当只蕴藏着悲伤愤怒，更孕育着胜利的希望——“那来自林间的无比温柔的黎明……”在这个充满顽强生命力的黎明，一切都宁静温柔。但是诗人的情绪点刹那间归零，情感被推向另一个高潮：“——然后我死了，连羽毛也腐烂在土地里面。”这种情绪上的突然转换好似山涧溪流，九曲十八弯，曲径通幽，绕梁三日、余韵悠长，因此非常具有艺术感染力，体现了诗人的艺术功力，奠定了他的诗坛地位。

## 课后练习

1.从古至今，爱国主题的诗歌一直经久不衰，例如舒婷的《祖国啊，我亲爱的祖国》，请对比这两首诗在抒情主体和抒情方式上有何异同之处。

2.深入理解这首诗歌的内在意蕴，根据其内涵，为本诗设计一套朗读方案。

# 第七课 石榴

保尔·瓦雷里

## 相关介绍

### 1.作家简介

保尔·瓦雷里(Paul Valéry,1871-1945),法国诗人、散文家和哲学家,法国后期象征主义诗人的主要代表。

1871 年 10 月 30 日瓦雷里出生于法国地中海沿岸的港口城市塞特,成长于法国南部中心城市蒙彼利埃,接受了传统的天主教教育。大学时虽然学习的是法律,但瓦雷里已经开始展现出诗歌方面的才华。大学毕业后他前往巴黎,并在巴黎度过了一生中的大部分时光。在此期间,他结识了法国著名象征主义诗人马拉美①,在诗歌创作上受到后者的指导。但在 1892 年的一个暴风雨之夜,瓦雷里经历了思想上的严重危机,并决心放弃所有情感上的关注,献身于智慧和知识。这一事件对他的写作生涯产生了巨大影响,使他近二十年的时间里放弃了诗歌创作。1912 年,瓦雷里的好友,法国著名作家和文学评论家纪德鼓励瓦雷里将年轻时的诗作结集出版。瓦雷里想将诗集的序言写成四十行的小诗,作为他对诗的告别。但诗歌创作的热情一旦开始就无法熄灭,经过五年的反复修改,到 1917 年瓦雷里的诗集出版时,这首诗已经发展为五百行的长诗,被命名为《年轻的命运女神》。这首诗歌一经发表即广受推崇,瓦雷里还被选为"法国今天最伟大的诗人"。此后他又相继发表了诗集《幻美集》和长诗《海滨墓园》,成为法国诗坛的领军人物。

瓦雷里被称为法国最后的象征主义诗人,其诗歌创作继承了马拉美的纯诗传统,却也渗透了许多关于生与死、变化与永恒、行动与冥思的哲学思索。

### 2.象征主义诗歌

象征主义是西方现代文学中产生时间最早、持续时间最长、影响最大的文学流派

---

① 马拉美(1842-1898),法国诗坛现代主义和象征主义诗歌的领袖人物,其诗歌追求语言美、句法多变化和音乐性,确立了自由诗的形式。

之一。象征主义诗歌起源于法国，主要特点是注重挖掘人的精神世界，以具体意象去反映抽象事物，并升华为哲理；大量运用通感和象征手法。

象征主义诗歌的代表诗人在法国有波德莱尔、马拉美、魏尔伦、兰波和瓦雷里，在英国有叶芝和T.S.艾略特等。

## 作品赏析

坚硬而绽开的石榴，
经不起结子太多；
我想见丰硕的成果
爆开了权威的额头！

开裂的石榴啊，阳光
灼烤就你们的傲骨，
使出苦炼的功夫
打通珠宝的隔墙，

干皮层的灼灼的赤金
和一种力量相应，
迸发出红玉的香缪，

这一道辉煌的裂口
使我的旧梦萦绕，
内心的隐秘结构。

（卞之琳 译①）

## 文本导读

《石榴》是一首咏物诗，诗人面对石榴展开丰富的联想，将其与人的头脑联系起来，发掘了二者的相似性，从而完成了这首诗歌。

这首诗共分为四节。第一节诗人看到结子太多而绽开的石榴，联想到若有丰硕的智慧的成果，头脑也会爆开。当然，在这里诗人用“爆开”想要形容的是心智活动的剧烈。第二、三节，讲述了石榴绽裂的原因。阳光的炙烤唤醒了石榴的“傲骨”，使石榴

① 卞之琳译文集[M].合肥：安徽教育出版社，2000：226.

迸发出巨大的力量,从而挣开了外皮。石榴绽裂的过程表明外界唤醒人内心的力量,经历艰苦的思考才能形成新的思想。第四节作者将石榴与人的头脑重新联系起来,认为通过石榴辉煌的裂口,看到了石榴的内部结构,也窥见了人类精神活动的奥秘。

在这首诗中,诗人运用了“爆开”“打通”“迸发”等一系列具有冲击力的词汇,形象展示了思维冲破阻碍而形成思想的过程,使整首诗呈现出一种硬朗的风格。同时,诗中采用了鲜明的意象如“珠宝的隔墙”“灼灼的赤金”“红玉的香缪”等,展现了石榴的美好,也暗喻了人类精神活动的美好。

## 课后练习

1.朗诵诗歌,品味作者在《石榴》一诗中想要传达什么哲理。

2.石榴也是深受中国人喜爱的植物,请探讨石榴在中国文化中的象征意义,并且说明其象征意义在你的生活学习中有哪些展现。

# 单元研习任务

## 一、知识拓展

1.中国诗歌数量浩如烟海,其中留下了无数脍炙人口的佳作,其文辞优美,音韵和谐。有人说中国古代文学史毋宁说是一部中国古典诗歌史,请你查询资料进行古诗传唱的活动。

### 送别

2.我国的现当代诗歌史上出现了不同的流派,请认真品味下面的诗歌,谈谈它们和“新月派”诗歌的区别。

### 天　狗

郭沫若

我是一条天狗呀!
我把月来吞了,
我把日来吞了,
我把一切的星球来吞了,

我把全宇宙来吞了。
我便是我了!

我是月的光,
我是日的光,
我是一切星球的光,
我是 X 光线的光,
我是全宇宙的 Energy 的总量!

我飞奔,
我狂叫,
我燃烧。
我如烈火一样地燃烧!
我如大海一样地狂叫!
我如电气一样地飞跑!

我飞跑,
我飞跑,
我飞跑,
我剥我的皮,
我食我的肉,
我吸我的血,
我啮我的心肝,
我在我神经上飞跑,
我在我脊髓上飞跑,
我在我脑筋上飞跑。

我便是我呀!
我的我要爆了!

## 回 答

北 岛

卑鄙是卑鄙者的通行证,
高尚是高尚者的墓志铭,
看吧,在那镀金的天空中,
飘满了死者弯曲的倒影。

冰川纪过去了,
为什么到处都是冰凌?
好望角发现了,
为什么死海里千帆相竞?

我来到这个世界上,
只带着纸、绳索和身影,
为了在审判之前,
宣读那些被判决的声音。

告诉你吧,世界
我——不——相——信!
纵使你脚下有一千名挑战者,
那就把我算作第一千零一名。

我不相信天是蓝的,
我不相信雷的回声,
我不相信梦是假的,
我不相信死无报应。

如果海洋注定要决堤,
就让所有的苦水都注入我心中,
如果陆地注定要上升,
就让人类重新选择生存的峰顶。

新的转机和闪闪星斗，
正在缀满没有遮拦的天空。
那是五千年的象形文字，
那是未来人们凝视的眼睛。

### 亚洲铜

海　子

亚洲铜 亚洲铜
祖父死在这里 父亲死在这里 我也会死在这里
你是唯一的一块埋人的地方

亚洲铜 亚洲铜
爱怀疑和飞翔的是鸟 淹没一切的是海水
你的主人却是青草 住在自己细小的腰上
守住野花的手掌和秘密

亚洲铜 亚洲铜
看见了吗？那两只白鸽子 它是屈原遗落在沙滩上的白
鞋子
让我们——我们和河流一起 穿上它吧

亚洲铜 亚洲铜
击鼓之后 我们把在黑暗中跳舞的心脏叫做月亮
这月亮主要由你构成

## 二、语言表达

请你根据自己的喜好选择一首诗歌或者一篇散文进行朗读，要求适当配乐，形成MP3格式在小组进行分享。

### 朗读训练

朗读是运用普通话把书面语清晰、响亮、富有感情地读出来的过程。这里有三个需要说明的内容：

第一，朗读的时候要使用标准的普通话，保证吐字清晰、响亮。这就需要同学们时刻练习、勇于开口，不但要保证字音的正确性，还要注意“啊”的音变、停连、重音等朗读技巧。

第二,朗读的时候要充满感情,这就需要深入地理解作品,不但要把握作品的创作背景,还要理解作品的结构内容。

第三,朗读中要把握感情基调,也就是要把握作者写这篇文章的感情基础。我们读一篇文章可以感受到作者或喜,或怒,或哀,或乐,或思念,或痛恨的情感,这时候我们可以根据作品选取昂扬有力、坚定深沉、喜悦明快、悲愤凝重、愁思满怀、豪放舒展等基调进行朗读。

# 第二单元 散文阅读

散文是一种自由、灵活地抒写见闻感受的文体，作者可抒情可叙事，可写景可言志，从诸子百家的洋洋洒洒到《史记》之“无韵离骚”，从“唐宋八大家”的情真意切到现代散文的“形散而神不散”，我们徜徉其中，含英咀华，用最真挚的情感感悟散文家们高尚的心灵。

本单元选择了古今中外的优秀散文，学习本单元应结合作者创作目的赏析不同的散文特点，获得美的体验；在时代背景下进行文章分析；感受感情真挚的表达，学习散文创作的方法。

# 第八课 史记·项羽本纪(节选)

司马迁

## 相关介绍

司马迁(公元前145—?),字子长,夏阳龙门(今山西韩城)人。青年时期多次出游,足迹遍布大江南北。他的童年时期在家乡度过,与农夫牧童为伴,接触了故乡的山河名胜,听到过许多故事和历史传说,浓厚的乡土文化陶冶了司马迁的豪迈灵秀之气。他少年时期敏而好学,通晓古文,曾师从儒学大师孔安国学习《尚书》,向董仲舒学习《春秋》。这些经历大大拓展了他的视野,为后来撰写《史记》积累了丰富的资料。数年后,他子承父业,继任太史令,于太初元年(公元前104年),开始了《太史公书》即后来被称为《史记》的写作。天汉二年(公元前99年),因"李陵事件"得罪汉武帝,被处宫刑。出狱后,他忍辱含垢,发愤著书,终于在征和元年(公元前92年)完成了《史记》的创作。不久去世。

《史记》是我国纪传体史书的奠基之作,也是我国传记文学的开端,在史学和文学两个方面对后世产生了深远的影响。它记叙了上至黄帝,下至汉武帝时期三千多年的历史,是我国第一部纪传体通史。全书共有一百三十篇,其中"本纪"十二篇,"世家"三十篇,"列传"七十篇,"表"十篇,"书"八篇。全书高扬人文精神的旗帜,真实反映了历史原貌,对统治阶级争权夺利和尔虞我诈的面目进行了揭露和批判,对被压迫者的遭际给予了关注与同情。书中人物栩栩如生,文章具有强烈的感染力。

## 作品赏析

项籍者,下相①人也,字羽。初起时,年二十四。其季父②项梁,梁父即楚将项燕,

① 下相:秦县名,县治在今江苏宿迁西南。
② 季父:小叔父。

为秦将王翦所戮者也[①]。项氏世世为楚将,封於项[②],故姓项氏[③]。

项籍少时,学书不成,去学剑,又不成。项梁怒之。籍曰:"书足以记名姓而已。剑一人敌,不足学,学万人敌。"于是项梁乃教籍兵法,籍大喜,略知其意,又不肯竟学[④]。项梁尝有栎阳逮[⑤],乃请蕲狱掾曹咎书抵栎阳狱掾司马欣[⑥],以故事得已[⑦]。项梁杀人,与籍避仇于吴中[⑧],吴中贤士大夫皆出项梁下。每吴中有大繇役及丧[⑨],项梁常为主办,阴以兵法部勒宾客及子弟[⑩],以是知其能。秦始皇帝游会稽[⑪],渡浙江[⑫],梁与籍俱观。籍曰:"彼可取而代也。"梁掩其口,曰:"毋妄言,族矣[⑬]!"梁以此奇籍。籍长八尺余,力能扛鼎,才气过人,虽吴中子弟皆已惮籍矣。

秦二世元年七月,陈涉等起大泽中。其九月,会稽守通谓梁曰[⑭]:"江西皆反[⑮],此亦天亡秦之时也。吾闻先即制人,后则为人所制。吾欲发兵,使公及桓楚将[⑯]。"是时桓楚亡在泽中。梁曰:"桓楚亡,人莫知其处,独籍知之耳。"梁乃出,诫籍持剑居外待。梁复入,与守坐,曰:"请召籍,使受命召桓楚。"守曰:"诺。"梁召籍入。须臾,梁眴籍曰[⑰]:"可行矣!"于是籍遂拔剑斩守头。项梁持守头,佩其印绶。门下大惊[⑱],扰乱,籍所击杀数十百人。一府中皆慴伏[⑲],莫敢起。梁乃召故所知豪吏,谕以所为起大事,遂举吴中兵。使人收下县[⑳],得精兵八千人。梁部署吴中豪杰为校尉、候、司马[㉑]。有一

---

① 为秦将王翦所戮者也:据《秦始皇本纪》,秦王政二十四年(前223),"王翦、蒙武攻荆,破荆君,昌平君死,项燕遂自杀";《索隐》记载:"此云为王翦所杀……盖燕为王翦所围,逼为自杀,故不同而。"王翦,始皇时代的名将,事迹见《白起王翦列传》。

② 项:秦县名,县治在今河南沈丘南。

③ 姓项氏:"姓"与"氏"本来不同。同出于一个祖先,谓之同"姓";而同一祖先之人,由于种种原因(如为某官、封于某地等)又可以分成若干支系,这些不同的"支系",就是所谓"氏"。但这种区别到秦汉时已不太讲究。故《史记》中往往混同。

④ 竟学:竟,终了,这里指完成全部学业。

⑤ 有栎阳逮:在栎阳被人牵累系狱。栎阳:秦县,在今陕西临潼市。逮,此指被人牵累。

⑥ 蕲:秦县,在今安徽宿州市。狱掾:典狱吏。书:写信。抵:到。

⑦ 以故:犹言因此。事得已:指牵累之事得以了结。

⑧ 吴中:今苏州一带。

⑨ 大繇役及丧:指使用人力很多的大规模的徭役和丧事。

⑩ 阴:暗里。部勒:组织调配。

⑪ 会稽:指会稽山,在今浙江绍兴市东南。

⑫ 浙江:钱塘江。

⑬ 族:此指灭族。

⑭ 会稽守通:会稽郡守殷通。

⑮ 江西:指自安徽省境至镇江一段长江西岸的地区。

⑯ 桓楚:吴中人士。将:领兵。

⑰ 眴(shùn):使眼色。

⑱ 门下:指郡守的属下。

⑲ 慴伏:吓得伏在地上。

⑳ 下县:指会稽郡下属之县。

㉑ 校尉:级别略次于将的武官。候:军中管理事务供应的军侯。司马:执行军中审判的军法官。

人不得用，自言于梁。梁曰："前时某丧使公主某事，不能办，以此不任用公。"众乃皆伏。于是梁为会稽守，籍为裨将①，徇下县②。

…… ……

初，宋义所遇齐使者高陵君显在楚军③，见楚王曰："宋义论武信君之军必败④，居数日，军果败。兵未战而先见败征，此可谓知兵矣。"王召宋义与计事而大说之，因置以为上将军；项羽为鲁公，为次将，范增为末将，救赵。诸别将皆属宋义，号为"卿子冠军"⑤。行至安阳，留四十六日不进。项羽曰："吾闻秦军围赵王钜鹿⑥，疾引兵渡河，楚击其外，赵应其内，破秦军必矣。"宋义曰："不然。夫搏牛之虻不可以破虮虱。今秦攻赵，战胜则兵罢⑦，我承其敝；不胜，则我引兵鼓行而西，必举秦矣⑧。故不如先斗秦赵。夫被坚执锐，义不如公；坐而运策，公不如义。"因下令军中曰："猛如虎，很如羊⑨，贪如狼，强不可使者，皆斩之！"乃遣其子宋襄相齐，身送之至无盐⑩，饮酒高会。天寒大雨，士卒冻饥。项羽曰："将戮力而攻秦，久留不行。今岁饥民贫，士卒食芋菽，军无见粮，乃饮酒高会，不引兵渡河因赵食⑪，与赵并力攻秦，乃曰：'承其敝'。夫以秦之强，攻新造之赵，其势必举赵。赵举而秦强，何敝之承！且国兵新破⑫，王坐不安席⑬，埽境内而专属于将军⑭，国家安危，在此一举。今不恤士卒而徇其私，非社稷之臣！"项羽晨朝上将军宋义，即其帐中斩宋义头，出令军中曰："宋义与齐谋反楚，楚王阴令羽诛之。"当是时，诸将皆慴服，莫敢枝梧⑮，皆曰："首立楚者，将军家也。今将军诛乱。"乃相与共立羽为假上将军⑯。使人追宋义子，及之齐，杀之。使桓楚报命于怀王。怀王因使项羽为上将军。当阳君、蒲将军皆属项羽⑰。

项羽已杀卿子冠军，威震楚国，名闻诸侯。乃遣当阳君、蒲将军将卒二万渡河，救

---

① 裨(pí)将：偏将。
② 徇：镇抚。
③ 宋义：原楚令尹，后为项梁部下。高陵君显：高陵君为封号，名显。
④ 武信君：项梁封号。
⑤ 卿子：尊称，犹言"公子"。冠军：军中最高统帅。
⑥ 钜鹿：今河北平乡县。
⑦ 罢：通"疲"。
⑧ 举：犹言"取"。
⑨ 很：通"狠"。
⑩ 无盐：今山东东平县东。
⑪ 因：借，此指依靠。
⑫ 国兵新破：指楚军项梁兵败身死。
⑬ 王：指楚怀王孙，名心，项梁立为楚王。
⑭ 埽：通"扫"。
⑮ 枝梧：抵拒。
⑯ 假上将军：暂时地代理上将军。
⑰ 当阳君：黥布，原姓英。蒲将军：史失其名。

钜鹿。战少利，陈馀复请兵。项羽乃悉引兵渡河，皆沉船，破釜甑①，烧庐舍，持三日粮，以示士卒必死，无一还心。于是至则围王离②，与秦军遇，九战，绝其甬道，大破之，杀苏角③，虏王离。涉间不降楚④，自烧杀。当是时，楚兵冠诸侯。诸侯军救钜鹿下者十余壁⑤，莫敢纵兵。及楚击秦，诸将皆从壁上观。楚战士无不一以当十。楚兵呼声动天，诸侯军无不人人惴恐。于是已破秦军，项羽召见诸侯将，入辕门⑥，无不膝行而前，莫敢仰视。项羽由是始为诸侯上将军，诸侯皆属焉。

…… ……

行略定秦地⑦。函谷关有兵守关⑧，不得入。又闻沛公已破咸阳⑨，项羽大怒，使当阳君等击关，项羽遂入，至于戏西⑩。沛公军霸上⑪，未得与项羽相见。沛公左司马曹无伤使人言于项羽曰："沛公欲王关中⑫，使子婴为相⑬，珍宝尽有之。"项羽大怒，曰："旦日飨士卒⑭，为击破沛公军！"当是时，项羽兵四十万，在新丰鸿门⑮，沛公兵十万，在霸上。范增说项羽曰⑯："沛公居山东时，贪于财货，好美姬。今入关，财物无所取，妇女无所幸，此其志不在小。吾令人望其气⑰，皆为龙虎，成五采，此天子气也。急击勿失。"

楚左尹项伯者⑱，项羽季父也，素善留侯张良⑲。张良是时从沛公，项伯乃夜驰之沛公军，私见张良，具告以事。欲呼张良与俱去，曰："毋从俱死也。"张良曰："臣为韩王送沛公⑳，沛公今事有急，亡去不义，不可不语。"良乃入，具告沛公。沛公大惊，曰："为之奈何？"张良曰："谁为大王为此计者？"曰："鲰生说我曰：'距关，毋内诸侯，秦地

---

① 釜：铁锅。甑：瓦质蒸笼。
② 王离：秦将章邯的部将。
③ 苏角：秦将。
④ 涉间：秦将章邯的部将。
⑤ 壁：营垒。
⑥ 辕门：以战车车辕相对立起形成的军营之门。
⑦ 行：将要。略：夺取。
⑧ 函谷关：秦时重要关隘，在今河南灵宝市西南。
⑨ 沛公：刘邦。咸阳：秦都，今陕西咸阳市东。
⑩ 戏西：戏水以西。戏水在今陕西临潼市东。
⑪ 霸上：即"灞上"，灞水西白鹿原，今陕西长安县东，接蓝田县界。
⑫ 欲王关中：怀王曾与诸将约："先入定关中者王之。"
⑬ 子婴：赵高弑秦二世后立的皇帝。
⑭ 旦日：即日。飨：以盛宴款待。
⑮ 新丰：秦之骊邑，汉置新丰，今陕西临潼市东。鸿门：阪名，在新丰东十七里，今名项王营。
⑯ 范增：项羽的部将与谋士。
⑰ 望其气：古人迷信，认为看人头上的云气可以预测命运。
⑱ 左尹：楚令尹的副手。
⑲ 留侯张良：详见《史记·留侯世家》。
⑳ 张良本为韩王申徒（类似相国），刘邦命韩王留守，让张良与自己西进，故云。

可尽王也[1]。'故听之。"良曰:"料大王士卒足以当项王乎?"沛公默然,曰:"固不如也,且为之奈何?"张良曰:"请往谓项伯,言沛公不敢背项王也。"沛公曰:"君安与项伯有故?"张良曰:"秦时与臣游,项伯杀人,臣活之。今事有急,故幸来告良。"沛公曰:"孰与君少长?"良曰:"长于臣。"沛公曰:"君为我呼入,吾得兄事之。"张良出,要项伯[2]。项伯即入见沛公。沛公奉卮酒为寿[3],约为婚姻[4],曰:"吾入关,秋毫不敢有所近[5],籍吏民[6],封府库[7],而待将军[8]。所以遣将守关者,备他盗之出入与非常也。日夜望将军至,岂敢反乎!愿伯具言臣之不敢倍德也[9]。"项伯许诺,谓沛公曰:"旦日不可不蚤自来谢项王[10]。"沛公曰:"诺。"于是项伯复夜去,至军中,具以沛公言报项王,因言曰:"沛公不先破关中,公岂敢入乎?今人有大功而击之,不义也,不如因善遇之。"项王许诺。

沛公旦日从百余骑来见项王,至鸿门,谢曰:"臣与将军戮力而攻秦,将军战河北,臣战河南,然不自意能先入关破秦[11],得复见将军于此。今者有小人之言,令将军与臣有郤[12]。"项王曰:"此沛公左司马曹无伤言之;不然,籍何以生此。"项王即日因留沛公与饮。项王、项伯东向坐[13],亚父南向坐[14]。亚父者,范增也。沛公北向坐,张良西向侍。范增数目项王,举所佩玉玦以示之者三[15],项王默然不应。范增起,出召项庄[16],谓曰:"君王为人不忍[17],若入前为寿[18],寿毕,请以剑舞,因击沛公于坐,杀之。不者[19],若属皆且为所虏[20]。"庄则入为寿。寿毕,曰:"君王与沛公饮,军中无以为乐,请以剑舞。"项王曰:"诺。"项庄拔剑起舞,项伯亦拔剑起舞,常以身翼蔽沛公,庄不得击。于是张

---

① 鲰(zōu)生:见识浅陋的读书人,此指谢先生。《楚汉春秋》:"谢先生说沛公遣将守函谷关,无入项王。"
② 要:强邀。
③ 卮(zhī):酒器。为寿:祝长寿。
④ 婚姻:联姻为儿女亲家。
⑤ 豪:通"毫"。近:接近,此指占有。
⑥ 籍吏民:登记吏民户籍。
⑦ 府库:国家储藏财物的场所。
⑧ 将军:此指项羽。
⑨ 倍:通"背"。
⑩ 蚤:通"早"。
⑪ 不自意:自己没料到。
⑫ 郤:通"隙",仇怨。
⑬ 东向:面朝东,是尊贵之位。
⑭ 亚父:尊称,意谓"仅次于父亲的长辈"。
⑮ 玉玦(jué):半璧。"玦"与"决"同音,此是范增暗示项羽下决断杀刘邦。
⑯ 项庄:项羽从弟。
⑰ 不忍:此指不狠心。
⑱ 若:你。
⑲ 不者:不然的话。
⑳ 若属:你等。且为所虏:此指将被刘邦所俘虏。

良至军门，见樊哙①，樊哙曰：“今日之事何如？”良曰：“甚急。今者项庄拔剑舞，其意常在沛公也。”哙曰：“此迫矣，臣请入，与之同命②。”哙即带剑拥盾入军门。交戟之卫士欲止不内③，樊哙侧其盾以撞，卫士仆地，哙遂入，披帷西向立④，嗔目视项王⑤，头发上指，目眦尽裂。项王按剑而跽曰⑥：“客何为者？”张良曰：“沛公之参乘樊哙者也⑦。”项王曰：“壮士！赐之卮酒。”则与斗卮酒⑧。哙拜谢，起，立而饮之。项王曰：“赐之彘肩⑨。”则与一生彘肩。樊哙覆其盾于地，加彘肩上，拔剑切而啗之。项王曰：“壮士，能复饮乎？”樊哙曰：“臣死且不避，卮酒安足辞！夫秦王有虎狼之心，杀人如不能举⑩，刑人如不恐胜⑪，天下皆叛之。怀王与诸将约曰：‘先破秦入咸阳者王之。’今沛公先破秦入咸阳，毫毛不敢有所近，封闭宫室，还军霸上，以待大王来。故遣将守关者，备他盗出入与非常也。劳苦而功高如此，未有封侯之赏，而听细说⑫，欲诛有功之人，此亡秦之续耳，窃为大王不取也。”项王未有以应，曰：“坐！”樊哙从良坐。坐须臾，沛公起如厕，因招樊哙出。

沛公已出，项王使都尉陈平召沛公⑬。沛公曰：“今者出，未辞也，为之奈何？”樊哙曰：“大行不顾细谨，大礼不辞小让⑭。如今人方为刀俎，我为鱼肉，何辞为！”于是遂去。乃令张良留谢。良问曰：“大王来何操？”曰：“我持白璧一双，欲献项王；玉斗一双，欲与亚父。会其怒，不敢献。公为我献之。”张良曰：“谨诺。”当是时，项王军在鸿门下，沛公军在霸上，相去四十里。沛公则置车骑⑮，脱身独骑，与樊哙、夏侯婴、靳彊、纪信等四人持剑盾步走⑯。从郦山下⑰，道芷阳间行⑱。沛公谓张良曰：“从此道至吾

---

① 樊哙：刘邦的同乡和部将。参见《史记·樊郦滕灌列传》。
② 与之同命：与刘邦共生死。
③ 交戟之卫士：交叉持戟把守军门的警卫。内：通“纳”。
④ 披帷：揭开围帐。
⑤ 瞋(chēn)目：瞪大眼睛。
⑥ 跽(jì)：跪坐时耸身挺腰欲起。
⑦ 参乘：战车上位于车右的武士。
⑧ 斗卮酒：此指一大斗酒。斗：容量较大的酒器。
⑨ 彘肩：猪前腿。
⑩ “杀人”句：杀人好像唯恐不能杀尽。举：全，尽。
⑪ “刑人”句：对人施加刑罚惟恐不够。
⑫ 细说：小人的话。
⑬ 陈平：参见《史记·陈丞相世家》。
⑭ “大行”二句：谓做大事不考虑拘守小节，行大礼不讲究在细小的地方辞让。
⑮ 置：放弃。车骑：此指来时所乘的车子和随行的人。
⑯ 夏侯婴：即滕公，参见《史记·樊郦滕灌列传》。靳强、纪信：均为刘邦部将。
⑰ 郦山：即鸿门以西之骊山。
⑱ 芷阳：秦县，汉改为霸陵，故治在今陕西长安县东白鹿原霸川上的西阪。间行：走小路。

军，不过二十里耳。度我至军中[①]，公乃入。”沛公已去，间至军中[②]。张良入谢，曰：“沛公不胜桮杓[③]，不能辞。谨使臣良奉白璧一双，再拜献大王足下；玉斗一双，再拜奉大将军足下。”项王曰：“沛公安在？”良曰：“闻大王有意督过之[④]，脱身独去，已至军矣。”项王则受璧，置之坐上。亚父受玉斗，置之地，拔剑撞而破之，曰：“唉！竖子不足与谋[⑤]。夺项王天下者，必沛公也。吾属今为之虏矣。”沛公至军，立诛杀曹无伤。

居数日，项羽引兵西屠咸阳，杀秦降王子婴，烧秦宫室，火三月不灭，收其货宝妇女而东。人或说项王曰：“关中阻山河四塞[⑥]，地肥饶，可都以霸[⑦]。”项王见秦宫室皆以烧残破，又心怀思欲东归，曰：“富贵不归故乡，如衣绣夜行，谁知之者！”说者曰：“人言楚人沐猴而冠耳[⑧]，果然。”项王闻之，烹说者。

…… ……

是时，汉还定三秦[⑨]。项羽闻汉王皆已并关中，且东[⑩]，齐、赵叛之[⑪]，大怒。乃以故吴令郑昌为韩王，以距汉。令萧公角等击彭越[⑫]。彭越败萧公角等。汉使张良徇韩，乃遗项王书曰：“汉王失职[⑬]，欲得关中，如约即止，不敢东。”又以齐、梁反书遗项王曰：“齐欲与赵并灭楚。”楚以此故无西意，而北击齐。征兵九江王布。布称疾不往，使将将数千人行。项王由此怨布也。汉之二年冬，项羽遂北至城阳[⑭]，田荣亦将兵会战。田荣不胜，走至平原[⑮]，平原民杀之。遂北烧夷齐城郭室屋，皆坑田荣降卒，系虏其老弱妇女。徇齐至北海[⑯]，多所残灭。齐人相聚而叛之。于是田荣弟田横收齐亡卒[⑰]，得数万人，反城阳。项王因留，连战未能下。

---

① 度(duó)：估计。
② 间至军中：为张良心中的估计之辞，意谓估计刘邦间行已经回到自己军中。
③ 不胜桮杓：意谓不胜酒力。桮：同“杯”。杓：今简化作“勺”，取酒之器。
④ 督过：责备。
⑤ 竖子：骂人的话，犹今言“小子”，此处范增明指项庄，暗指项羽。
⑥ “关中”句：关中之地阻山带河，东南西北有函谷关、武关、散关、萧关等要塞。
⑦ 可都以霸：建都于此可成霸业。
⑧ 沐猴而冠：讥讽项羽的话，意谓猕猴徒然戴上人冠，但仍然不如人聪明。
⑨ “是时”二句：汉二年，刘邦统一关中。关中原为秦地，项羽封章邯、司马欣、董翳为雍、塞、翟三国王，故称三秦。
⑩ 且东：将要东进。
⑪ 齐、赵叛之：齐田荣自立为齐王，陈余立代王歇为赵王，驱逐击杀项羽所封之王。
⑫ 萧公角：萧县(今属安徽)县令名角。楚称县令为公。彭城：是时为齐王田荣将军以击楚，参见《史记·魏豹彭越列传》。
⑬ 汉王失职：指刘邦先入关即应王关中，项羽让刘邦王巴蜀汉中是刘邦的失职。
⑭ 城阳：秦县，今山东菏泽市东北。
⑮ 平原：汉县，在今山东平原县南。
⑯ 北海：汉郡，今山东淄博以东、莱州以西地区。
⑰ 田横：事见《史记·田儋列传》。

春，汉王部五诸侯兵①，凡五十六万人，东伐楚。项王闻之，即令诸将击齐，而自以精兵三万人南从鲁出胡陵②。四月，汉皆已入彭城③，收其货宝美人，日置酒高会。项王乃西，从萧晨击汉军，而东至彭城，日中，大破汉军。汉军皆走，相随入谷、泗水④，杀汉卒十馀万人。汉卒皆南走山，楚又追击，至灵壁东睢水上⑤。汉军却，为楚所挤，多杀，汉卒十馀万人皆入睢水，睢水为之不流。围汉王三匝。于是大风从西北而起，折木发屋，扬沙石，窈冥昼晦，逢迎楚军。楚军大乱，坏散，而汉王乃得与数十骑遁去，欲过沛，收家室而西。楚亦使人追之沛，取汉王家，家皆亡，不与汉王相见。汉王道逢得孝惠、鲁元⑥，乃载行。楚骑追汉王，汉王急，推堕孝惠、鲁元车下，滕公常下收载之，如是者三。曰："虽急，不可以驱，柰何弃之！"于是遂得脱。求太公、吕后不相遇⑦。审食其从太公、吕后间行⑧，求汉王，反遇楚军。楚军遂与归，报项王，项王常置军中。

是时吕后兄周吕侯为汉将兵居下邑⑨，汉王间往从之，稍稍收其士卒。至荥阳，诸败军皆会。萧何亦发关中老弱未傅悉诣荥阳⑩，复大振。楚起于彭城，常乘胜逐北，与汉战荥阳南京、索间⑪，汉败楚，楚以故不能过荥阳而西。

项王之救彭城，追汉王至荥阳，田横亦得收齐，立田荣子广为齐王。汉王之败彭城，诸侯皆复与楚而背汉⑫。汉军荥阳，筑甬道属之河⑬，以取敖仓粟⑭。汉之三年，项王数侵夺汉甬道，汉王食乏，恐，请和，割荥阳以西为汉。

项王欲听之。历阳侯范增曰："汉易与耳⑮，今释弗取，后必悔之。"项王乃与范增急围荥阳。汉王患之，乃用陈平计间项王。项王使者来，为太牢具⑯，举欲进之。见使者，详惊愕曰⑰："吾以为亚父使者，乃反项王使者⑱。"更持去，以恶食食项王使者。使

---

① 部五诸侯兵：汉二年春，刘邦率常山、河南、韩、魏、殷五国兵击楚。
② 鲁：今山东曲阜市。胡陵：秦县，今山东鱼台县东南。
③ 彭城：秦县，今江苏徐州市。
④ 谷、泗水：二水名，在今江苏徐州东北。
⑤ 灵璧：在今安徽宿州市东北。睢水：即濉河，流经灵璧。
⑥ 孝惠：汉孝惠帝刘盈，刘邦之子。鲁元：刘邦之女，因其子封鲁王，故为鲁太后，谥"元"。
⑦ 太公：刘邦父。吕后：刘邦妻吕雉。
⑧ 审其食（yì jī）：沛人，以舍人身份侍吕后，官至左丞相，封辟阳侯。
⑨ 周吕侯：吕泽。下邑：秦县，在今江苏砀山县东。
⑩ 萧何：沛人，从刘邦入关，此时镇守关中。老弱未傅：不符合服役年龄条件的老人和少年。
⑪ 京：邑名。索：亭名。均在今河南荥阳一带。
⑫ 与：结成联盟。
⑬ 属（zhǔ）：连接。
⑭ 敖仓：秦粮仓，在荥泽县西北敖山上。
⑮ 易与：好对付。
⑯ 太牢具：牛、羊、猪具备。
⑰ 祥：通"佯"。
⑱ 反：反而。

者归报项王。项王乃疑范增与汉有私，稍夺之权。范增大怒，曰："天下事大定矣，君王自为之。愿赐骸骨归卒伍①。"项王许之。行未至彭城，疽发背而死②。

汉将纪信说汉王曰："事已急矣，请为王诳楚为王，王可以间出。"于是汉王夜出女子荥阳东门被甲二千人，楚兵四面击之。纪信乘黄屋车，傅左纛③，曰："城中食尽，汉王降。"楚军皆呼万岁④。汉王亦与数十骑从城西门出，走成皋⑤。项王见纪信，问："汉王安在?"曰："汉王已出矣。"项王烧杀纪信。

汉王使御史大夫周苛、枞公、魏豹守荥阳⑥。周苛、枞公谋曰："反国之王，难与守城。"乃共杀魏豹。楚下荥阳城，生得周苛。项王谓周苛曰："为我将，我以公为上将军，封三万户。"周苛骂曰："若不趣降汉⑦，汉今虏若，若非汉敌也。"项王怒，烹周苛，并杀枞公。

汉王之出荥阳，南走宛、叶⑧，得九江王布，行收兵，复入保成皋。汉之四年，项王进兵围成皋，汉王逃，独与滕公出成皋北门，渡河走修武⑨，从张耳、韩信军。诸将稍稍得出成皋，从汉王。楚遂拔成皋，欲西。汉使兵距之巩⑩，令其不得西。

是时，彭越渡河击楚东阿⑪，杀楚将军薛公。项王乃自东击彭越。汉王得淮阴侯兵，欲渡河南。郑忠说汉王⑫，乃止壁河内⑬。使刘贾将兵佐彭越⑭，烧楚积聚。项王东击破之，走彭越。汉王则引兵渡河，复取成皋，军广武⑮，就敖仓食。项王已定东海来⑯，西，与汉俱临广武而军，相守数月。

当此时，彭越数反梁地，绝楚粮食。项王患，。为高俎，置太公其上，告汉王曰："今不急下，吾烹太公。"汉王曰："吾与项羽俱北面受命怀王，曰'约为兄弟'，吾翁即若

---

① 赐骸骨归卒伍：意谓辞去官职做一名普通的士兵。
② "疽发"句：谓骨头上的痈疮透过后背而溃烂导致死亡。
③ "纪信"二句：谓纪信用王者车仪欺骗楚军。黄屋车：以黄缯覆盖的车舆；左纛：竖在车衡上方的羽幢。二者均为王者车仪。
④ "楚军"句：谓楚军因生擒刘邦而欢呼庆幸，非呼刘邦万岁。
⑤ 成皋：汉县，治所在今河南荥阳市西北汜水镇。
⑥ 御史大夫，秦汉官名，后与丞相、太尉合称三公。周荷：时任御史大夫。枞(zōng)公：姓枞，史失其名。魏豹：参见《史记·魏豹彭越列传》。
⑦ 若：你。趣(cù)：快。
⑧ 宛：秦县，南阳郡治，今河南南阳市。叶：汉县，今河南叶县南。
⑨ 修武：汉县，今河南修武县。
⑩ 巩：秦县，今河南巩义市。
⑪ 东阿：秦县，今山阳谷县东北阿城镇。
⑫ 郑忠：汉郎中。
⑬ 壁：坚壁。河内：此指今河南省黄河以北地区。
⑭ 刘贾：刘邦从兄。
⑮ 广武：山名，在今河南荥阳东北。
⑯ 东海：泛指东方。句谓项王平定了东方的彭城。

翁。必欲烹而翁，则幸分我一桮羹。”项王怒，欲杀之。项伯曰：“天下事未可知，且为天下者不顾家，虽杀之无益，只益祸耳。”项王从之。

楚、汉久相持未决，丁壮苦军旅，老弱罢转漕①。项王谓汉王曰：“天下匈匈数岁者②，徒以吾两人耳，愿与汉王挑战，决雌雄，毋徒苦天下之民父子为也。”汉王笑谢曰：“吾宁斗智，不能斗力。”项王令壮士出挑战。汉有善骑射者楼烦③，楚挑战三合，楼烦辄杀之。项王大怒，乃自被甲持戟挑战。楼烦欲射之，项王瞋目叱之，楼烦目不敢视，手不敢发，遂走还入壁，不敢复出。汉王使人间问之，乃项王也。汉王大惊。于是项王乃即汉王相与临广武间而语。汉王数之，项王怒，欲一战。汉王不听。项王伏弩射中汉王。汉王伤，走入成皋。

……

是时，汉兵盛食多，项王兵罢食绝。汉遣陆贾说项王④，请太公⑤，项王弗听。汉王复使侯公往说项王⑥，项王乃与汉约，中分天下。割鸿沟以西者为汉⑦，鸿沟而东者为楚。项王许之，。即归汉王父母妻子。军皆呼万岁。汉王乃封侯公为平国君。匿弗肯复见。曰：“此天下辩士，所居倾国，故号为平国君。”项王已约，乃引兵解而东归。

汉欲西归。张良、陈平说曰：“汉有天下太半，而诸侯皆附之。楚兵罢食尽，此天亡楚之时也，不如因其机而遂取之。今释弗击，此所谓‘养虎自遗患’也。”汉王听之。汉五年，汉王乃追项王至阳夏南⑧，止军，与淮阴侯韩信、建成侯彭越期会而击楚军。至固陵⑨，而信、越之兵不会。楚击汉军，大破之。汉王复入壁，深堑而自守。谓张子房曰：“诸侯不从约，为之奈何？”对曰：“楚兵且破，信、越未有分地，其不至固宜。君王能与共天下，今可立致也。即不能，事未可知也。君王能自陈以东傅海⑩，尽与韩信；睢阳以北至谷城⑪，以与彭越：使各自为战，则楚易败也。”汉王曰：“善。”于是乃发使者告韩信、彭越曰：“并力击楚，楚破，自陈以东傅海与齐王；睢阳以北至谷城与彭相国。”

---

① 罢：通“疲”。转：陆路运输。漕：水路运输。
② 匈匈：动乱纷扰。
③ 楼烦：北方部族。此指刘邦军中的楼烦族军士。
④ 陆贾：刘邦部下的著名辩士。
⑤ 请太公：谓请求释放刘邦之父。
⑥ 侯公：当时著名辩士，史失其名。
⑦ 鸿沟：古运河，东汉后淤塞。北起今河南荥阳市境内黄河，东南至今河南淮阳县颍河。
⑧ 阳夏：汉县，今河南太康县。
⑨ 固陵：秦县，今河南淮阳县西北固陵郡。
⑩ 陈：县名，春秋楚灭陈置，今河南淮阳。傅，至。
⑪ 睢阳：秦县，今河南商丘市南。谷城：山名，又名黄山，今山东中阴县西南。

使者至,韩信、彭越皆报曰:“请今进兵。”韩信乃从齐往,刘贾军从寿春并行①,屠城父②,至垓下③。大司马周殷叛楚④,以舒屠六⑤,举九江兵⑥,随刘贾、彭越皆会垓下,诣项王。

项王军壁垓下⑦,兵少食尽,汉军及诸侯兵围之数重。夜闻汉军四面皆楚歌⑧,项王乃大惊曰:“汉皆已得楚乎?是何楚人之多也!”项王则夜起,饮帐中。有美人名虞,常幸从⑨;骏马名骓⑩,常骑之。于是项王乃悲歌忼慨⑪,自为诗曰:“力拔山兮气盖世,时不利兮骓不逝⑫。骓不逝兮可奈何,虞兮虞兮奈若何⑬!”歌数阕⑭,美人和之。项王泣数行下,左右皆泣,莫能仰视⑮。

于是项王乃上马骑⑯,麾下壮士骑从者八百余人,直夜溃围南出⑰,驰走。平明⑱,汉军乃觉之,令骑将灌婴以五千骑追之。项王渡淮,骑能属者,百余人耳⑲。及之。项王至阴陵⑳,迷失道,问一田父,田父绐曰㉑:“左。”左,乃陷大泽中,以故汉追及之。项王乃复引兵而东,至东城㉒,乃有二十八骑。汉骑追者数千人。项王自度不得脱㉓,谓其骑曰:“吾起兵至今,八岁矣,身七十余战㉔,所当者破㉕,所击者服,未尝败北㉖,遂霸

---

① 寿春:秦县,今安徽寿县西南。
② 城父:汉县,今安徽亳州市东南城父镇。
③ 垓下:今安徽灵璧县南垓下镇。
④ 大司马,掌军事之官。时周殷为项羽大司马。
⑤ 以舒屠六:谓周殷带领舒地军队屠杀六地军民。舒:古国名,汉置县,今安徽舒城县。六:秦县,今安徽六安市东北。
⑥ 九江:秦郡,治今安徽寿县。
⑦ 壁:营垒;此处用作动词,即在……扎营。
⑧ 四面皆楚歌:四面八方都响起用楚方言所唱的歌曲,喻指楚人多已降汉。
⑨ 幸从:得到宠爱,跟随在项羽身边。
⑩ 骓(zhuī):毛色黑白相间的马。这里是以毛色为马命名。
⑪ 忼慨:同“慷概”,悲愤激昂。
⑫ 逝:奔驰。
⑬ 奈若何:将你怎么办。若,你。
⑭ 阕(què):乐歌终了一次叫做一阕。
⑮ 莫:没有人。
⑯ 骑(jì):名词,一人乘一马为一骑。
⑰ 直夜:当夜。溃围:突破重围。
⑱ 平明:天亮时。
⑲ 骑能属者:能跟从而来的骑兵。属,随从。
⑳ 阴陵:秦时地名,故址在今安徽定远县西北。
㉑ 田父:农夫。绐(dài):同“诒”,欺骗。
㉒ 东城:秦时地名,故址在今安徽定远县东南。
㉓ 度(duó):揣测,估计。脱:脱身。
㉔ 身:亲身参加。
㉕ 所当者:所遇到的敌方。
㉖ 尝:曾。败北:战败,败走。

有天下。然今卒困于此①,此天之亡我,非战之罪也。今日固决死②,愿为诸君快战③,必三胜之,为诸君溃围,斩将,刈旗④。令诸君知天亡我,非战之罪也。”乃分其骑以为四队,四向⑤。汉军围之数重。项王谓其骑曰:“吾为公取彼一将。”令四面骑驰下,期山东为三处⑥。于是项王大呼驰下,汉军皆披靡⑦。遂斩汉一将。是时,赤泉侯为骑将⑧,追项王,项王瞋目而叱之⑨,赤泉侯人马俱惊,辟易数里⑩。与其骑会为三处。汉军不知项王所在,乃分军为三,复围之⑪。项王乃驰,复斩汉一都尉,杀数十百人,复聚其骑,亡其两骑耳。乃谓其骑曰:“何如?”骑皆伏曰⑫:“如大王言!”

于是项王乃欲东渡乌江⑬。乌江亭长檥船待⑭,谓项王曰:“江东虽小,地方千里,众数十万人,亦足王也。愿大王急渡。今独臣有船,汉军至,无以渡。”项王笑曰:“天之亡我,我何渡为!且籍与江东子弟八千人渡江而西,今无一人还,纵江东父兄怜而王我⑮,我何面目见之?纵彼不言,籍独不愧于心乎?”乃谓亭长曰:“吾知公长者⑯,吾骑此马五岁,所当无敌,尝一日行千里,不忍杀之,以赐公。”乃令骑皆下马步行,持短兵接战。独籍所杀汉军数百人。项王身亦被十余创⑰。顾见汉骑司马吕马童⑱,曰:“若非吾故人乎⑲?”马童面之⑳,指王翳曰㉑:“此项王也。”项王乃曰:“吾闻汉购我头千金,邑万户,吾为若德㉒。”乃自刎而死。王翳取其头,余骑相蹂践争项王,相杀数十人。最其后,郎中骑杨喜、骑司马吕马童、郎中吕胜、杨武,各得其一体。五人共会其体,皆是。故分其地为五,封吕马童为中水侯,封王翳为杜衍侯,封杨喜为赤泉侯,封杨武为吴防

---

① 卒:最终。
② 固:必,一定。
③ 快战:痛痛快快地打一仗。
④ 刈(yì):割,砍。
⑤ 四向:向着四面。
⑥ 期:约定。山东:山的东面。为三处:意谓分三处集合。
⑦ 披靡:惊溃散乱的样子。
⑧ 赤泉:地名,在今河南淅川西。赤泉侯:汉将杨喜,后封赤泉侯。
⑨ 瞋(chēn)目:瞪大眼睛。叱(chì):大声呵斥。
⑩ 辟易:倒退。
⑪ 复:又,再。
⑫ 伏:通“服”。
⑬ 乌江:即今安徽和县东北之乌江浦。
⑭ 亭长:乡官。秦、汉时制度,十里一亭,设亭长一人。檥(yǐ):移船靠岸。
⑮ 纵:即使。王我:让我为王。
⑯ 长者:性情谨厚的人。
⑰ 创:创伤。
⑱ 顾:回头看。
⑲ 故人:旧相识。
⑳ 面之:面对着项王。
㉑ 指王翳:把项王指给王翳看。
㉒ 吾为若德:我就给你个好处吧。

侯，封吕胜为涅阳侯。

……

太史公曰[1]：吾闻之周生曰[2]："舜目盖重瞳子[3]"，又闻项羽亦重瞳子。羽岂其苗裔邪[4]？何兴之暴也[5]！夫秦失其政，陈涉首难，豪杰蜂起，相与并争，不可胜数。然羽非有尺寸[6]，乘势起陇亩之中[7]，三年，遂将五诸侯灭秦[8]，分裂天下，而封王侯，政由羽出[9]，号为"霸王"，位虽不终[10]，近古以来未尝有也。及羽背关怀楚[11]，放逐义帝而自立[12]，怨王侯叛己，难矣[13]。自矜攻伐[14]，奋其私智而不师古[15]，谓霸王之业，欲以力征经营天下[16]，五年卒亡其国，身死东城，尚不觉寤，而不自责，过矣[17]。乃引"天亡我，非用兵之罪也[18]"，岂不谬哉！

（选自《史记》卷七，中华书局校点本 1982 年版）

## 文本导读

《项羽本纪》是《史记》中文学色彩最浓厚的篇章，是关于秦末义军灭秦和楚汉战争惊心动魄的艺术画卷。它具体生动地记录了那个波澜壮阔的悲壮时代，也刻画出了最豪迈的悲剧英雄项羽，无论是在思想上还是艺术上都为后世文学的发展做出了突出贡献。

《项羽本纪》具有极强的思想意义：第一，它不以成败论英雄，全文歌颂了项羽的丰功伟绩并给予他至高无上的历史地位，把项羽列入记录帝王传记的"本纪"当中。

---

① 太史公：即太史令，司马迁自称。《史记》每篇纪传文后均设"太史公曰"一段文字，以抒发他对传主一生行事、遭遇的总结性意见。

② 周生：汉时儒者，姓周，名不详。

③ 盖：表推测，"或许是""可能是"之意。重瞳子：旧说指一只眼睛里有两个眸子。

④ 苗裔：后代。

⑤ 暴：骤然，突然。

⑥ 尺寸：指极少的封地、权势等凭借。

⑦ 陇亩：田间，指民间。

⑧ 将：率领。五诸侯：齐、赵、韩、魏、燕五国。此处泛指楚以外的各路义军。

⑨ 政：政令。

⑩ 不终：没取得较长远的好结果。

⑪ 背关怀楚：放弃关中，怀归楚地。指的是项羽不扼据关中而还军建都彭城。

⑫ 放逐义帝：项羽之叔项梁起兵时，立楚王后代熊心为怀王。灭秦后项羽尊其为义帝。后项羽自立为西楚霸王，把义帝往迁长沙郴县，并暗中令人于途中杀之。

⑬ 难矣：意思是说，项羽在这种情况下还想成大事，那就太困难了。

⑭ 自矜：自夸，自负。攻伐：指武力征伐之功。

⑮ 私智：一己之能。师古：以古代成功立业的帝王为师。

⑯ 经营：治理，整顿。

⑰ 过矣：实在是太错了。

⑱ 引：援引，以……为理由。

第二，作者塑造人物时，描写全面，评价准确，不以个人好恶为写作准则。司马迁同情项羽，但对项羽失败原因的探讨也是极尽准确具体，如项羽生性残暴，肆意杀戮；只讲军事不讲政治与外交；只相信个人才干，用人唯亲，不懂得广招贤才等。相反，司马迁虽然不喜刘邦，但他对刘邦的政治思想、战略战术，尤其是他能顺应时代，应和民心，善于用人的本领却毫不吝啬地进行了赞扬。第三，《项羽本纪》展示出的重大历史场面的复杂性与深刻性，所描绘的人际关系与种种细节的历史性都是前所未见的。如鸿门宴前后双方决策人物的种种思想与活动，又如项羽、刘邦在广武山两军对阵时既斗文、又斗武的激烈情景等。

在艺术上而言，《项羽本纪》是《史记》中最精彩的篇章之一，其叙事之生动，语言之精彩，尤其是对项羽、刘邦这两个人物形象的描写，其成就更是空前的。他们既有英雄的伟大，又有普通人常有的弱点，千载之下读之，仍觉其虎虎有生气，历历如在目前。项羽是司马迁心目中最雄伟的悲剧英雄，作者倾情于“垓下作歌”“东城之战”“乌江自刎”，通过对英雄末路的生动描写，丰满了项羽的形象，也展现出了作者悲慨抒情的写作才能，使史书的写作也能如诗歌小说般撼人心扉。

项羽的历史地位所以能如此高，项羽的形象所以能如此令人喜爱，关键在于司马迁的这篇《项羽本纪》。

## 课后练习

1.司马迁刻画了一个怎样的项羽形象？作者是如何刻画的？

2.我国古代散文中的战争描写，与小说中侧重于兵戎相见的正面描写不同，多侧重于双方战略的形成、人心的向背、双方的内政、外交等战争诸因素的交代。对战争的交锋场面及结局，一般不多着笔墨。思考这种写法和传奇、武侠小说中侧重交战场面描写的手法相比，有什么好处和不足？

3.项羽悲歌别姬的描写，后来曾被改编为多种形式的作品。如元杂剧《楚霸王别虞姬》、元散曲《项王自刎》、京剧《霸王别姬》、琵琶曲《霸王卸甲》《十面埋伏》等。请同学们欣赏相关作品，并谈谈这些作品与《史记》原文的联系与差异。

# 第九课　教条示龙场诸生

王守仁

## 相关介绍

王守仁(1472—1529),字伯安。浙江绍兴府余姚县(今属宁波余姚)人,在会稽山阳明洞筑室,故自号阳明子,世人称之为阳明先生,亦称王阳明。谥文成,故后人又称王文成公。明代著名的思想家、文学家、哲学家和军事家,陆王心学之集大成者,精通儒家、道家、佛家。王守仁和孔子、孟子、朱熹并称为孔、孟、朱、王。其学术思想在整个汉文化圈产生了重要而深远的影响。

## 作品赏析

诸生相从,于此甚盛。恐无能为助也,以四事相规,聊以答诸生之意。一曰立志,二曰勤学,三曰改过,四曰责善。其慎听毋忽①!

志不立,天下无可成之事。虽②百工技艺,未有不本③于志者。今学者旷废隳④惰,玩岁愒⑤时,而百无所成,皆由于志之未立耳。故立志而圣⑥,则圣矣;立志而贤⑦,则贤矣;志不立,如无舵之舟,无衔⑧之马,漂荡奔逸,终亦何所底⑨乎？昔人有言:"使⑩为善而父母怒之,兄弟怨之,宗族乡党贱恶之,如此而不为善,可也。为善则父母爱之,兄弟悦之,宗族乡党敬信之,何苦而不为善、为君子？使为恶而父母爱之,兄弟悦之,宗族乡党敬信之,如此而为恶,可也。为恶则父母怒之,兄弟怨之,宗族乡党贱恶之,何苦必

① 忽:忽略,不重视。
② 虽:即使。
③ 本:根本。
④ 隳(huī):毁坏;崩毁。
⑤ 愒(kài):荒废。
⑥ 圣:用作动词,做圣人。
⑦ 贤:用作动词,做贤人。
⑧ 衔:马嚼子。
⑨ 底:同"抵",达到。
⑩ 使:假若。

为恶、为小人?”诸生念此,亦可以知所立志矣。

已立志为君子,自当从事于学。凡学之不勤,必其志之尚未笃①也。从吾游者,不以聪慧警捷为高,而以勤确②谦抑为上。诸生试观侪③辈之中,苟④有“虚而为盈,无而为有”,讳己之不能,忌人之有善,自矜⑤自是,大言欺人者,使其人资禀虽甚超迈,侪辈之中有弗疾恶之者乎?有弗鄙贱之者乎?彼⑥固⑦将以欺人,人果遂为所欺,有弗窃笑之者乎?苟有谦默自持,无能自处,笃志力行,勤学好问;称人之善,而咎己之失;从人之长,而明己之短,忠信乐易,表里一致者,使其人资禀虽甚鲁钝,侪辈之中,有弗称慕之者乎?彼固以无能自处,而不求上⑧人,人果遂以彼为无能,有弗敬尚之者乎?诸生观此,亦可以知所从事于学矣。

夫过者,自大贤所不免,然不害⑨其卒⑩为大贤者,为其能改也。故不贵于无过,而贵于能改过。诸生自思,平日亦有缺于廉耻忠信之行者乎?亦有薄⑪于孝友之道,陷于狡诈偷刻⑫之习者乎?诸生殆⑬不至于此。不幸或有之,皆其不知而误蹈⑭,素⑮无师友之讲习规饬⑯也。诸生试内省,万一有近于是者,固亦不可以不痛自悔咎,然亦不当以此自歉,遂馁⑰于改过从善之心。但能一旦脱然洗涤旧染,虽昔为盗寇,今日不害⑱为君子矣。若曰吾昔已如此,今虽改过而从善,将⑲人不信我,且无赎于前过,反怀羞涩疑沮,而甘心于污浊终焉,则吾亦绝望尔矣。

---

① 笃:忠实,一心一意。
② 确:坚定。
③ 侪(chái):等辈,同类的人们。
④ 苟:如果,假设。
⑤ 矜:自大,自夸。
⑥ 彼:代词,代指前边“虚而为盈,无而为有”,讳己之不能,忌人之有善,自矜自是,大言欺人者。
⑦ 固:固然。
⑧ 上:超越。
⑨ 害:妨碍。
⑩ 卒:最终。
⑪ 薄(bó):轻视。
⑫ 刻:刻薄,不厚道。
⑬ 殆:几乎。
⑭ 蹈:踩、踏。
⑮ 素:向来。
⑯ 饬(chì):整顿,使整齐。
⑰ 馁:没有勇气。
⑱ 害:妨碍。
⑲ 将:又,且。

“责[1]善[2]，朋友之道”；然须“忠告而善道之”，悉[3]其忠爱，致[4]其婉曲，使彼闻之而可从，绎[5]之而可改，有所感而无所怒，乃为善耳。若先暴白其过恶，痛毁极诋，使无所容，彼将发其愧耻愤恨之心；虽欲降[6]以相从，而势有所不能。是[7]激之而使为恶矣。故凡讦[8]人之短，攻发人之阴私以沽直者，皆不可以言责善。虽然，我以是而施于人，不可也；人以是而加诸我，凡攻我之失者，皆我师也，安可以不乐受而心感之乎？某[9]于道未有所得，其学卤莽耳。谬[10]为诸生相从于此，每终夜以思，恶[11]且未免，况于过乎？人谓“事师无犯[12]无隐[13]”，而遂谓师无可谏，非也；谏师之道，直[14]不至于犯，而婉不至于隐耳。使吾而是也，因得以明其是；吾而非也，因得以去其非。盖教学相长也。诸生责善，当自吾始。

## 文本导读

1506年，王守仁因得罪宦官刘谨，被贬为贵州龙场驿丞，当时龙场贫穷荒凉，很多人不学文章，王守仁每天与自己的学生讲学，写出了本文中四点教条以训示弟子。

阳明先生认为一个人首先要树立远大的志向，古人说“志不强者智不达，言不信者行不果”讲的就是这个道理。阳明先生先用两句简单的话说明了立志的重要性。心中有志、心之所之、心之所向，人只有明确了自己的理想，才会朝着这个理想前进。对于我们每个人来讲，我们也都要确定自己的目标，你在人生不同的阶段会有小的阶段性目标，这都是你朝着人生最终理想前进的基础。当然，只有目标还不够，还要通过学习不断创新。人们在自己工作、学习乃至生活中都要保持勤奋的态度和行动，不随意抱怨，恪守自己的职责。人们在成长的过程中切不可取得一点成绩就沾沾自喜，必须谦虚谨慎，热爱学习，这也是对孔子“三人行，必有我师焉”的践行。但是，“人非圣

---

① 责：要求。
② 善：向善。
③ 悉：尽，全。
④ 致：通“至”。极，尽。
⑤ 绎：引出头绪，寻求事理。
⑥ 将：降低身份。
⑦ 是：代词，这。
⑧ 讦(jié)：揭发别人的隐私或攻击别人的短处。
⑨ 某：自称，翻译成“我”。
⑩ 谬：错误的，自谦的说法。
⑪ 恶：罪恶。
⑫ 犯：冒犯。
⑬ 隐：欺瞒。
⑭ 直：爽快，坦率。

贤,孰能无过”,一个人犯了错并不可怕,需要能够清楚地认识自己的不足,并且改过。与此同时,我们还要通过问题折射出自己的不足,虚心听取别人的意见,吸取经验,不断地完善自己。责善是与朋友相处之道,朋友之间应当互相提升、相互扶持,在自己的生活、学习和工作中,采用委婉的方式与对方相处或者提出意见。做到这样四点业已不易,当然,能够按照这四点去为人处世,必将受益无穷。

## 课后练习

1.王阳明在讲学中对自己的弟子提出四点以规劝:“一曰立志,二曰勤学,三曰改过,四曰责善。”他是如何论证这四点的重要性的?

2.结合自己的所见所闻,谈谈你是怎样认识王阳明“致良知”的思想的?

3.请你深入理解王阳明的思想,为自己所在的院系策划一次“致良知”的主题活动。

# 第十课　怀念萧珊

巴　金

## 相关介绍

巴金(1904—2005),原名李尧棠,字芾甘,四川成都人。现代文学家、翻译家、出版家,"五四"新文化运动以来最有影响的作家之一,中国现代文坛的巨匠。1919年"五四"新文化运动影响波及成都,巴金阅读《新青年》杂志,受到新思潮的熏陶。1923年,巴金离开家乡到上海、南京等地求学,1925年毕业于东南大学附中。1927年远赴法国求学,在法国创作了处女作《灭亡》,发表时使用笔名"巴金"。1928年底回到上海,主要从事创作和翻译。1929-1937年,巴金创作了"爱情三部曲"(《雾》《雨》《电》)、"激流三部曲"(《家》《春》《秋》)等中长篇小说,奠定了他在中国现代文学史上的地位。

抗战爆发后,巴金积极投身于抗战,其文学创作转向对现实的理性审视和批判,显示出日益走向成熟的坚实姿态。主要作品有《寒夜》《憩园》《第四病室》等中长篇小说。1949年新中国成立后任《收获》杂志主编。"文革"结束后曾担任全国文联副主席、中国作家协会主席等职务。巴金自1978年12月1日在香港《大公报》开辟《随想录》专栏,共历时8年,后以每30篇为一集编为《随想录》《探索集》《真话集》《病中集》和《无题集》共5集,总称《随想录》。《随想录》真实地记录了"文革"给巴金和他的家人及朋友带来的身心摧残,揭示出"文革"的恶性威力和影响并未随着它的结束而消失。他反复呼吁"建立一个'文革'博物馆",为世人留下这一民族灾难的见证。《随想录》也为新时期自叙传色彩的散文创作开创了一个自我审视、自我忏悔的新维度,达到了巴金思想的最高峰。

## 作品赏析

一

今天是萧珊逝世的六周年纪念日。六年前的光景还非常鲜明地出现在我的眼前。

那一天我从火葬场回到家中，一切都是乱糟糟的，过了两三天我渐渐地安静下来了，一个人坐在书桌前，想写一篇纪念她的文章。在五十年前我就有了这样一种习惯：有感情无处倾吐时我经常求助于纸笔。可是一九七二年八月里那几天，我每天坐三四个小时望着面前摊开的稿纸，却写不出一句话。我痛苦地想，难道给关了几年的“牛棚”，真的就变成“牛”了？头上仿佛压了一块大石头，思想好像冻结了一样。我索性放下笔，什么也不写了。

六年过去了。林彪、“四人帮”及其爪牙们的确把我搞得很“狼狈”，但我还是活下来了，而且偏偏活得比较健康，脑子也并不糊涂，有时还可以写一两篇文章。最近我经常去火葬场，参加老朋友们的骨灰安放仪式。在大厅里，我想起许多事情。同样地奏着哀乐，我的思想却从挤满了人的大厅转到只有二三十个人的中厅里去了，我们正在用哭声向萧珊的遗体告别。我记起了《家》里面觉新说过的一句话：“好像珏死了，也是一个不祥的鬼。”四十七年前我写这句话的时候，怎么想得到我是在写自己！我没有流眼泪，可是我觉得有无数锋利的指甲在搔我的心。我站在死者遗体旁边，望着那张惨白色的脸，那两片咽下千言万语的嘴唇，我咬紧牙齿，在心里唤着死者的名字。我想，我比她大十三岁，为什么不让我先死？我想，这是多不公平！她究竟犯了什么罪？她也给关进“牛棚”，挂上“牛鬼蛇神”的小纸牌，还扫过马路。究竟为什么？理由很简单，她是我的妻子。她患了病，得不到治疗，也因为她是我的妻子。想尽办法一直到逝世前三个星期，靠开后门她才住进医院。但是癌细胞已经扩散，肠癌变成了肝癌。

她不想死，她要活，她愿意改造思想，她愿意看到社会主义建成。这个愿望总不能说是痴心妄想吧。她本来可以活下去，倘使她不是“黑老K”的“臭婆娘”。一句话，是我连累了她，是我害了她。

在我靠边的几年中间，我所受到的精神折磨她也同样受到。但是我并未挨过打，她却挨了“北京来的红卫兵”的铜头皮带，留在她左眼上的黑圈好几天以后才褪尽。她挨打只是为了保护我，她看见那些年轻人深夜闯进来，害怕他们把我揪走，便溜出大门，到对面派出所去，请民警同志出来干预。那里只有一个人值班，不敢管。当着民警的面，她被他们用铜头皮带狠狠抽了一下，给押了回来，同我一起关在马桶间里。

她不仅分担了我的痛苦，还给了我不少的安慰和鼓励。在“四害”横行的时候，我在原单位（中国作家协会上海分会）给人当作“罪人”和“贱民”看待，日子十分难过，有时到晚上九十点钟才能回家。我进了门看到她的面容，满脑子的乌云都消散了。我有什么委屈、牢骚，都可以向她尽情倾吐。有一个时期我和她每晚临睡前要服两粒眠尔通才能够闭眼，可是天刚刚发白就都醒了。我唤她，她也唤我。我诉苦般地说：“日子难过啊！”她也用同样的声音回答：“日子难过啊！”但是她马上加一句：“要坚持下去。”或者再加一句：“坚持就是胜利。”我说“日子难过”，因为在那一段时间里，我每天在“牛棚”里面劳动、学习、写交代、写检查、写思想汇报。任何人都可以责骂我、教训我、指挥我。从外地到“作协分会”来串连的人可以随意点名叫我出去“示众”，还要自报罪行。上下班不限时间，由管理“牛棚”的“监督组”随意决定。任何人都可以闯进我家里来，高兴拿什么就拿走什么。这个时候大规模的群众性批斗和电视批斗大会还没有开始，但已经越来越逼近了。

她说“日子难过”，因为她给两次揪到机关，靠边劳动，后来也常常参加陪斗。在淮海中路“大批判专栏”上张贴着批判我的罪行的大字报，我一家人的名字都给写出来“示众”，不用说“臭婆娘”的大名占着显著的地位。这些文字像虫子一样咬痛她的心。她让上海戏剧学院“狂妄派”学生突然袭击、揪到“作协分会”去的时候，在我家大门上还贴了一张揭露她的所谓罪行的大字报。幸好当天夜里我儿子把它撕毁。否则这一张大字报就会要了她的命！

人们的白眼，人们的冷嘲热骂蚕蚀着她的身心。我看出来她的健康逐渐遭到损害。表面上的平静是虚假的。内心的痛苦像一锅煮沸的水，她怎么能遮盖住！怎么能使它平静！她不断地给我安慰，对我表示信任，替我感到不平。然而她看到我的问题一天天地变得严重，上面对我的压力一天天地增加，她又非常担心。有时同我一起上班或者下班，走进巨鹿路口，快到“作协分会”，或者走近南湖路口，快到我们家，她总是抬不起头。我理解她，同情她，也非常担心她经受不起沉重的打击。我记得有一天到了平常下班的时间，我们没有受到留难，回到家里她比较高兴，到厨房去烧菜。我翻看当天的报纸，在第三版上看到当时做了“作协分会”的“头头”的两个工人作家写的文章《彻底揭露巴金的反革命真面目》。真是当头一棒！我看了两三行，连忙把报纸藏起来，我害怕让她看见。她端着烧好的菜出来，脸上还带笑容，吃饭时她有说有笑。饭后她要看报，我企图把她的注意力引到别处。但是没有用，她找到了报纸。她的笑容一下子完全消失。这一夜她再没有讲话，早早地进了房间。我后来发现她躺在床上小声哭着。一个安静的夜晚给破坏了。今天回想当时的情景，她那张满是泪痕的脸还在我的眼前。我多么愿意让她的泪痕消失，笑容在她那憔悴的脸上重现，即使减少我几年的生命来换取我们家庭生活中一个宁静的夜晚，我也心甘情愿！

## 二

我听周信芳同志的媳妇说，周的夫人在逝世前经常被打手们拉出去当作皮球推来推去，打得遍体鳞伤。有人劝她躲开，她说：“我躲开，他们就要这样对付周先生了。”萧珊并未受到这种新式体罚，可是她在精神上给别人当皮球打来打去。她也有这样的想法：她多受一点精神折磨，可以减轻对我的压力。其实这是她一片痴心，结果只苦了她自己。我看见她一天天地憔悴下去，我看见她的生命之火逐渐熄灭，我多么痛心。我劝她，安慰她，我想拉住她，一点也没有用。

她常常问我："你的问题什么时候才解决呢？"我苦笑地说："总有一天会解决的。"她叹口气说："我恐怕等不到那个时候了。"后来她病倒了，有人劝她打电话找我回家，她不知从哪里得来的消息，她说："他在写检查，不要打岔他。他的问题大概可以解决了。"等到我从五·七干校回家休假，她已经不能起床。她还问我检查写得怎样，问题是否可以解决。我当时的确在写检查，而且已经写了好几次了。他们要我写，只是为了消耗我的生命。但她怎么能理解呢？

这时离她逝世不过两个多月，癌细胞已经扩散，可是我们不知道，想找医生给她认真检查一次，也毫无办法。平日去医院挂号看门诊，等了许久才见到医生或者实习医生，随便给开个药方就算解决问题。只有在发烧到摄氏三十九度才有资格挂急诊号，或者还可以在病人拥挤的观察室里待上一天半天。当时去医院看病找交通工具也很困难，常常是我女婿借了自行车来，让她坐在车上，他慢慢地推着走。有一次她雇到小三轮卡去看病，看好门诊回家雇不到车了，只好同陪她看病的朋友一起慢慢地走回来，走走停停，走到街口，她快要倒下了，只得请求行人到我们家通知。她一个表侄正好来探病，就由他去把她背了回家。她希望拍一张 X 光片子查一查肠子有什么病，但是办不到。后来靠了她一位亲戚帮忙开后门两次拍片，才查出她患肠癌。以后又靠朋友设法开后门住进了医院。她自己还很高兴，以为得救了。只有她一个人不知真实的病情，她在医院里只活了三个星期。

我休假回家假期满了，我又请过两次假，留在家里照料病人。最多也不到一个月。我看见她病情日趋严重，实在不愿意把她丢开不管，我要求延长假期的时候，我们那个单位的一个"工宣队"头头逼着我第二天就回干校去。我回到家里，她问起来，我无法隐瞒。她叹了一口气，说："你放心去吧。"她把脸掉过去，不让我看她。我女儿、女婿看到这种情景，自告奋勇跑到巨鹿路向那位"工宣队"头头解释，希望同意我在市区多留些日子照料病人。可是那个头头"执法如山"，还说：他不是医生，留在家里，有什么用！"留在家里对他改造不利！"他们气愤地回到家中，只说机关不同意，后来才对我传达了这句"名言"。我还能讲什么呢？明天回干校去！

整个晚上她睡不好，我更睡不好。出乎意外，第二天一早我那个插队落户的儿子在我们房间里出现了，他是昨天半夜里到的。他得到了家信，请假回家看母亲，却没有想到母亲病成这样。我见了他一面，把他母亲交给他，就回干校去了。

在车上我的情绪很不好。我实在想不通为什么会有这样的事情。我在干校待了五天，无法同家里通消息。我已经猜到她的病不轻了。可是人们不让我过问她的事情。这五天是多么难熬的日子！到第五天晚上在干校的造反派头头通知我们全体第二天一早回市区开会。这样我才又回到了家，见到了我的爱人。靠了朋友帮忙，她可以住进中山医院肝癌病房，一切都准备好，她第二天就要住院了。她多么希望住院前见我一面，我终于回来了。连我也没有想到她的病情发展得这么快。我们见了面，我一句话也讲不出来。她说了一句："我到底住院了。"我答说："你安心治疗吧。"她父亲也来看她，老人家双目失明，去医院探病有困难，可能是来同他的女儿告别了。

我吃过中饭，就去参加给别人戴上反革命帽子的大会，受批判、戴帽子的人不止一个，其中有一个我的熟人王若望同志，他过去也是作家，不过比我年轻。我们一起在"牛棚"里关过一个时期，他的罪名是"摘帽右派"。他不服，不听话，他贴出大字报，声明"自己解放自己"，因此罪名越搞越大，给捉去关了一个时期不算，还戴上了反革命的帽子监督劳动。在会场里我一直像在做怪梦。开完会回家，见到萧珊我感到格外亲切，仿佛重回人间。可是她不舒服，不想讲话，偶尔讲一句半句。我还记得她讲了两次："我看不到了。"我连声问她看不到什么？她后来才说："看不到你解放了。"我还能再讲什么呢？

我儿子在旁边，垂头丧气，精神不好，晚饭只吃了半碗，像是患感冒。她忽然指着他小声说："他怎么办呢？"他当时在安徽山区农村已经待了三年半，政治上没有人管，生活上不能养活自己，而且因为是我的儿子，给剥夺了好些公民权利。他先学会沉默，后来又学会抽烟。我怀着内疚的心情看看他，我后悔当初不该写小说，更不该生儿育女。我还记得前两年在痛苦难熬的时候她对我说："孩子们说爸爸做了坏事，害了我们大家。"这好像用刀子在割我身上的肉。我没有出声，我把泪水全吞在肚里。她睡了一觉醒过来忽然问我："你明天不去了？"我说："不去了。"就是那个"工宣队"头头今天通知我不用再去干校就留在市区。他还问我："你知道萧珊是什么病？"我答说："知道。"其实家里瞒住我，不给我知道真相，我还是从他这句问话里猜到的。

## 三

第二天早晨她动身去医院，一个朋友和我女儿、女婿陪她去。她穿好衣服等候车来。她显得急躁，又有些留恋，东张张西望望，她也许在想是不是能再看到这里的一切。我送走她，心上反而加了一块大石头。

将近二十天里，我每天去医院陪伴她大半天。我照料她，我坐在病床前守着她，同她短短地谈几句话。她的病情恶化，一天天衰弱下去，肚子却一天天大起来，行动越来越不方便。当时病房里没有人照料，生活方面除饭食外一切都必须自理。后来听同病房的人称赞她“坚强”，说她每天早晚都默默地挣扎着下了床，走到厕所。医生对我们谈起，病人的身体经不住手术，最怕的是她肠子堵塞，要是不堵塞，还可以拖延一个时期。她住院后的半个月是一九六六年八月以来我既感痛苦又感到幸福的一段时间，是我和她在一起度过的最后的平静的时刻，我今天还不能将它忘记。但是半个月以后，她的病情又有了发展，一天吃中饭的时候，医生通知我儿子找我去谈话。他告诉我：病人的肠子给堵住了，必须开刀。开刀不一定有把握，也许中途出毛病。但是不开刀，后果更不堪设想。他要我决定，并且要我劝她同意。我做了决定，就去病房对她解释。我讲完话，她只说了一句：“看来，我们要分别了。”她望着我，眼睛里全是泪水。我说：“不会的……”我的声音哑了。接着护士长来安慰她，对她说：“我陪你，不要紧的。”她回答：“你陪我就好。”时间很紧迫，医生护士们很快作好了准备，她给送进手术室去了，是她的表侄把她推到手术室门口的。我们就在外面廊上等了好几个小时，等到她平安地给送出来，由儿子把她推回到病房去。儿子还在她的身边守过一个夜晚。过两天他也病倒了，查出来他患肝炎，是从安徽农村带回来的。本来我们想瞒住他的母亲，可是无意间让他母亲知道了。她不断地问：“儿子怎么样？”我自己也不知道儿子怎么样，我怎么能使她放心呢？晚上回到家，走进空空的、静静的房间，我几乎要叫出声来：“一切都朝我的头打下来吧，让所有的灾祸都来吧。我受得住！”

我应当感谢那位热心而又善良的护士长，她同情我的处境，要我把儿子的事情完全交给她办。她作好安排，陪他看病、检查，让他很快住进别处的隔离病房，得到及时的治疗和护理。他在隔离病房里苦苦地等候母亲病情的好转。母亲躺在病床上，只能有气无力地说几句短短的话，她经常问：“棠棠怎么样？”从她那双含泪的眼睛里我明白她多么想看见她最爱的儿子。但是她已经没有精力多想了。

她每天给输血，打盐水针。她看见我去就断断续续地问我：“输多少西西的血？该怎么办？”我安慰她：“你只管放心。没有问题，治病要紧。”她不止一次地说：“你辛苦了。”我有什么苦呢？我能够为我最亲爱的人做事情，哪怕做一件小事，我也高兴！后来她的身体更不行了。医生给她输氧气，鼻子里整天插着管子。她几次要求拿开，这说明她感到难受，但是听了我们的劝告，她终于忍受下去了。开刀以后她只活了五天。谁也想不到她会去得这么快！五天中间我整天守在病床前，默默地望着她在受苦（我是设身处地感觉到这样的），可是她除了两三次要求搬开床前巨大的氧气筒，三四次表示担心输血较多付不出医药费之外，并没有抱怨过什么。见到熟人她常有这样一种表情：请原谅我麻烦了你们。她非常安静，但并未昏睡，始终睁大两只眼睛。眼睛很大，很美，很亮。我望着，望着，好像在望快要燃尽的烛火。我多么想让这对眼睛永远亮下去！我多么害怕她离开我！我甚至愿意为我那十四卷“邪书”受到千刀万剐，只求她能安静地活下去。

不久前我重读梅林写的《马克思传》，书中引用了马克思给女儿的信里的一段话，讲到马克思夫人的死。信上说："她很快就咽了气。……这个病具有一种逐渐虚脱的性质，就像由于衰老所致一样。甚至在最后几小时也没有临终的挣扎，而是慢慢地沉入睡乡。她的眼睛比任何时候都更大、更美、更亮！"这段话我记得很清楚。马克思夫人也死于癌症。我默默地望着萧珊那对很大、很美、很亮的眼睛，我想起这段话，稍微得到一点安慰。听说她的确也"没有临终的挣扎"，也是"慢慢地沉入睡乡"。我这样说，因为她离开这个世界的时候，我不在她的身边。那天是星期天，卫生防疫站因为我们家发现了肝炎病人，派人上午来做消毒工作。她的表妹有空愿意到医院去照料她，讲好我们吃过中饭就去接替。没有想到我们刚刚端起饭碗，就得到传呼电话，通知我女儿去医院，说是她妈妈"不行"了。真是晴天霹雳！我和我女儿、女婿赶到医院。她那张病床上连床垫也给拿走了。别人告诉我她在太平间。我们又下了楼赶到那里，在门口遇见表妹。还是她找人帮忙把"咽了气"的病人抬进来的。死者还不曾给放进铁匣子里送进冷库，她躺在担架上，但已经给白布床单包得紧紧的，看不到面容了。我只看到她的名字。我弯下身子，把地上那个还有点人形的白布包拍了好几下，一面哭唤着她的名字。不过几分钟的时间。这算是什么告别呢？

据表妹说，她逝世的时刻，表妹也不知道。她曾经对表妹说："找医生来。"医生来过，并没有什么。后来她就渐渐地"沉入睡乡"。表妹还以为她在睡眠。一个护士来打针，才发觉她的心脏已经停止跳动了。我没有能同她诀别，我有许多话没有能向她倾吐，她不能没有留下一句遗言就离开我！我后来常常想，她对表妹说："找医生来"。很可能不是"找医生"，是"找李先生"（她平日这样称呼我）。为什么那天上午偏偏我不在病房呢？家里人都不在她身边，她死得这样凄凉！

我女婿马上打电话给我们仅有的几个亲戚。她的弟媳赶到医院，马上晕了过去。三天以后在龙华火葬场举行告别仪式。她的朋友一个也没有来，因为一则我们没有通知，二则我是一个审查了将近七年的对象。没有悼词，没有吊客，只有一片伤心的哭声。我衷心感谢前来参加仪式的少数亲友和特地来帮忙的我女儿的两三个同学，最后，我跟她的遗体告别，女儿望着遗容哀哭，儿子在隔离房还不知道把他当作命根子的妈妈已经死亡。值得提说的是她当作自己儿子照顾了好些年的一位亡友的男孩从北京赶来，只为了看见她的最后一面。这个整天同钢铁打交道的技术员，他的心倒不像钢铁那样。他得到电报以后，他爱人对他说："你去吧，你不去一趟，你的心永远安定不了。"我在变了形的她的遗体旁边站了一会。别人给我和她照了像。我痛苦地想：这是最后一次了，即使给我们留下来很难看的形象，我也要珍视这个镜头。

一切都结束了。过了几天我和女儿、女婿到火葬场，领到了她的骨灰盒。在存放室寄存了三年之后，我按期把骨灰盒接回家里。有人劝我把她的骨灰安葬，我宁愿让骨灰盒放在我的寝室里，我感到她仍然和我在一起。

## 四

梦魇一般的日子终于过去了。六年仿佛一瞬间似的远远地落在后面了。其实哪里是一瞬间！这段时间里有多少流着血和泪的日子啊。不仅是六年，从我开始写这篇短文到现在又过去了半年，半年中我经常在火葬场的大厅里默哀，行礼，为了纪念给“四人帮”迫害致死的朋友。想到他们不能把个人的智慧和才华献给社会主义祖国，我万分惋惜。每次戴上黑纱、插上纸花的同时，我也想起我自己最亲爱的朋友，一个普通的文艺爱好者，一个成绩不大的翻译工作者，一个心地善良的人。她是我的生命的一部分，她的骨灰里有我的泪和血。

她是我的一个读者。一九三六年我在上海第一次同她见面。一九三八年和一九四一年我们两次在桂林像朋友似的住在一起。一九四四年我们在贵阳结婚。我认识她的时候，她还不到二十，对她的成长我应当负很大的责任。她读了我的小说，给我写信，后来见到了我，对我发生了感情。她在中学念书，看见我以前，因为参加学生运动被学校开除，回到家乡住了一个短时期，又出来进另一所学校。倘使不是为了我，她三七、三八年一定去了延安。她同我谈了八年的恋爱，后来到贵阳旅行结婚，只印发了一个通知，没有摆过一桌酒席。从贵阳我和她先后到了重庆，住在民国路文化生活出版社门市部楼梯下七八个平方米的小屋里。她托人买了四只玻璃杯开始组织我们的小家庭。她陪着我经历了各种艰苦生活。在抗日战争紧张的时期，我们一起在日军进城以前十多个小时逃离广州，我们从广东到广西，从昆明到桂林，从金华到温州，我们分散了，又重见，相见后又别离。在我那两册《旅途通讯》中就有一部分这种生活的记录。四十年前有一位朋友批评我：“这算什么文章！”我的《文集》出版后，另一位朋友认为我不应当把它们也收进去。他们都有道理，两年来我对朋友、对读者讲过不止一次，我决定不让《文集》重版。但是为我自己，我要经常翻看那两小册《通讯》。在那些年代，每当我落在困苦的境地里、朋友们各奔前程的时候，她总是亲切地在我的耳边说：“不要难过，我不会离开你，我在你的身边。”的确，只有在她最后一次进手术室之前她才说过这样一句：“我们要分别了。”

我同她一起生活了三十多年。但是我并没有好好地帮助过她。她比我有才华，却缺乏刻苦钻研的精神。我很喜欢她翻译的普希金和屠格涅夫的小说。虽然译文并不恰当，也不是普希金和屠格涅夫的风格，它们却是有创造性的文学作品，阅读它们对我是一种享受。她想改变自己的生活，不愿做家庭妇女，却又缺少吃苦耐劳的勇气。她听一个朋友的劝告，得到后来也是给“四人帮”迫害致死的叶以群同志的同意，到《上海文学》“义务劳动”，也做了一点点工作，然而在运动中却受到批判，说她专门向老作家组稿，又说她是我派去的“坐探”。她为了改造思想，想走捷径，要求参加“四清”运动，找人推荐到某铜厂的工作组工作，工作相当忙碌、紧张，她却精神愉快。但是到我快要靠边的时候，她也被叫回“作协分会”参加运动。她第一次参加这种急风暴雨般的斗争，而且是以反动权威家属的身份参加，她不知道该怎么办才好。她张皇失措，坐立不安，替我担心，又为儿女们的前途忧虑。她盼望什么人向她伸出援助的手，可是朋友们离开了她，“同事们”拿她当作箭靶，还有人想通过整她来整我。她不是“作协分会”或者刊物的正式工作人员，可是仍然被“勒令”靠边劳动、站队挂牌，放回家以后，又给揪到机关。过一个时期，她写了认罪的检查、第二次给放回家的时候，我们机关的造反派头头却通知里弄委员会罚她扫街。她怕人看见，每天大清早起来，拿着扫帚出门，扫得精疲力尽，才回到家里，关上大门，吐了一口气。但有时她还碰到上学去的小孩，对她叫骂“巴金的臭婆娘”。我偶尔看见她拿着扫帚回来，不敢正眼看她，我感到负罪的心情，这是对她的一个致命的打击。不到两个月，她病倒了，以后就没有再出去扫街（我妹妹继续扫了一个时期），但是也没有完全恢复健康。尽管她还继续拖了四年，但一直到死她并不曾看到我恢复自由。这就是她的最后，然而绝不是她的结局。她的结局将和我的结局连在一起。

我绝不悲观。我要争取多活。我要为我们社会主义祖国工作到生命的最后一息。在我丧失工作能力的时候，我希望病榻上有萧珊翻译的那几本小说。等到我永远闭上眼睛，就让我的骨灰同她的掺和在一起。

一九七九年一月十五日写

（选自《随想录》第一集，生活·读书·新知三联书店香港分店 1979 年版）

## 文本导读

《怀念萧珊》是巴金《随想录》中最有代表性的作品之一，它充分体现了《随想录》感情真挚、热烈、深沉的总体特色。萧珊是巴金的妻子，她在“文化大革命”时期因受迫害致病而离开人世，《怀念萧珊》是巴金悼念亡妻之作。

王国维在《人间词话》中说：“境非独景物也。喜怒哀乐，亦人心中之一境界。故独写真景物，真感情者，谓之有境界。”《怀念萧珊》不写“景”境，而专造“情”境，作者把“真感情”凝注笔端，集中抒写了他与萧珊在“文化大革命”中患难与共，相濡以沫的无限深情。

《怀念萧珊》以情见长，以情取胜。但巴金笔下之情绝非仅仅是夫妻之情、个人之情。作者怀念萧珊，不仅因为萧珊是自己的妻子，更重要的是她是“我自己最亲爱的朋友，一个普通的文艺爱好者，一个成绩不大的翻译工作者，一个心地善良的人”。她本来可以活得更长久些，为人民作出更多的贡献，但她像巴金所有被迫害的朋友一样，过早地离开了人世。所以，萧珊的死不仅是个人、家庭的悲剧，更是一代知识分子的悲剧，作者对萧珊的深刻怀念，也是对所有含冤而死的知识分子的深刻怀念。整篇文章由此立意，自始至终贯穿着对“四人帮”罪行的揭露、控诉和对正义必将战胜邪恶的坚定信念。感情的热力和理性的思考、表情与达意熔铸在一起，使文章的思想与现实意义得到了升华，给人与鼓舞与启迪。

《怀念萧珊》以情感人，以情造境，并不着意于华章丽句、伟辞奇语，而是选取日常用语，使感情自然流露，体现出巴金散文自然朴素、亲切流畅的一贯风格。就《怀念萧珊》的抒情艺术而言，主要表现为借助生活场景抒情，在平淡的叙述中抒情，在对话中吐露真情。

《怀念萧珊》的结构艺术严谨自然，浑然一体。全文分为四部分：第一部分交代写作缘由，由参加老朋友的追悼会联想到萧珊的死及其在“文化大革命”中所遭受的摧残；第二、三部分写萧珊病情不断恶化直至离开人间的过程及作者的悲痛心情；第四部分再以参加老朋友的追悼会而回顾萧珊的一生，呼应开篇。全文以“情”贯通，开阖自如，一气呵成，具有强烈的艺术感染力。

## 课后练习

1.《怀念萧珊》的思想意义何在？

2.作者是如何抒发他对萧珊的怀念之情的？

# 第十一课 我们对于一棵古松的三种态度

## ——实用的、科学的、美感的

朱光潜

## 相关介绍

朱光潜(1897—1986),中国现代美学家、文艺理论家、教育家、翻译家。笔名孟实、孟石。安徽桐城人。1922 年毕业于香港大学文科教育系。1930 年获英国爱丁堡大学文科硕士学位。1933 年获法国斯特拉斯堡大学文科博士学位。先后在国立北京大学、国立四川大学、国立武汉大学、国立安徽大学任教。新中国成立以后,任北京大学教授。主要著作有《文艺心理学》《谈美》《诗论》《西方美学史》等专著,并翻译了《歌德谈话录》、柏拉图的《文艺对话集》、莱辛的《拉奥孔》、黑格尔的《美学》、克罗齐的《美学》、维柯的《新科学》等西方美学著作。朱光潜对中国现代美学的发展做出了开拓性贡献。

## 作品赏析

谁都知道,一切事物都有几种看法。你说一件事物是美的或是丑的,这也只是一种看法。换一个看法,你说它是真的或是假的;再换一种看法,你说它是善的或是恶的。同是一件事物,看法有多种,所看出来的现象也就有多种。

比如园里那一棵古松,无论是你是我或是任何人一看到它,都说它是古松。但是你从正面看,我从侧面看,你以幼年人的心境去看,我以中年人的心境去看,这些情境和性格的差异都能影响到所看到的古松的面目。古松虽只是一件事物,你所看到的和我所看到的古松却是两件事。假如你和我各把所得的古松的印象画成一幅画或是写成一首诗,我们俩艺术手腕尽管不分上下,你的诗和画与我的诗和画相比较,却有许多重要的异点。这是什么缘故呢?这就由于知觉不完全是客观的,各人所见到的物的形象都带有几分主观的色彩。

假如你是一位木商,我是一位植物学家,另外一位朋友是画家,三人同时来看这棵古松。我们三人可以说同时都"知觉"到这一棵树,可是三人所"知觉"到的却是三种不同的东西。你脱离不了你的木商的心习,你所知觉到的只是一棵做某事用值几多钱的木料。我也脱离不了我的植物学家的心习，我所知觉到的只是一棵叶为针状、果为球状、四季常青的显花植物。我们的朋友——画家——什么事都不管，只管审美，他所知觉到的只是一棵苍翠劲拔的古树。我们三人的反应态度也不一致。你心里盘算它是宜于架屋或是制器，思量怎样去买它、砍它、运它。我把它归到某类某科里去，注意它和其他松树的异点，思量它何以活得这样老。我们的朋友却不这样东想西想，他只在聚精会神地观赏它的苍翠的颜色，它的盘屈如龙蛇的线纹以及它的昂然高举、不受屈挠的气概。

从此可知这棵古松并不是一件固定的东西，它的形象随观者的性格和情趣而变化。各人所见到的古松的形象都是各人自己性格和情趣的返照。古松的形象一半是天生的，一半也是人为的。极平常的知觉都带有几分创造性；极客观的东西之中都有几分主观的成分。

美也是如此。有审美的眼睛才能见到美。这棵古松对于我们的画画的朋友是美的，因为他去看它时就抱了美感的态度。你和我如果也想见到它的美，你须得把你那种木商的实用的态度丢开，我须得把植物学家的科学的态度丢开，专持美感的态度去看它。

这三种态度有什么分别呢？

先说实用的态度。做人的第一件大事就是维持生活。既要生活，就要讲究如何利用环境。“环境”包含我自己以外的一切人和物在内，这些人和物有些对于我的生活有益，有些对于我的生活有害，有些对于我不关痛痒。我对于他们于是有爱恶的情感，有趋就或逃避的意志和活动。这就是实用的态度。实用的态度起于实用的知觉，实用的知觉起于经验。小孩子初出世，第一次遇见火就伸手去抓，被它烧痛了，以后他再遇见火，便认识它是什么东西，便明了它是烧痛手指的，火对于他于是有意义。事物本来都是很混乱的，人为便利实用起见，才像被火烧过的小孩子根据经验把四周事物分类立名，说天天吃的东西叫做“饭”，天天穿的东西叫做“衣”，某种人是朋友，某种人是仇敌，于是事物才有所谓“意义”。意义大半都起于实用。在许多人看，衣除了是穿的，饭除了是吃的，女人除了是生小孩的一类意义之外，便寻不出其他意义。所谓“知觉”，就是感官接触某种人或物时心里明了他的意义。明了他的意义起初都只是明了他的实用。明了实用之后，才可以对他起反应动作，或是爱他，或是恶他，或是求他，或是拒他，木商看古松的态度便是如此。

科学的态度则不然。它纯粹是客观的，理论的。所谓客观的态度就是把自己的成见和情感完全丢开，专以“无所为而为”的精神去探求真理。理论是和实用相对的。理论本来可以见诸实用，但是科学家的直接目的却不在于实用。科学家见到一个美人，不说我要去向她求婚，她可以替我生儿子，只说我看她这人很有趣味，我要来研究她的生理构造，分析她的心理组织。科学家见到一堆粪，不说它的气味太坏，我要掩鼻走开，只说这堆粪是一个病人排泄的，我要分析它的化学成分，看看有没有病菌在里面。科学家自然也有见到美人就求婚，见到粪就掩鼻走开的时候，但是那时候他已经由科学家还到实际人的地位了。科学的态度之中很少有情感和意志，它的最重要的心理活动是抽象的思考。科学家要在这个混乱的世界中寻出事物的关系和条理，纳个物于概念，从原理演个例，分出某者为因，某者为果，某者为特征，某者为偶然性。植物学家看古松的态度便是如此。

木商由古松而想到架屋、制器、赚钱等等，植物学家由古松而想到根茎花叶、日光水分等等，他们的意识都不能停止在古松本身上面。不过把古松当作一块踏脚石，由它跳到和它有关系的种种事物上面去。所以在实用的态度中和科学的态度中，所得到的事物的意象都不是独立的、绝缘的，观者的注意力都不是专注在所观事物本身上面的。注意力的集中，意象的孤立绝缘，便是美感的态度的最大特点。比如我们的画画的朋友看古松，他把全副精神都注在松的本身上面，古松对于他便成了一个独立自足的世界。他忘记他的妻子在家里等柴烧饭，他忘记松树在植物教科书里叫做显花植物，总而言之，古松完全占领住他的意识，古松以外的世界他都视而不见、听而不闻了。他只把古松摆在心眼面前当作一幅画去玩味。他不计较实用，所以心中没有意志和欲念；他不推求关系、条理、因果等等，所以不用抽象的思考。这种脱净了意志和抽象思考的心理活动叫作“直觉”，直觉所见到的孤立绝缘的意象叫作“形象”。美感经验就是形象的直觉，美就是事物呈现形象于直觉时的特质。

实用的态度以善为最高目的，科学的态度以真为最高目的，美感的态度以美为最高目的。在实用态度中，我们的注意力偏在事物对于人的利害，心理活动偏重意志；在科学的态度中，我们的注意力偏在事物间的互相关系，心理活动偏重抽象的思考；在美感的态度中，我们的注意力专在事物本身的形象，心理活动偏重直觉。真善美都是人所定的价值，不是事物所本有的特质。离开人的观点而言，事物都浑然无别，善恶、真伪、美丑就漫无意义。真善美都含有若干主观的成分。就“用”字的狭义说，美是最没有用处的。科学家的目的虽只在辨别真伪，他所得的结果却可效用于人类社会。美的事物如诗文、图画、雕刻、音乐等等都是寒不可以为衣、饥不可以为食的。从实用的观点看，许多艺术家都是太不切实用的人物。然则我们又何必来讲美呢？人性本来是多方的，需要也是多方的。真善美三者俱备才可以算是完全的人。人性中本有饮食欲，渴而无所饮，饥而无所食，固然是一种缺乏；人性中本有求知欲而没有科学的活动，本有美的嗜好而没有美感的活动，也未始不是一种缺乏。真和美的需要也是人生中的一种饥渴——精神上的饥渴。疾病衰老的身体才没有口腹的饥渴。同理,你遇到一个没有精神上的饥渴的人或民族,你可以断定他的心灵已到了疾病衰老的状态。

人所以异于其他动物的就是于饮食男女之外还有更高尚的企求,美就是其中之一。是壶就可以贮茶,何必又求它形式、花样、颜色都要好看呢?吃饱了饭就可以睡觉,何必又呕心血去做诗、画画、奏乐呢?“生命”是与“活动”同义的,活动愈自由生命也就愈有意义。人的实用的活动全是有所为而为,是受环境需要限制的;人的美感的活动全是无所为而为,是环境不需要他活动而他自己愿意去活动的,在有所为而为的活动中,人是环境需要的奴隶;在无所为而为的活动中,人是自己心灵的主宰。这是单就人说,就物说呢,在实用的和科学的世界中,事物都借着和其他事物发生关系而得到意义,到了孤立绝缘时就都没有意义;但是在美感世界中它却能孤立绝缘,却能在本身现出价值。照这样看,我们可以说,美是事物的最有价值的一面,美感的经验是人生中最有价值的一面。

许多轰轰烈烈的英雄和美人都过去了,许多轰轰烈烈的成功和失败也都过去了,只有艺术作品真正是不朽的。数千年前的《采采卷耳》和《孔雀东南飞》的作者还能在我们心里点燃很强烈的火焰,虽然在当时他们不过是大皇帝脚下的不知名的小百姓。秦始皇并吞六国,统一车书,曹孟德带八十万人马下江东,舳舻千里,旌旗蔽空,这些惊心动魄的成败对于你有什么意义?对于我有什么意义?但是长城和《短歌行》对于我们还是很亲切的,还可以使我们心领神会这些骸骨不存的精神气魄。这几段墙在,这几句诗在,他们永远对于人是亲切的。悠悠的过去只是一片漆黑的天空,我们所以还能认识出来这漆黑的天空者,全赖思想家和艺术家所散布的几点星光。朋友,让我们珍重这几点星光!让我们也努力散布几点星光去照耀那和过去一般漆黑的未来!

(选自《朱光潜美学文集》第一卷,上海文艺出版社 1982 年版)

## 文本导读

朱光潜先生的《谈美》选自《写给青年的十二封信》,出版于 20 世纪 30 年代初,以生动流畅、通俗易懂的语言分析了审美态度、审美心理与艺术创作的心理活动,其中《我们对于一棵古松的三种态度》这一篇文章具有最为广泛的影响,是中国现代美学史的经典名篇。

朱先生从人们观察事物的不同角度和眼光开始,切入人们观照事物的三种态度:实用的态度、科学的态度、审美的态度。实用的态度受意志的支配,以求善为目的;科学的态度受认知的支配,以求真为目的;审美的态度受直觉的支配,以求美为目的。前两种态度都受制于各种关系，在关系之中见出事物的价值，唯有审美态度能够打破各种关系的制约，以超然的态度直觉事物本身的价值，观赏事物的形式之美。

求善、求真与求美体现了人不同的需求，因为“人性本来是多方的，需要也是多方的。真善美三者俱备才可以算是完全的人”。但相比较而言，求美更能体现人的自由精神，因为“美是事物的最有价值的一面，美感的经验是人生中最有价值的一面”。

朱先生从人类历史与文明的高度来认识美的价值，充满感情地说：“许多轰轰烈烈的英雄和美人都过去了，许多轰轰烈烈的成功和失败也都过去了，只有艺术作品真正是不朽的。……悠悠的过去只是一片漆黑的天空，我们所以还能认识出来这漆黑的天空者，全赖思想家和艺术家所散布的几点星光。朋友，让我们珍重这几点星光！让我们也努力散布几点星光去照耀那和过去一般漆黑的未来！”这具有思想智慧的语言也犹如照耀黑暗天空的星光，唤醒我们沉睡的心灵，启迪我们去追求美、创造美。

## 课后练习

1.什么是美？概述它的特点。

2.真、善、美的关系是什么？请举例说明。

3.如何理解“一个没有精神上的饥渴的人或民族，你可以断定他的心灵已到了疾病衰老的状态”？请结合文本进行简要分析。

# 第十二课 给青年诗人的十封信（节选）

里尔克

## 相关介绍

### 1.作家简介

莱内·马利亚·里尔克（Rainer Maria Rilke，1875—1926），出生于布拉格一个铁路职员家庭，少年时曾先后就读于军事学校和贸易学校，直到1896年进入布拉格大学学习法学和政治学，才开始进行文学创作。里尔克在慕尼黑和柏林完成了他的大学教育，并在文坛崭露头角。此后多年他都在欧洲大陆游历，先后到过德国、意大利、俄罗斯、法国、西班牙等地，并于晚年定居瑞士。里尔克于1926年12月在瑞士的瓦勒山疗养院因白血病去世。

里尔克被誉为20世纪最伟大的德语诗人之一，其诗歌无论在语言还是思想层面，都创造了现代诗歌艺术的巅峰。代表作品有诗集《祈祷书》《新诗集》《杜伊诺哀歌》《致俄耳甫斯的十四行诗》、散文集《给一个青年诗人的十封信》等。

### 2.创作背景

1902年，19岁的弗兰茨·卡卜斯（1883—1966）正就读于维也纳新城陆军学院，他认为成为一名职业军人与自己对诗歌的热爱相违背，因而困惑不已，在学校牧师的建议下向里尔克写信请求指导和建议。两人在1902—1908年间曾长时间通信。1929年，卡卜斯将两人间的通信整理发表。在里尔克写给卡卜斯的十封信中，涉及了诗和艺术、两性之爱、兴趣爱好与职业的关系、生活的寂寞和艰难等青年人容易产生疑虑的问题，里尔克对青年诗人的困惑进行了真诚的解答，同时也坦陈了自己的内心世界。课文中所选的是这十封信中的第九、十两封信。

## 作品赏析

### 第九封信

我亲爱的卡卜斯先生：

在这没有通信的时期内，我一半是在旅途上，一半是事务匆忙，使我不能写信。

今天我写信也是困难的，因为我已经写了许多封，手都疲倦了。若是我能以口述给旁人写，我还能向你说许多，可是现在你只好接受这寥寥几行来报答你的长信。

亲爱的卡卜斯先生，我常常思念你，并且以这样专诚的愿望思念你，总要对你有所帮助。但是我的信到底能不能帮助你，我却常常怀疑。你不要说：它们能够帮助你。你只安心接受这些信吧，不必说感谢的话，让我们等着，看将要有什么事情来到。

现在我对于你信里个别的字加以探讨，大半是没有用的；因为我关于你疑惑的倾向，关于你内外生活和谐的不可能，关于另外苦恼着你的一切——我所能说的，还依然是我已经说过的话：还是愿你自己有充分的忍耐去担当，有充分单纯的心去信仰；你将会越来越信任艰难的事物和你在众人中间感到的寂寞。除此以外就是让生活自然进展。请你相信：无论如何，生活是合理的。

谈到情感：凡是使你集中向上的情感都是纯洁的；但那只捉住你本性的一方面，对你有所伤害的情感是不纯洁的。凡是在你童年能想到的事都是好的。凡能够使你比你从前最美好的时刻还更丰富的，都是对的。各种提高都是好的，如果它是在你"全"血液中，如果它不是迷醉，不是忧郁，而是透明到底的欢悦。你了解我的意思吗？

就是你的怀疑也可以成为一种好特性，若是你好好"培养"它。它必须成为明智的，它必须成为批判。——当它要伤害你一些事物时，你要问它，这些事物"为什么"丑恶，向它要求证据，考问它，你也许见它仓皇失措，也许见它表示异议。

但你不要让步，你同它辩论，每一回都要多多注意，立定脚步，终于有一天它会从一个破坏者变成你的一个最好的工作者，——或许在一切从事于建设你的生活的工作者中它是最聪明的一个。

亲爱的卡卜斯先生，这是我今天所能向你说的一切。我附寄给你我一篇短的作品的抽印本①，这是在布拉格出版的《德意志工作》中发表的。在那里我继续着同你谈生和死，以及它们的伟大与美丽。

你的：莱内·马利亚·里尔克 1904 年 11 月 4 日；瑞典，央思雷德，弗卢堡

① 系里尔克的散文诗《旗手克里斯多夫·里尔克的爱与死之歌》

## 第十封信

亲爱的卡卜斯先生，

你该知道，我得你这封美好的信，我是多么欢喜。你给我的消息是真实、诚挚，又像你从前那样，我觉得很好，我越想越感到那实在是好的消息。我本来想在圣诞节的晚间给你写信，但是这一冬我多方从事没有间断的工作，这古老的节日是这样快地走来了，使我没有时间去做我必须处理的事，更少写信。

但是在节日里我常常思念你，我设想你是怎样寂静地在你寂寞的军垒中生活，两旁是空旷的高山，大风从南方袭来，好像要把这些山整块地吞了下去。

这种寂静必须是广大无边，好容许这样的风声风势得以驰骋，如果我想到，更加上那辽远的海也在你面前同时共奏，像是太古的谐音中最深处的旋律，那么我就希望你能忠实地、忍耐地让这大规模的寂寞在你身上工作，它不再能从你的生命中消灭；在一切你要去生活要去从事的事物中，它永远赓续着像是一种无名的势力，并且将确切地影响你，有如祖先的血在我们身内不断地流动，和我们自己的血混为唯一的、绝无仅有的一体，在我们生命的无论哪一个转折。

是的：我很欢喜，你据有这个固定的、可以言传的生存，有职称，有制服，有任务，有一切把得定、范围得住的事物，它们在这同样孤立而人数不多的军队环境中，接受严肃与必要的工作，它们超越军队职业的游戏与消遣意味着一种警醒的运用，它们不仅容许，而且正好培养自主的注意力。我们要在那些为我们工作、时时置我们于伟大而自然的事物面前的情况中生活，这是必要的一切。

艺术也是一种生活方式，无论我们怎样生活，都能不知不觉地为它准备；每个真实的生活都比那些虚假的、以艺术为号召的职业跟艺术更为接近，它们炫耀一种近似的艺术，实际上却否定了、损伤了艺术的存在，如整个的报章文字、几乎一切的批评界、四分之三号称文学和要号称文学的作品，都是这样。我很高兴，简捷地说，是因为你经受了易于陷入的危险，寂寞而勇敢地生活在任何一处无情的现实中。

即将来到的一年会使你在这样的生活里更为坚定。

你的：莱内·马利亚·里尔克 1908，圣诞节第二日；巴黎

（选自马利亚·里尔克著，冯至译《给青年诗人的十封信》，上海人民出版社 2019 年版）

### 文本导读

在第九封信中，里尔克谈到了忍耐。他希望青年诗人能以“充分的忍耐”去对待

生活中的苦恼，包括情感困惑和人生疑虑。青年人在生活中并不总是一帆风顺，往往由于对生活的过分理想化而导致与外界无法协调，从而感到彷徨无助。面对这种情况，里尔克给出的答案是忍耐。里尔克所说的忍耐并非忍受，因为他也指出，不要对生活让步。里尔克认为，面对生活和情感的态度应是积极的、沉思的、成长的忍耐。青年人不应急于与生活、与外界对抗。面对疑虑和艰难，应当先静心沉思，探寻根源，并从中汲取力量。

在第十封信中，里尔克谈到艺术与生活的关系问题。在里尔克看来，拥有一份稳定的、能保证生存的工作并非坏事。工作能够使人与生活发生直接的联系，这种真实的生活比以艺术为职业更接近艺术。里尔克指出，“艺术是一种生活方式”。青年人无论是否从事与艺术相关的职业，如果能以真诚的态度投入生活，都将更接近艺术。

青年人刚刚踏入社会，可能面对种种疑虑困惑，生活中的问题纷至沓来，积极地“忍耐”，“寂寞而勇敢地生活在每一处无情的现实中”，就是里尔克给青年人的答案。

## 课后练习

1.你怎么理解里尔克所说的“忍耐”？

2.你怎么认识生活和艺术的关系？

# 单元研习任务

## 一、知识拓展

古人讲究学以致用、知行合一。《教条示龙场诸生》教给你为人处世的道理;《怀念萧珊》集中抒写了他与萧珊在“文化大革命”中患难与共、相濡以沫的无限深情;《我们对于一棵古松的三种态度》分析了审美态度、审美心理与艺术创作的心理活动;《给一个青年诗人的十封信》则为刚刚踏入社会的青年人提出了积极地“忍耐”,“寂寞而勇敢地生活在每一处无情的现实中”的忠告。

梳理本单元各篇课文所讲道理或者抒发的真挚感情,并思考它们在当今社会生活中的现实意义,在小组内进行讨论,并且总结出来在班级里进行展示。

## 二、语言表达

在本单元我们学习了《史记》中的人物传记,请你根据自己的喜好从下面题目中选择其一进行练习。

1.请你选择一位自己的长辈,通过对他进行采访、侧面调查等方式,为其写一篇人物小传。要求:选择长辈生活中的重要事件,充满真情实感。

2.你有自己的偶像吗?你的偶像是谁?请你为你的偶像创作一篇传记。

### 人物传记的创作

人物传记在我国有着悠久的历史,司马迁的《史记》是一部纪传体通史,作品中大多数文章都是优秀的人物传记。人物传记是一种写实的文学形式,主要对人物的生平、生活或者精神等方面进行记录。

按照传记创作者的身份进行划分,人物传记可以分成自传和他传两种,前者是自己给自己做传,采用第一人称的叙述手法,很多作家自己的回忆录就属于这种;后者是为他人写传,主要采用第三人称的叙述手法。

一篇人物传记基本包括三个方面:第一是人物简介部分,包括传主的生卒年月、籍贯和简单的身世;第二部分主要写人物的活动,这是一篇人物传记的主体部分;最后一个部分主要是对人物的地位和影响进行总结和评价。

进行人物传记的创作,最基础也是最重要的工作是广泛收集材料。我们可以通过网络查阅大量资料,但是因为网络上一些内容的真实性难以保证,所以一定要结合走访、调查等现场搜集材料的方法。

写作人物传记的时候应该遵循以下原则:

第一,真实性。人物传记可以采用虚构以外的各种创作技巧,它写的是传主的一生,往往具有比较广泛的社会影响力,所以带有较强的历史性质。写作的时候要将人物放到当时的历史背景下客观记录,不能夸大其词,更不能自己臆断编造。在对人物进行评价的时候,要做到客观公正。总的来说,人物传记一定要做到人真、事真、言真、情真、形象真,以真取信,以真感人。

第二,典型性。在创作人物传记的过程中不能事无巨细全部展现,一些旁枝末节的内容可以省略不要。这就要求作者抓住能够体现人物性格的典型性事迹进行创作。廉颇和蔺相如作为战国时期赵国的重要大臣,人生丰富多彩,但是《史记·廉颇蔺相如列传》却只选了"完璧归赵""渑池之会""负荆请罪"三个主要事件进行叙述,这就足以将二人的特征写出来了。在进行人物形象的塑造时,我们之前讲过的各种方法都是适用的。

第三,艺术性。虽然人物传记是写实的作品,但是这并非让大家给人物罗列履历表,也不能平铺直叙,在语言上还是要讲究一定的艺术性,要保证使用的语言生动形象,符合人物的性格特征和人生经历,用词要求贴切。在结构上人物传记要讲究一定的布局,只有这样你写的人物传记中的人物才能栩栩如生。

# 第三单元

# 小说阅读

小说是以刻画人物形象为中心，通过完整的故事情节和环境描写来反映社会生活的文学体裁，一般来说我们将人物、情节、环境称为小说的三要素。古今中外的文学家为我们创造了大量脍炙人口的小说，塑造了一批生动立体的人物形象，我们阅读小说仿佛身临其境，与主人公一起在时代的洪流中走过跌宕起伏的人生……本单元的课文都是世界文学史上优秀的小说作品，体现了人类对社会的认识，揭示了人类成长的精神轨迹，带给人们以审美的愉悦。

学习本单元，要联系作者所处的时代背景和作品反映的历史文化状况，感受小说展现的千姿百态的社会生活；要掌握小说多样化的风格样式，从主题内容、叙事手法、语言风格等多方面入手把握作品独特的艺术成就；要注意作品塑造的人物形象，尤其长篇节选的作品一定要对其进行整体的把握。

# 第十三课　刘姥姥进大观园*

曹雪芹

## 相关介绍

### 1.《红楼梦》简介

又名《石头记》，章回体古典长篇小说，成书于清代乾隆年间，中国古典四大名著之一，是中国古典小说巅峰之作，也被称为中国封建社会百科全书，传统文化的集大成者。全书共120回，前80回是曹雪芹所著，后40回据说为高鹗所续，分为120回“程本”和80回“脂本”两种版本系统，脂本一般通称《脂砚斋重评石头记》。新版通行本前80回据脂本汇校，后40回据程本汇校。

《红楼梦》小说以贾、王、史、薛四大家族的兴衰为背景，以贾宝玉、林黛玉、薛宝钗的爱情婚姻故事为主线，以家庭琐事、闺阁闲情为脉络，刻画了以贾宝玉和金陵十二钗为中心的人物的人性美和悲剧美。其“真事隐去，假语村言”的特殊笔法为《红楼梦》的“真相”增加了谜一样的色彩。

### 2.作家简介

曹雪芹（约1715—约1763），名沾，字梦阮，号雪芹，又号芹圃、芹溪。祖籍辽宁辽阳（一说河北丰润），原为汉人，后为满洲正白旗“包衣人”（即家奴），是为旗人。

曹雪芹生于江宁（今南京），曾祖父曹玺任江宁织造，曾祖母孙氏是康熙帝的奶妈，祖父曹寅做过康熙帝的伴读和御前侍卫，后任江宁织造，兼任两淮巡盐监察御使，备受康熙宠信。曹寅病故后，其子曹顒、曹頫先后继任江宁织造，祖孙三代四人历任江宁织造60余年。雍正六年曹家被抄，曹雪芹随家人迁回北京老宅，后移居北京西郊，靠卖字画和朋友救济为生。

曹雪芹一生正好经历曹家盛极而衰的过程。早年亲历了一段锦衣纨绔的富贵生活，迁回北京时年纪尚幼，约13岁。经历了生活中的重大转折，曹雪芹深感世态炎凉，对封建社会有了更深刻的认识。晚年迁居北京西郊，贫困如洗，“举家食粥酒常赊”，

---

* 选自《红楼梦》第四十回《史太君两宴大观园 金鸳鸯三宣牙牌令》

幼子夭亡，使他陷于过度的忧伤和悲痛，生活更加悲凉，这一年除夕，终因贫病无医去世。

曹雪芹的最大贡献在于小说《红楼梦》的创作，过程十分艰苦，《红楼梦》第一回里说：“批阅十载，增删五次”“字字看来皆是血，十年辛苦不寻常”，可惜未及完成，雪芹即逝。今传《红楼梦》120 回本，其中前 80 回的绝大部分出自他的手笔，雪芹未完成稿题名《石头记》，80 回后一些稿子，不及整理便已“迷失”。乾隆五十六年（1791），程伟元、高鹗第一次以活字版排印出版，已是 120 回，书名改为《红楼梦》，后 40 回一般认为是高鹗续成。

曹雪芹另外还著有《废艺斋集稿》共八册，论述问题包括印刻、编织、园林、风筝、烹调、脱胎手艺、印染等。

## 作品赏析

贾母起身笑道：“这屋里窄，再往别处逛去。”刘姥姥念佛道：“人人都说大家子住大房。昨儿见了老太太正房，配上大箱大柜大桌子大床，果然威武。那柜子比我们那一间房子还大还高。怪道后院子里有个梯子。我想并不上房晒东西，预备个梯子作什么？后来我想起来，定是为开顶柜收放东西，非离了那梯子，怎么得上去呢。如今又见了这小屋子，更比大的越发齐整了。满屋里的东西都只好看，都不知叫什么，我越看越舍不得离了这里。”凤姐道：“还有好的呢，我都带你去瞧瞧。”说着一径离了潇湘馆。

远远望见池中一群人在那里撑舡①。贾母道：“他们既预备下船，咱们就坐。”一面说着，便向紫菱洲蓼溆②一带走来。未至池前，只见几个婆子手里都捧着一色捏丝戗金③五彩大盒子走来。凤姐忙问王夫人早饭在那里摆。王夫人道：“问老太太在那里，就在那里罢了。”贾母听说，便回头说：“你三妹妹那里就好。你就带了人摆去，我们从这里坐了舡去。”

凤姐听说，便回身同了探春、李纨、鸳鸯、琥珀带着端饭的人等，抄着近路到了秋爽斋，就在晓翠堂上调开桌案。鸳鸯笑道：“天天咱们说外头老爷们吃酒吃饭都有一个篾片相公，拿他取笑儿。咱们今儿也得了一个女篾片④了。”李纨是个厚道人，听了不解。凤姐儿却知是说的是刘姥姥了，也笑说道：“咱们今儿就拿他取个笑儿。”二人便如此这般的商议。李纨笑劝道：“你们一点好事也不做，又不是个小孩儿，还这么淘

---

① 音 chuán，同“船”。

② 音 liǎo xù。

③ 音 qiāng jīn，在器物图案上嵌金。

④ 音 miè piàn，旧时称在豪富人家帮闲凑趣的门客，也称“清客”。

气,仔细老太太说。”鸳鸯笑道:“很不与你相干,有我呢。”

正说着,只见贾母等来了,各自随便坐下。先着丫鬟端过两盘茶来,大家吃毕。凤姐手里拿着西洋布手巾,裹着一把乌木三镶银箸,掂掇①人位,按席摆下。贾母因说:“把那一张小楠木桌子抬过来,让刘亲家近我这边坐着。”众人听说,忙抬了过来。凤姐一面递眼色与鸳鸯,鸳鸯便拉了刘姥姥出去,悄悄地嘱咐了刘姥姥一席话,又说:“这是我们家的规矩,若错了我们就笑话呢。”

调停已毕,然后归坐。薛姨妈是吃过饭来的,不吃,只坐在一边吃茶。贾母带着宝玉、湘云、黛玉、宝钗一桌,王夫人带着迎春姊妹三个人一桌,刘姥姥傍着贾母一桌。贾母素日吃饭,皆有小丫鬟在旁边,拿着漱盂麈②尾巾帕之物。如今鸳鸯是不当这差的了,今日鸳鸯偏接过麈尾来拂着。丫鬟们知道他要撮弄刘姥姥,便躲开让他。鸳鸯一面侍立,一面悄向刘姥姥说道:“别忘了。”刘姥姥道:“姑娘放心。”那刘姥姥入了坐,拿起箸来,沉甸甸的不伏手。原是凤姐和鸳鸯商议定了,单拿一双老年四楞象牙镶金的筷子与刘姥姥。刘姥姥见了,说道:“这叉爬子比俺那里铁锨还沉,那里犟的过他。”说的众人都笑起来。

只见一个媳妇端了一个盒子站在当地,一个丫鬟上来揭去盒盖,里面盛着两碗菜。李纨端了一碗放在贾母桌上。凤姐儿偏拣了一碗鸽子蛋放在刘姥姥桌上。贾母这边说声“请”,刘姥姥便站起身来,高声说道:“老刘,老刘,食量大似牛,吃一个老母猪不抬头。”自己却鼓着腮不语。众人先是发怔,后来一听,上上下下都哈哈的大笑起来。史湘云撑不住,一口饭都喷了出来;林黛玉笑岔了气,伏着桌子嗳哟;宝玉早滚到贾母怀里,贾母笑的搂着宝玉叫“心肝”;王夫人笑的用手指着凤姐儿,只说不出话来;薛姨妈也撑不住,口里茶喷了探春一裙子;探春手里的饭碗都合在迎春身上;惜春离了坐位,拉着他奶母叫揉一揉肠子。地下的无一个不弯腰屈背,也有躲出去蹲着笑去的,也有忍着笑上来替他姊妹换衣裳的,独有凤姐鸳鸯二人撑着,还只管让刘姥姥。

刘姥姥拿起箸来,只觉不听使,又说道:“这里的鸡儿也俊,下的这蛋也小巧,怪俊的。我且肏攮一个。”众人方住了笑,听见这话又笑起来。贾母笑的眼泪出来,琥珀在后捶着。贾母笑道:“这定是凤丫头促狭鬼儿闹的,快别信他的话了。”那刘姥姥正夸鸡蛋小巧,要肏攮一个,凤姐儿笑道:“一两银子一个呢,你快尝尝罢,那冷了就不好吃了。”刘姥姥便伸箸子要夹,那里夹的起来,满碗里闹了一阵好的,好容易撮起一个来,才伸着脖子要吃,偏又滑下来滚在地下,忙放下箸子要亲自去捡,早有地下的人捡了出

① 掂掇:斟酌、权衡。
② 音 zhǔ,古书上指鹿一类的动物,其尾可做拂尘。

去了。刘姥姥叹道:“一两银子,也没听见响声儿就没了。”众人已没心吃饭,都看着他笑。

贾母又说:“这会子又把那个筷子拿了出来,又不请客摆大筵席。都是凤丫头支使的,还不换了呢。”地下的人原不曾预备这牙箸,本是凤姐和鸳鸯拿了来的,听如此说,忙收了过去,也照样换上一双乌木镶银的。刘姥姥道:“去了金的,又是银的,到底不及俺们那个伏手。”凤姐儿道:“菜里若有毒,这银子下去了就试的出来。”刘姥姥道:“这个菜里若有毒,俺们那菜都成了砒霜了。那怕毒死了也要吃尽了。”贾母见他如此有趣,吃的又香甜,把自己的也都端过来与他吃。又命一个老嬷嬷来,将各样的菜给板儿夹在碗上。

一时吃毕,贾母等都往探春卧室中去说闲话。这里收拾过残桌,又放了一桌。刘姥姥看着李纨与凤姐儿对坐着吃饭,叹道:“别的罢了,我只爱你们家这行事。怪道说‘礼出大家’。”凤姐儿忙笑道:“你可别多心,才刚不过大家取笑儿。”一言未了,鸳鸯也进来笑道:“姥姥别恼,我给你老人家赔个不是。”刘姥姥笑道:“姑娘说那里话,咱们哄着老太太开个心儿,可有什么恼的!你先嘱咐我,我就明白了,不过大家取个笑儿。我要心里恼,也就不说了。”鸳鸯便骂人:“为什么不倒茶给姥姥吃?”刘姥姥忙道:“刚才那个嫂子倒了茶来,我吃过了。姑娘也该用饭了。”凤姐儿便拉鸳鸯:“你坐下和我们吃了罢,省的回来又闹。”鸳鸯便坐下了。婆子们添上碗箸来,三人吃毕。

## 文本导读

刘姥姥进大观园是在二进荣国府时,这一次,她带着自家种的粮食、瓜果菜蔬这些“野意儿”来向贾府尽尽“穷心”,正赶上贾母兴致高,要找个“积古的老人家说话”,于是留下在贾府住了三天。

《红楼梦》中,刘姥姥是个小人物,却也是贾府由盛而衰的见证者。第一次进贾府,刘姥姥得了二十两银子;第二次来,她显然已不再那么拘谨,并且因着自己的善良、机变和人生智慧,取得了贾母的欢心和贾府上下的欢愉。此时的荣国府正经历着短暂的中兴,元春被封为贵妃,府里上下的兴致都比较高。这种奢侈的生活经由刘姥姥的亲身感受,被全面烘托出来。荣国府的房子、家具、摆设、食物、餐具以及轻闲宴玩的富贵生活,都让刘姥姥体验到了一种“奇遇”,她索性放下自我,迎合着荣国府的氛围,热热闹闹地表演了一番。这种山村野趣的风格,给贾府的太太、小姐们带来了别样的趣味,也刻画了阅历丰富、深谙人情世故、能够洞察人心的刘姥姥形象。

刘姥姥二进荣国府在《红楼梦》中从第 39 回一直到第 42 回,用了三回来叙写刘姥姥眼中的荣国府的奢侈，在看似迎合的夸赞中，刘姥姥自始至终表明的却是对这种富贵生活与百姓生存进行对比的盘算。当刘姥姥主动抹下脸皮自扮没有见识的粗鄙之态博取众人的欢笑时，我们分明感受到了她被遮蔽的心酸和生存的心计。刘姥姥又是善良的老妇，明知用取笑自己来愉悦大家还是甘愿配合，用她自己的话说，就是“姑娘说那里话，咱们哄着老太太开个心儿，可有什么恼的！你先嘱咐我，我就明白了，不过大家取个笑儿。我要心里恼，也就不说了”。

刘姥姥的表演，“包袱”一个接一个，引得“众人已没心吃饭，都看着她取笑”。刘姥姥装出来的痴傻，让荣国府上下众人瞬间笑倒一大片，而且笑得千姿百态，每个人都笑得极有特点，极合情理，是书中独一无二的场面描写。这样有阅历、有勇气、有“忍耻之心 ”的刘姥姥最终赢得了凤姐的尊重，让刘姥姥给女儿取名，并因这份“济刘氏”的偶因，给日后的巧姐留下了“余庆”，又从另一面衬出了刘姥姥知恩图报的美德。

## 课后练习

1.贾府素有“怜老惜贫”的美誉，结合本文谈谈你的判断和体会。

2.结合《红楼梦》的相关情节，谈谈贾府里众人对刘姥姥的真实态度。

3.本文的场面描写极有特色，请你自选一个亲历的场面，用点面结合的方式把它描绘出来。

# 第十四课　伤　逝

## ——涓生的手记

鲁　迅

### 相关介绍

鲁迅(1881—1936),字豫才,原名周樟寿,后改名周树人,浙江绍兴人。“鲁迅”是他1918年发表我国现代文学史上第一篇白话小说《狂人日记》时所用的笔名。鲁迅幼时家境颇丰,接受了传统的诗书经传教育,对民间艺术、绘画、野史笔记都有浓厚兴趣。但从十三岁开始,家中频发变故,先是祖父因科场行贿入狱,后来父亲又不幸病故,因此,鲁迅在频繁出入于当铺与药铺之间时,看清了“世人的真面目”。

1898年至1901年,鲁迅开始在南京求学,接受到西方的文学和学术文化,1901年,赴日留学,接受了进化论的发展观和个性主义思想,后又经历自辛亥革命、“四·一二”事变等重大变动,在现实斗争中接受了马克思主义。鲁迅一直在思考国民性改造问题,写下了三百多万字的著述:有短篇小说集《呐喊》《彷徨》和《故事新编》,散文集《朝花夕拾》,散文诗集《野草》,还有杂文集《热风》《坟》《华盖集》《华盖集续编》《而已集》《三闲集》《二心集》《南腔北调集》《伪自由书》《准风月谈》《花边文学》《且介亭杂文》《且介亭杂文二集》《且介亭杂文末编》《集外集》《集外集拾遗》等,另有学术著作《中国小说史略》《汉文学史纲要》,书信集《两地书》等。

### 作品赏析

如果我能够,我要写下我的悔恨和悲哀,为子君,为自己。

会馆[①]里的被遗忘在偏僻里的破屋是这样地寂静和空虚。时光过得真快,我爱子君,仗着她逃出这寂静和空虚,已经满一年了。事情又这么不凑巧,我重来时,偏偏空着的又只有这一间屋。依然是这样的破窗,这样的窗外的半枯的槐树和老紫藤,这样的窗前的方桌,这样的败壁,这样的靠壁的板床。深夜中独自躺在床上,就如我未曾和子君同居以前一般,过去一年中的时光全被消灭,全未有过,我并没有曾经从这破屋子

① 会馆:旧时都市中同乡会或同业公会设立的馆舍,供同乡或同业旅居、聚会之用。

搬出，在吉兆胡同创立了满怀希望的小小的家庭。

不但如此。在一年之前，这寂静和空虚是并不这样的，常常含着期待；期待子君的到来。在久待的焦躁中，一听到皮鞋的高底尖触着砖路的清响，是怎样地使我骤然生动起来呵！于是就看见带着笑涡的苍白的圆脸，苍白的瘦的臂膊，布的有条纹的衫子，玄色的裙。她又带了窗外的半枯的槐树的新叶来，使我看见，还有挂在铁似的老干上的一房一房的紫白的藤花。

然而现在呢，只有寂静和空虚依旧，子君却决不再来了，而且永远，永远地！……

子君不在我这破屋里时，我什么也看不见。在百无聊赖中，顺手抓过一本书来，科学也好，文学也好，横竖什么都一样；看下去，看下去，忽而自己觉得，已经翻了十多页了，但是毫不记得书上所说的事。只是耳朵却分外地灵，仿佛听到大门外一切往来的履声，从中便有子君的，而且橐橐地逐渐临近，——但是，往往又逐渐渺茫，终于消失在别的步声的杂沓中了。我憎恶那不像子君鞋声的穿布底鞋的长班①的儿子，我憎恶那太像子君鞋声的常常穿着新皮鞋的邻院的搽雪花膏的小东西！

莫非她翻了车么？莫非她被电车撞伤了么？……

我便要取了帽子去看她，然而她的胞叔就曾经当面骂过我。

蓦然，她的鞋声近来了，一步响于一步，迎出去时，却已经走过紫藤棚下，脸上带着微笑的酒窝。她在她叔子的家里大约并未受气；我的心宁帖了，默默地相视片时之后，破屋里便渐渐充满了我的语声，谈家庭专制，谈打破旧习惯，谈男女平等，谈伊孛生，谈泰戈尔，谈雪莱②……。她总是微笑点头，两眼里弥漫着稚气的好奇的光泽。壁上就钉着一张铜板的雪莱半身像，是从杂志上裁下来的，是他的最美的一张像。当我指给她看时，她却只草草一看，便低了头，似乎不好意思了。这些地方，子君就大概还未脱尽旧思想的束缚，——我后来也想，倒不如换一张雪莱淹死在海里的记念像或是伊孛生的罢；但也终于没有换，现在是连这一张也不知那里去了。

"我是我自己的，他们谁也没有干涉我的权利！"

这是我们交际了半年，又谈起她在这里的胞叔和在家的父亲时，她默想了一会之后，分明地，坚决地，沉静地说了出来的话。其时是我已经说尽了我的意见，我的身世，我的缺点，很少隐瞒；她也完全了解的了。这几句话很震动了我的灵魂，此后许多天还

---

① 长班：旧时官员的随身仆人，也用来称呼一般的"听差"。

② 伊孛生（H.Ibsen，1828-1906），通译易卜生，挪威剧作家。泰戈尔（R.Tagore，1861-1941），印度诗人。1924年曾来过我国。当时他的诗作译成中文的有《新月集》《飞鸟集》等。雪莱（P.B.Shelley，1792-1822），英国诗人。曾参加爱尔兰民族独立运动，因传播革命思想和争取婚姻自由屡遭迫害。后在海里覆舟淹死。他的《西风颂》《云雀颂》等著名短诗，"五四"后被介绍到我国。

在耳中发响，而且说不出的狂喜，知道中国女性，并不如厌世家所说那样的无法可施，在不远的将来，便要看见辉煌的曙色的。

送她出门，照例是相离十多步远；照例是那鲇鱼须的老东西的脸又紧帖在脏的窗玻璃上了，连鼻尖都挤成一个小平面；到外院，照例又是明晃晃的玻璃窗里的那小东西的脸，加厚的雪花膏。她目不邪视地骄傲地走了，没有看见；我骄傲地回来。

“我是我自己的，他们谁也没有干涉我的权利！”这彻底的思想就在她的脑里，比我还透澈，坚强得多。半瓶雪花膏和鼻尖的小平面，于她能算什么东西呢？

我已经记不清那时怎样地将我的纯真热烈的爱表示给她。岂但现在，那时的事后便已模胡，夜间回想，早只剩了一些断片了；同居以后一两月，便连这些断片也化作无可追踪的梦影。我只记得那时以前的十几天，曾经很仔细地研究过表示的态度，排列过措辞的先后，以及倘或遭了拒绝以后的情形。可是临时似乎都无用，在慌张中，身不由己地竟用了在电影上见过的方法了。后来一想到，就使我很愧恧，但在记忆上却偏只有这一点永远留遗，至今还如暗室的孤灯一般，照见我含泪握着她的手，一条腿跪了下去……。

不但我自己的，便是子君的言语举动，我那时就没有看得分明；仅知道她已经允许我了。但也还仿佛记得她脸色变成青白，后来又渐渐转作绯红，——没有见过，也没有再见的绯红；孩子似的眼里射出悲喜，但是夹着惊疑的光，虽然力避我的视线，张皇地似乎要破窗飞去。然而我知道她已经允许我了，没有知道她怎样说或是没有说。

她却是什么都记得：我的言辞，竟至于读熟了的一般，能够滔滔背诵；我的举动，就如有一张我所看不见的影片挂在眼下，叙述得如生，很细微，自然连那使我不愿再想的浅薄的电影的一闪。夜阑人静，是相对温习的时候了，我常是被质问，被考验，并且被命复述当时的言语，然而常须由她补足，由她纠正，像一个丁等的学生。

这温习后来也渐渐稀疏起来。但我只要看见她两眼注视空中，出神似的凝想着，于是神色越加柔和，笑窝也深下去，便知道她又在自修旧课了，只是我很怕她看到我那可笑的电影的一闪。但我又知道，她一定要看见，而且也非看不可的。

然而她并不觉得可笑。即使我自己以为可笑，甚而至于可鄙的，她也毫不以为可笑。这事我知道得很清楚，因为她爱我，是这样地热烈，这样地纯真。

去年的暮春是最为幸福，也是最为忙碌的时光。我的心平静下去了，但又有别一部分和身体一同忙碌起来。我们这时才在路上同行，也到过几回公园，最多的是寻住所。我觉得在路上时时遇到探索，讥笑，猥亵和轻蔑的眼光，一不小心，便使我的全身有些瑟缩，只得即刻提起我的骄傲和反抗来支持。她却是大无畏的，对于这些全不关心，只是镇静地缓缓前行，坦然如入无人之境。

寻住所实在不是容易事，大半是被托辞拒绝，小半是我们以为不相宜。起先我们选择得很苛酷，——也非苛酷，因为看去大抵不像是我们的安身之所；后来，便只要他们能相容了。看了二十多处，这才得到可以暂且敷衍的处所，是吉兆胡同一所小屋里的两间南屋；主人是一个小官，然而倒是明白人，自住着正屋和厢房。他只有夫人和一个不到周岁的女孩子，雇一个乡下的女工，只要孩子不啼哭，是极其安闲幽静的。

我们的家具很简单，但已经用去了我的筹来的款子的大半；子君还卖掉了她唯一的金戒指和耳环。我拦阻她，还是定要卖，我也就不再坚持下去了；我知道不给她加入一点股分去，她是住不舒服的。

和她的叔子，她早经闹开，至于使他气愤到不再认她做侄女；我也陆续和几个自以为忠告，其实是替我胆怯，或者竟是嫉妒的朋友绝了交。然而这倒很清静。每日办公散后，虽然已近黄昏，车夫又一定走得这样慢，但究竟还有二人相对的时候。我们先是沉默的相视，接着是放怀而亲密的交谈，后来又是沉默。大家低头沉思着，却并未想着什么事。我也渐渐清醒地读遍了她的身体，她的灵魂，不过三星期，我似乎于她已经更加了解，揭去许多先前以为了解而现在看来却是隔膜，即所谓真的隔膜了。

子君也逐日活泼起来。但她并不爱花，我在庙会时买来的两盆小草花，四天不浇，枯死在壁角了，我又没有照顾一切的闲暇。然而她爱动物，也许是从官太太那里传染的罢，不一月，我们的眷属便骤然加得很多，四只小油鸡，在小院子里和房主人的十多只在一同走。但她们却认识鸡的相貌，各知道那一只是自家的。还有一只花白的叭儿狗，从庙会买来，记得似乎原有名字，子君却给它另起了一个，叫作阿随。我就叫它阿随，但我不喜欢这名字。

这是真的，爱情必须时时更新，生长，创造。我和子君说起这，她也领会地点点头。

唉唉，那是怎样的宁静而幸福的夜呵！

安宁和幸福是要凝固的，永久是这样的安宁和幸福。我们在会馆里时，还偶有议论的冲突和意思的误会，自从到吉兆胡同以来，连这一点也没有了；我们只在灯下对坐的怀旧谭中，回味那时冲突以后的和解的重生一般的乐趣。

子君竟胖了起来，脸色也红活了；可惜的是忙。管了家务便连谈天的工夫也没有，何况读书和散步。我们常说，我们总还得雇一个女工。

这就使我也一样地不快活，傍晚回来，常见她包藏着不快活的颜色，尤其使我不乐的是她要装作勉强的笑容。幸而探听出来了，也还是和那小官太太的暗斗，导火线便是两家的小油鸡。但又何必硬不告诉我呢？人总该有一个独立的家庭。这样的处所，是不能居住的。

我的路也铸定了，每星期中的六天，是由家到局，又由局到家。在局里便坐在办公桌前钞，钞，钞些公文和信件；在家里是和她相对或帮她生白炉子，煮饭，蒸馒头。我的学会了煮饭，就在这时候。

但我的食品却比在会馆里时好得多了。做菜虽不是子君的特长，然而她于此却倾注着全力；对于她的日夜的操心，使我也不能不一同操心，来算作分甘共苦。况且她又这样地终日汗流满面，短发都粘在脑额上；两只手又只是这样地粗糙起来。

况且还要饲阿随，饲油鸡，……都是非她不可的工作。我曾经忠告她：我不吃，倒也罢了；却万不可这样地操劳。她只看了我一眼，不开口，神色却似乎有点凄然；我也只好不开口。然而她还是这样地操劳。

我所豫期的打击果然到来。双十节的前一晚，我呆坐着，她在洗碗。听到打门声，我去开门时，是局里的信差，交给我一张油印的纸条。我就有些料到了，到灯下去一看，果然，印着的就是：

> **奉**
>
> **局长谕史涓生着毋庸到局办事**
>
> 秘书处启　十月九号

这在会馆里时，我就早已料到了；那雪花膏便是局长的儿子的赌友，一定要去添些谣言，设法报告的。到现在才发生效验，已经要算是很晚的了。其实这在我不能算是一个打击，因为我早就决定，可以给别人去钞写，或者教读，或者虽然费力，也还可以译点书，况且《自由之友》的总编辑便是见过几次的熟人，两月前还通过信。但我的心却跳跃着。那么一个无畏的子君也变了色，尤其使我痛心；她近来似乎也较为怯弱了。

“那算什么。哼，我们干新的。我们……。”她说。

她的话没有说完；不知怎地，那声音在我听去却只是浮浮的；灯光也觉得格外黯淡。人们真是可笑的动物，一点极微末的小事情，便会受着很深的影响。我们先是默默地相视，逐渐商量起来，终于决定将现有的钱竭力节省，一面登“小广告”去寻求钞写和教读，一面写信给《自由之友》的总编辑，说明我目下的遭遇，请他收用我的译本，给我帮一点艰辛时候的忙。

“说做，就做罢！来开一条新的路！”

我立刻转身向了书案，推开盛香油的瓶子和醋碟，子君便送过那黯淡的灯来。我先拟广告；其次是选定可译的书，迁移以来未曾翻阅过，每本的头上都满漫着灰尘了；最后才写信。

我很费踌躇，不知道怎样措辞好，当停笔凝思的时候，转眼去一瞥她的脸，在昏暗的灯光下，又很见得凄然。我真不料这样微细的小事情，竟会给坚决的，无畏的子君以这么显著的变化。她近来实在变得很怯弱了，但也并不是今夜才开始的。我的心因此更缭乱，忽然有安宁的生活的影像——会馆里的破屋的寂静，在眼前一闪，刚刚想定睛凝视，却又看见了昏暗的灯光。

许久之后，信也写成了，是一封颇长的信；很觉得疲劳，仿佛近来自己也较为怯弱了。于是我们决定，广告和发信，就在明日一同实行。大家不约而同地伸直了腰肢，在无言中，似乎又都感到彼此的坚忍崛强的精神，还看见从新萌芽起来的将来的希望。

外来的打击其实倒是振作了我们的新精神。局里的生活，原如鸟贩子手里的禽鸟一般，仅有一点小米维系残生，决不会肥胖；日子一久，只落得麻痹了翅子，即使放出笼外，早已不能奋飞。现在总算脱出这牢笼了，我从此要在新的开阔的天空中翱翔，趁我还未忘却了我的翅子的扇动。

小广告是一时自然不会发生效力的；但译书也不是容易事，先前看过，以为已经懂得的，一动手，却疑难百出了，进行得很慢。然而我决计努力地做，一本半新的字典，不到半月，边上便有了一大片乌黑的指痕，这就证明着我的工作的切实。《自由之友》的总编辑曾经说过，他的刊物是决不会埋没好稿子的。

可惜的是我没有一间静室，子君又没有先前那么幽静，善于体帖了，屋子里总是散乱着碗碟，弥漫着煤烟，使人不能安心做事，但是这自然还只能怨我自己无力置一间书斋。然而又加以阿随，加以油鸡们。加以油鸡们又大起来了，更容易成为两家争吵的引线。

加以每日的“川流不息”的吃饭；子君的功业，仿佛就完全建立在这吃饭中。吃了筹钱，筹来吃饭，还要喂阿随，饲油鸡；她似乎将先前所知道的全都忘掉了，也不想到我的构思就常常为了这催促吃饭而打断。即使在坐中给看一点怒色，她总是不改变，仍然毫无感触似的大嚼起来。

使她明白了我的作工不能受规定的吃饭的束缚，就费去五星期。她明白之后，大约很不高兴罢，可是没有说。我的工作果然从此较为迅速地进行，不久就共译了五万言，只要润色一回，便可以和做好的两篇小品，一同寄给《自由之友》去。只是吃饭却依然给我苦恼。菜冷，是无妨的，然而竟不够；有时连饭也不够，虽然我因为终日坐在家里用脑，饭量已经比先前要减少得多。这是先去喂了阿随了，有时还并那近来连自己也轻易不吃的羊肉。她说，阿随实在瘦得太可怜，房东太太还因此嗤笑我们了，她受不住这样的奚落。

于是吃我残饭的便只有油鸡们。这是我积久才看出来的，但同时也如赫胥黎[①]的论定“人类在宇宙间的位置”一般，自觉了我在这里的位置：不过是叭儿狗和油鸡之间。

后来，经多次的抗争和催逼，油鸡们也逐渐成为肴馔，我们和阿随都享用了十多日的鲜肥；可是其实都很瘦，因为它们早已每日只能得到几粒高粱了。从此便清静得多。只有子君很颓唐，似乎常觉得凄苦和无聊，至于不大愿意开口。我想，人是多么容易改变呵！

但是阿随也将留不住了。我们已经不能再希望从什么地方会有来信，子君也早没有一点食物可以引它打拱或直立起来。冬季又逼近得这么快，火炉就要成为很大的问题；它的食量，在我们其实早是一个极易觉得的很重的负担。于是连它也留不住了。

倘使插了草标[②]到庙市去出卖，也许能得几文钱罢，然而我们都不能，也不愿这样做。终于是用包袱蒙着头，由我带到西郊去放掉了，还要追上来，便推在一个并不很深的土坑里。

我一回寓，觉得又清静得多多了；但子君的凄惨的神色，却使我很吃惊。那是没有见过的神色，自然是为阿随。但又何至于此呢？我还没有说起推在土坑里的事。

到夜间，在她的凄惨的神色中，加上冰冷的分子了。

“奇怪。——子君，你怎么今天这样儿了？”我忍不住问。

“什么？”她连看也不看我。

“你的脸色……。”

“没有什么，——什么也没有。”

我终于从她言动上看出，她大概已经认定我是一个忍心的人。其实，我一个人，是容易生活的，虽然因为骄傲，向来不与世交来往，迁居以后，也疏远了所有旧识的人，然而只要能远走高飞，生路还宽广得很。现在忍受着这生活压迫的苦痛，大半倒是为她，便是放掉阿随，也何尝不如此。但子君的识见却似乎只是浅薄起来，竟至于连这一点也想不到了。

我拣了一个机会，将这些道理暗示她；她领会似的点头。然而看她后来的情形，她是没有懂，或者是并不相信的。

天气的冷和神情的冷，逼迫我不能在家庭中安身。但是，往那里去呢？大道上，公园里，虽然没有冰冷的神情，冷风究竟也刺得人皮肤欲裂。我终于在通俗图书馆里觅

---

① 赫胥黎（T. Huxley，1825－1895），英国生物学家。他的《人类在宇宙间的位置》（今译《人类在自然界的位置》），是宣传达尔文的进化论的重要著作。

② 草标：旧时在被卖的人身或物品上插置的葛杆，作为出卖的标志。

得了我的天堂。

那里无须买票;阅书室里又装着两个铁火炉。纵使不过是烧着不死不活的煤的火炉,但单是看见装着它,精神上也就总觉得有些温暖。书却无可看:旧的陈腐,新的是几乎没有的。

好在我到那里去也并非为看书。另外时常还有几个人,多则十余人,都是单薄衣裳,正如我,各人看各人的书,作为取暖的口实。这于我尤为合式。道路上容易遇见熟人,得到轻蔑的一瞥,但此地却决无那样的横祸,因为他们是永远围在别的铁炉旁,或者靠在自家的白炉边的。

那里虽然没有书给我看,却还有安闲容得我想。待到孤身枯坐,回忆从前,这才觉得大半年来,只为了爱,——盲目的爱,——而将别的人生的要义全盘疏忽了。第一,便是生活。人必生活着,爱才有所附丽。世界上并非没有为了奋斗者而开的活路;我也还未忘却翅子的扇动,虽然比先前已经颓唐得多……。

屋子和读者渐渐消失了,我看见怒涛中的渔夫,战壕中的兵士,摩托车[①]中的贵人,洋场上的投机家,深山密林中的豪杰,讲台上的教授,昏夜的运动者和深夜的偷儿……。子君,——不在近旁。她的勇气都失掉了,只为着阿随悲愤,为着做饭出神;然而奇怪的是倒也并不怎样瘦损……。

冷了起来,火炉里的不死不活的几片硬煤,也终于烧尽了,已是闭馆的时候。又须回到吉兆胡同,领略冰冷的颜色去了。近来也间或遇到温暖的神情,但这却反而增加我的苦痛。记得有一夜,子君的眼里忽而又发出久已不见的稚气的光来,笑着和我谈到还在会馆时候的情形,时时又很带些恐怖的神色。我知道我近来的超过她的冷漠,已经引起她的忧疑来,只得也勉力谈笑,想给她一点慰藉。然而我的笑貌一上脸,我的话一出口,却即刻变为空虚,这空虚又即刻发生反响,回向我的耳目里,给我一个难堪的恶毒的冷嘲。子君似乎也觉得的,从此便失掉了她往常的麻木似的镇静,虽然竭力掩饰,总还是时时露出忧疑的神色来,但对我却温和得多了。

我要明告她,但我还没有敢,当决心要说的时候,看见她孩子一般的眼色,就使我只得暂且改作勉强的欢容。但是这又即刻来冷嘲我,并使我失却那冷漠的镇静。

她从此又开始了往事的温习和新的考验,逼我做出许多虚伪的温存的答案来,将温存示给她,虚伪的草稿便写在自己的心上。我的心渐被这些草稿填满了,常觉得难于呼吸。我在苦恼中常常想,说真实自然须有极大的勇气的;假如没有这勇气,而苟安于虚伪,那也便是不能开辟新的生路的人。不独不是这个,连这人也未尝有!

---

① 摩托车:当时对小汽车的称呼。

子君有怨色,在早晨,极冷的早晨,这是从未见过的,但也许是从我看来的怨色。我那时冷冷地气愤和暗笑了;她所磨练的思想和豁达无畏的言论,到底也还是一个空虚,而对于这空虚却并未自觉。她早已什么书也不看,已不知道人的生活的第一着是求生,向着这求生的道路,是必须携手同行,或奋身孤往的了,倘使只知道捶着一个人的衣角,那便是虽战士也难于战斗,只得一同灭亡。

我觉得新的希望就只在我们的分离;她应该决然舍去,——我也突然想到她的死,然而立刻自责,忏悔了。幸而是早晨,时间正多,我可以说我的真实。我们的新的道路的开辟,便在这一遭。

我和她闲谈,故意地引起我们的往事,提到文艺,于是涉及外国的文人,文人的作品:《诺拉》,《海的女人》①。称扬诺拉的果决……也还是去年在会馆的破屋里讲过的那些话,但现在已经变成空虚,从我的嘴传入自己的耳中,时时疑心有一个隐形的坏孩子,在背后恶意地刻毒地学舌。

她还是点头答应着倾听,后来沉默了。我也就断续地说完了我的话,连余音都消失在虚空中了。

"是的。"她又沉默了一会,说,"但是,……涓生,我觉得你近来很两样了。可是的?你,——你老实告诉我。"

我觉得这似乎给了我当头一击,但也立即定了神,说出我的意见和主张来:新的路的开辟,新的生活的再造,为的是免得一同灭亡。

临末,我用了十分的决心,加上这几句话:

"……况且你已经可以无须顾虑,勇往直前了。你要我老实说;是的,人是不该虚伪的。我老实说罢:因为,因为我已经不爱你了!但这于你倒好得多,因为你更可以毫无挂念地做事……。"

我同时豫期着大的变故的到来,然而只有沉默。她脸色陡然变成灰黄,死了似的;瞬间便又苏生,眼里也发了稚气的闪闪的光泽。这眼光射向四处,正如孩子在饥渴中寻求着慈爱的母亲,但只在空中寻求,恐怖地回避着我的眼。

我不能看下去了,幸而是早晨,我冒着寒风径奔通俗图书馆。

在那里看见《自由之友》,我的小品文都登出了。这使我一惊,仿佛得了一点生气。我想,生活的路还很多,——但是,现在这样也还是不行的。

我开始去访问久已不相闻问的熟人,但这也不过一两次;他们的屋子自然是暖和的,我在骨髓中却觉得寒冽。夜间,便蜷伏在比冰还冷的冷屋中。

---

① 《诺拉》:通译《娜拉》(又译作《玩偶之家》);《海的女人》通译《海的夫人》,都是易卜生的著名的剧作。

冰的针刺着我的灵魂,使我永远苦于麻木的疼痛。生活的路还很多,我也还没有忘却翅子的扇动,我想。——我突然想到她的死,然而立刻自责,忏悔了。

在通俗图书馆里往往瞥见一闪的光明,新的生路横在前面。她勇猛地觉悟了,毅然走出这冰冷的家,而且,——毫无怨恨的神色。我便轻如行云,漂浮空际,上有蔚蓝的天,下是深山大海,广厦高楼,战场,摩托车,洋场,公馆,晴明的闹市,黑暗的夜……

而且,真的,我豫感得这新生面便要来到了。

我们总算度过了极难忍受的冬天,这北京的冬天;就如蜻蜓落在恶作剧的坏孩子的手里一般,被系着细线,尽情玩弄,虐待,虽然幸而没有送掉性命,结果也还是躺在地上,只争着一个迟早之间。

写给《自由之友》的总编辑已经有三封信,这才得到回信,信封里只有两张书券①:两角的和三角的。我却单是催,就用了九分的邮票,一天的饥饿,又都白挨给于己一无所得的空虚了。

然而觉得要来的事,却终于来到了。

这是冬春之交的事,风已没有这么冷,我也更久地在外面徘徊;待到回家,大概已经昏黑。就在这样一个昏黑的晚上,我照常没精打采地回来,一看见寓所的门,也照常更加丧气,使脚步放得更缓。但终于走进自己的屋子里了,没有灯火;摸火柴点起来时,是异样的寂寞和空虚!

正在错愕中,官太太便到窗外来叫我出去。

"今天子君的父亲来到这里,将她接回去了。"她很简单地说。

这似乎又不是意料中的事,我便如脑后受了一击,无言地站着。

"她去了么?"过了些时,我只问出这样一句话。

"她去了。"

"她,——她可说什么?"

"没说什么。单是托我见你回来时告诉你,说她去了。"

我不信;但是屋子里是异样的寂寞和空虚。我遍看各处,寻觅子君;只见几件破旧而黯淡的家具,都显得极其清疏,在证明着它们毫无隐匿一人一物的能力。我转念寻信或她留下的字迹,也没有;只是盐和干辣椒,面粉,半株白菜,却聚集在一处了,旁边还有几十枚铜元。这是我们两人生活材料的全副,现在她就郑重地将这留给我一个人,在不言中,教我借此去维持较久的生活。

我似乎被周围所排挤,奔到院子中间,有昏黑在我的周围;正屋的纸窗上映出明亮

---

① 书券:购书用的代价券,可按券面金额到指定书店选购。旧时有的报刊用它代替现金支付稿酬。

的灯光，他们正在逗着孩子玩笑。我的心也沉静下来，觉得在沉重的迫压中，渐渐隐约地现出脱走的路径：深山大泽，洋场，电灯下的盛筵；壕沟，最黑最黑的深夜，利刃的一击，毫无声响的脚步……。

心地有些轻松，舒展了，想到旅费，并且嘘一口气。

躺着，在合着的眼前经过的豫想的前途，不到半夜已经现尽；暗中忽然仿佛看见一堆食物，这之后，便浮出一个子君的灰黄的脸来，睁了孩子气的眼睛，恳托似的看着我。我一定神，什么也没有了。

但我的心却又觉得沉重。我为什么偏不忍耐几天，要这样急急地告诉她真话的呢？现在她知道，她以后所有的只是她父亲——儿女的债主——的烈日一般的严威和旁人的赛过冰霜的冷眼。此外便是虚空。负着虚空的重担，在严威和冷眼中走着所谓人生的路，这是怎么可怕的事呵！而况这路的尽头，又不过是——连墓碑也没有的坟墓。

我不应该将真实说给子君，我们相爱过，我应该永久奉献她我的说谎。如果真实可以宝贵，这在子君就不该是一个沉重的空虚。谎语当然也是一个空虚，然而临末，至多也不过这样地沉重。

我以为将真实说给子君，她便可以毫无顾虑，坚决地毅然前行，一如我们将要同居时那样。但这恐怕是我错误了。她当时的勇敢和无畏是因为爱。

我没有负着虚伪的重担的勇气，却将真实的重担卸给她了。她爱我之后，就要负了这重担，在严威和冷眼中走着所谓人生的路。

我想到她的死……。我看见我是一个卑怯者，应该被摈于强有力的人们，无论是真实者，虚伪者。然而她却自始至终，还希望我维持较久的生活……。

我要离开吉兆胡同，在这里是异样的空虚和寂寞。我想，只要离开这里，子君便如还在我的身边；至少，也如还在城中，有一天，将要出乎意表地访我，像住在会馆时候似的。

然而一切请托和书信，都是一无反响；我不得已，只好访问一个久不问候的世交去了。他是我伯父的幼年的同窗，以正经出名的拔贡①，寓京很久，交游也广阔的。

大概因为衣服的破旧罢，一登门便很遭门房的白眼。好容易才相见，也还相识，但是很冷落。我们的往事，他全都知道了。

“自然，你也不能在这里了，”他听了我托他在别处觅事之后，冷冷地说，“但那里

---

① 拔贡：一种清代科举考试制度，在规定的年限（原定六年，后改为十二年）选拔“文行兼优”的秀才，报送到京师，贡入国子监，称为“拔贡”，是贡生的一种。

去呢？很难。——你那，什么呢，你的朋友罢，子君，你可知道，她死了。”

我惊得没有话。

“真的？”我终于不自觉地问。

“哈哈。自然真的。我家的王升的家，就和她家同村。”

“但是，——不知道是怎么死的？”

“谁知道呢。总之是死了就是了。”

我已经忘却了怎样辞别他，回到自己的寓所。我知道他是不说谎话的；子君总不会再来的了，像去年那样。她虽是想在严威和冷眼中负着虚空的重担来走所谓人生的路，也已经不能。她的命运，已经决定她在我所给与的真实——无爱的人间死灭了！

自然，我不能在这里了；但是，“那里去呢？”

四围是广大的空虚，还有死的寂静。死于无爱的人们的眼前的黑暗，我仿佛一一看见，还听得一切苦闷和绝望的挣扎的声音。

我还期待着新的东西到来，无名的，意外的。但一天一天，无非是死的寂静。

我比先前已经不大出门，只坐卧在广大的空虚里，一任这死的寂静侵蚀着我的灵魂。死的寂静有时也自己战栗，自己退藏，于是在这绝续之交，便闪出无名的，意外的，新的期待。

一天是阴沉的上午，太阳还不能从云里面挣扎出来；连空气都疲乏着。耳中听到细碎的步声和咻咻的鼻息，使我睁开眼。大致一看，屋子里还是空虚；但偶然看到地面，却盘旋着一匹小小的动物，瘦弱的，半死的，满身灰土的……。

我一细看，我的心就一停，接着便直跳起来。

那是阿随。它回来了。

我的离开吉兆胡同，也不单是为了房主人们和他家女工的冷眼，大半就为着这阿随。但是，“那里去呢？”新的生路自然还很多，我约略知道，也间或依稀看见，觉得就在我面前，然而我还没有知道跨进那里去的第一步的方法。

经过许多回的思量和比较，也还只有会馆是还能相容的地方。依然是这样的破屋，这样的板床，这样的半枯的槐树和紫藤，但那时使我希望，欢欣，爱，生活的，却全都逝去了，只有一个虚空，我用真实去换来的虚空存在。

新的生路还很多，我必须跨进去，因为我还活着。但我还不知道怎样跨出那第一步。有时，仿佛看见那生路就像一条灰白的长蛇，自己蜿蜒地向我奔来，我等着，等着，看看临近，但忽然便消失在黑暗里了。

初春的夜，还是那么长。长久的枯坐中记起上午在街头所见的葬式，前面是纸人纸马，后面是唱歌一般的哭声。我现在已经知道他们的聪明了，这是多么轻松简截的事。

然而子君的葬式却又在我的眼前，是独自负着虚空的重担，在灰白的长路上前行，而又即刻消失在周围的严威和冷眼里了。

我愿意真有所谓鬼魂，真有所谓地狱，那么，即使在孽风怒吼之中，我也将寻觅子君，当面说出我的悔恨和悲哀，祈求她的饶恕；否则，地狱的毒焰将围绕我，猛烈地烧尽我的悔恨和悲哀。

我将在孽风和毒焰中拥抱子君，乞她宽容，或者使她快意……。

但是，这却更虚空于新的生路；现在所有的只是初春的夜，竟还是那么长。我活着，我总得向着新的生路跨出去，那第一步，——却不过是写下我的悔恨和悲哀，为子君，为自己。

我仍然只有唱歌一般的哭声，给子君送葬，葬在遗忘中。

我要遗忘；我为自己，并且要不再想到这用了遗忘给子君送葬。

我要向着新的生路跨进第一步去，我要将真实深深地藏在心的创伤中，默默地前行，用遗忘和说谎做我的前导……。

一九二五年十月二十一日毕。

（选自《鲁迅全集》第2卷，人民文学出版社2005年版）

## 文本导读

五四运动以后，反帝反封建的革命风暴席卷全国，争取恋爱自由、婚姻自主，成为当时反封建礼教斗争的主要内容，但绝大多数作家与青年都未意识到争取恋爱自由的斗争与整个社会的改革，特别是经济改革的关系，鲁迅则明确提出不改变旧的经济制度，就无所谓自由与解放。《伤逝》就是表现鲁迅这种社会革命思想的小说。

《伤逝》写于1925年10月，最初收入1926年8月北新书局出版的小说集《彷徨》，是鲁迅唯一一篇以青年人恋爱和婚姻为题材的作品。小说的主人公子君和涓生是一对受“五四”新思潮影响的小资产阶级知识分子，他们为了争取自由恋爱，婚姻自主，曾大胆地与封建礼教及专制家庭抗争，但二人建立家庭后，却迫于社会的压力与经济的威逼，最终以悲剧收场。子君被吃人的旧社会毁灭，涓生活在悔恨中，始终未能跨出新的生路的第一步。

《伤逝》是一篇手记体的小说，采用第一人称的写法，便于直接表达人物的内心活动，便于充分地抒情。全篇采取了倒叙手法，以子君与涓生的悲剧产生、发展和结束为线索，紧扣“伤逝”这一主题，脉络清晰、情节紧凑、语言精练。此外，《伤逝》具有浓厚的抒情色彩。在整个悲剧的叙述过程中，抒情气氛非常强烈。热恋中的深情，新婚后的喜悦，失业打击后的惶恐，感情破裂时的痛苦，分手后的绝望以及子君死后涓生的悔恨与悲哀，都或隐或显、或淡或浓地表现出来，使人沉浸其中，为之动容。《伤逝》中的爱情悲剧能给我们带来很多启示，关于爱情，作者也在文中有很多哲理性的阐释，如“爱情必须时时更新，生长，创造”；“人必须活着，爱才有所附丽”，等等，这些话不仅在当时，乃至在今天，都有着非常深刻的意义，可以为恋爱中的青年男女提出一点建议和忠告。

## 课后练习

1.思考小说中“的”字结构的长句子在表现情感方面起到了什么样的作用。

2.结合《伤逝》分析鲁迅的女性观。

3.试析《伤逝》的艺术特色。

4.思考涓生、子君悲剧的时代意义。

# 第十五课　沉香屑·第一炉香

张爱玲

## 相关介绍

张爱玲(1921-1995),原名张瑛,生于上海,原籍河北丰润。她出身显赫,祖父为清末著名“清流”大臣张佩纶,祖母为李鸿章女儿李菊藕,然而其父母婚姻的不幸,使张爱玲过早地感受到人情杌陧和人生无常,培养了她敏感多思的个性。张爱玲天资聪颖,7 岁开始试写小说,14 岁模仿鸳鸯蝴蝶派笔调写成章回体小说《摩登红楼梦》。1938 年中学毕业后,考取伦敦大学,因战事改入香港大学,1942 年又因战事中断学业回到上海与姑姑一起生活,并决定自食其力。张爱玲于 1943 年在周瘦鹃主编的杂志《紫罗兰》上发表小说《沉香屑·第一炉香》《第二炉香》,从此开始其作家生涯。在之后一年多的时间里,成为上海文坛最引人注目的作家,小说集《传奇》,散文集《流言》陆续出版。

1952 年张爱玲离开上海赴香港,在港期间出版《秧歌》《赤地之恋》,1955 年赴美定居。张爱玲的艺术生命随着她离开上海慢慢暗淡下去,1995 年在美国洛杉矶孤独去世。

## 作品赏析

阅读《倾城之恋》(北京十月文艺出版社,2012 年)中的小说《第一炉香》。

## 文本导读

20 世纪 40 年代,张爱玲走上文坛。当时,中国正处在内外交困的艰难时期,时代的动乱使中国的主流文学普遍关注阶级矛盾、民族矛盾、社会冲突等大方面。然而张爱玲却站在主流文学之外,她的作品回避时代主题,不描写战争与革命,专注于描写“不完全”却“永恒”的“人生安稳的一面”。她从日常生活、家庭婚姻关系视角观察社会人生,津津乐道于大时代中平庸的男男女女的故事,通过这些琐碎世俗的人物深刻地透视人性，传达出她本人对那个时代的独特审视。而这种审视，在某种程度上更真实地折射出那个时代的特征。

《沉香屑·第一炉香》是张爱玲登上文坛正式发表的第一篇小说，也是张爱玲的成名作。《沉香屑·第一炉香》细致生动地刻画出一名单纯向上的女学生葛薇龙堕落成交际花的过程。葛薇龙作为一名在现代都市文明背景中成长起来的新女性，却和她的姑妈梁太太走上了相似的人生道路。小说深刻地剖析出现代女性与精明的传统女性有着相同的生存传统，即以色事主的意识，从而形象地展现出现代文明中仍然混杂的传统意识。与同类型的小说相比，《沉香屑·第一炉香》的独特性在于，它始终关注的是人性、人性的堕落，正如葛薇龙说她的堕落："别人是不得已，我是自愿的。"

《沉香屑·第一炉香》在艺术形式上也有独到之处。尽管它主要描写洋化的香港，但它仍充满浓郁的古典气息，对日常生活习俗，包括起居、服饰、器物精细入微的描写，浅白传神的人物对话，环境气氛的渲染烘托，小说的叙事风格，结构技巧等方面，都反映出古典文学作品的深刻影响；同时，作品又熟练地运用了各种西方现代小说的表现技法，如出神入化的比喻、细腻绵密的心理刻画等。中国古典的和西方现代的小说表现技巧水乳交融，使张爱玲的小说在演绎通俗故事时超越了中国传统的市井小说，又不同于现代主流的"新文艺"小说，取得了雅俗共赏的艺术效果。

## 课后练习

1.造成葛薇龙人生发生转变的原因有哪些？请结合作品进行详细的分析。

2.曹禺的《日出》、张恨水的《啼笑因缘》与张爱玲的《沉香屑·第一炉香》三部作品的基本情节很相似，都描写了一个女性因贪慕虚荣而沉沦堕落的故事，请简述三个作品在叙述重点和角度上有何不同，其主旨和意义有哪些差异？

# 第十六课　回门(《红高粱家族》节选)*

莫　言

## 相关介绍

莫言(1955—),原名管谟业,祖籍山东省高密,中国当代著名作家,现任中国作家协会副主席,北京师范大学教授,国际写作中心主任。他自1980年代中期以一系列乡土作品崛起,最早被归类为“寻根文学”作家。莫言的许多作品被翻译成英文、法文、德文、意大利文、日文等多种语言,在世界文学界具有较大的影响。2011年莫言荣获茅盾文学奖,2012年莫言荣获诺贝尔文学奖,并获得了2012中华文化人物的称号。莫言的代表作品有小说《红高粱家族》《檀香刑》《丰乳肥臀》《生死疲劳》《酒国》《蛙》等。其作品写的是一出出发生在山东高密东北乡的“传奇”,创作特色上来说正像莫言获得诺贝尔文学奖的里有那样:“将魔幻现实主义与民间故事、历史与当代社会融合在一起。”

## 作品赏析

阅读莫言《红高粱家族》(人民文学出版社,2007年)第二部分《高粱酒》的第一节。

## 文本导读

《红高粱家族》是在莫言1986年发表的中篇小说《红高粱》基础上对几个中篇小说的综合,小说从民间视角出发,塑造了抗日战争期间以“我爷爷余占鳌”“我奶奶戴凤莲”为代表的一系列人物,他们质朴、率真又充满野性,体现了长久被压抑的自由人性和顽强生命力的迸发。

文章阅读节选的是“我奶奶”戴凤莲被嫁给有麻风病的单家三天后回娘家的情景,本段着力刻画了“我奶奶”的人物形象。莫言在作品中如是形容这一奇特女子:

---

* 本文选自莫言《红高粱家族》第二部分《高粱酒》的第一节,题目为编者所加。

“我奶奶的一生‘大行不拘细谨，大礼不辞小让’，心比天高，命如纸薄，敢于反抗，敢于斗争，原是一以贯之。”

戴凤莲身上体现出来的不是中国传统文学中那种“窈窕淑女”的形象，在她身上我们总能够看到一种时刻与世俗礼教、社会伦理道德相背离的最原生态的生命状态。她虽然缠足，有着足以迷倒众生的“三寸金莲”，但是这封建的礼教只束缚了她的脚，并没有束缚住她骨子里的叛逆和野性：跟随自己的心意与余占鳌在火红的高粱地里野合，这一大胆的行为体现了她无视陈腐的世俗的一面；从她回娘家的沉默反抗到火爆抗争，说明了其本性中的率真。这个女子大胆追求自己的爱情，追求自己内心深处原生态的爱情，这样地无视封建世俗，说明了她身上所蕴藉的最原生态的生命张力。之后戴凤莲在公公和丈夫死后镇定自若主持大局，在罗汉大叔死后快意恩仇仗义执言，在抗日战争中机智过人、高瞻远瞩，这些都体现了这个生命中不断燃烧的女子的人格魅力。

小说对她牺牲前在高粱地里所做的描写更是流露出了她内心最真实的想法：

“天，什么见贞节？什么见正道？什么是善良？什么是邪恶？他一直没有告诉我，我只是按照我自己的想法办，我爱幸福，我爱力量，我爱美，我的身体就是我的，我为自己做主，我不怕罪，我不怕罚，我不怕进你的十八层地狱……”

总的来说，莫言塑造的这个女性形象，骨子里渗透着强烈的反叛意识，她内心充满对生命的渴求，对爱情的渴求，这一形象颠覆了传统文学中“贤妻良母”的女性形象，发出了女性内心深处最真实的呐喊。

## 课后练习

1.请你认真阅读本文，把握“我奶奶”的人物形象，并用不同的艺术作品表现出来。

2.莫言2012年获得诺贝尔文学奖，评委会的颁奖词中写道：莫言“将魔幻现实主义与民间故事、历史与当代社会融合在一起”。请你阅读莫言的其他作品，谈谈你是如何理解这句颁奖词的。

3.请你观看张艺谋导演的电影《红高粱》、郑晓龙导演的电视剧《红高粱》，说一说这些作品和原著有什么异同。

# 第十七课　白鹿原（节选）

陈忠实

## 相关介绍

### 1.作家简介

陈忠实（1942—2016），中国当代著名作家，曾任中国作协副主席，1997 年获茅盾文学奖。其他代表作有短篇小说集《乡村》《到老白杨树背后去》，以及文论集《创作感受谈》。《白鹿原》是其成名作，迄今已发行逾 160 万册，被改编成秦腔、话剧、舞剧、电影等多种艺术形式，是教育部“大学生必读”系列丛书之一。

陈忠实初二时开始在作文本上尝试写小说，他的小说受到了老师高度的评价，这给了他很大的鼓励。从那时起，写作成为他一生的爱好，一直未曾改变。高中毕业后，陈忠实到乡下当老师，业余进行写作。1965 年发表散文处女作，“文革”期间写作一度中止。1973 年发表第一部短篇小说，此后一直进行短篇和中篇的创作。在这个过程中，他的写作基本功得到锻炼，观察社会、感受生活的敏锐程度不断加深，视野也更加开阔。1988 年春开始创作《白鹿原》，构思两年，写作四年，最终于 1992 年 3 月完成并于来年首版。

### 2.《白鹿原》简介

《白鹿原》是作家陈忠实的代表作，这部长篇小说共 50 余万字，历时六年创作完成。最初连载于 1992 年《当代》第 6 期和 1993 年《当代》第 1 期，1993 年 6 月由人民文学出版社出版单行本。这是陈忠实一生最重要的作品，也是中国当代文学史上的一座丰碑。《白鹿原》问世后，中国的家族史小说翻开了新的一页，白嘉轩、鹿子霖、田小娥这些人物，也镌刻在了文学史的长卷上。小说以陕西关中地区白鹿原上白鹿村为缩影，通过讲述白姓和鹿姓两大家族祖孙三代的恩怨纷争，表现了从清朝末年到二十世纪七八十年代长达半个多世纪的历史变化。

陈忠实谈到《白鹿原》的创作时，提到他曾受拉美魔幻现实主义、“寻根文学”和“文化心理结构”创作理论的影响。因而《白鹿原》的主题主要是精神和心灵的寻根，宣传中国儒家文化的深刻价值，表达“寻根”理念。但他的创作并非是简单地或刻意地营造神秘气氛来书写魔幻或喊出“寻根”口号，而是立足于真实的生命体验，回望历史，通过人物的行动来展示在不同“文化心理结构”影响下的人物命运。粗野朴实的乡村习俗、慎独隐忍的儒家精神，透过一个个鲜活的人物体现出来。

## 作品赏析

阅读陈忠实《白鹿原》（人民文学出版社，2017 年）第 14 章。

## 文本导读

小说前五章，从白嘉轩六娶六丧开始，到争夺风水宝地、种植和销毁毒品、翻建宗祠、办学堂，为我们展现了旧式农业社会生活的整体面貌。第六章到第十章，第一个时代变革来临，“没有皇帝了”。在这样的社会变动之中，朱先生制定《乡约》，试图保证群体的稳定，然而宗法社会的衰落是无法阻挡的。之后爆发了“交农事件”，兆鹏、兆海、孝文、黑娃、白灵都在各自的成长中完成了社会化，从而走向不同的命运。第十一章讲述了白腿乌鸦围城，紧接着是农民运动及国共分裂，群体分化明显，作为族长的白嘉轩对恢复旧生态做出了无数努力，但历史的车轮滚滚向前，已无法阻挡。

本章节出现了《白鹿原》中几乎所有重要人物，故事从历史事件“四一二政变”开始，讲述了共产党人鹿兆鹏、黑娃等的革命斗争转入地下，而曾被打击的国民党官员田福贤重回白鹿原并进行了公开报复行为。在这场闹剧中，主人公白嘉轩与鹿子霖表现出了不同的行为特点和个性特点。白嘉轩重立白鹿村拓碑，重立乡约，复原祠堂，但拒绝了田福贤让他出任乡约的请求，表现出一个受“耕读传家”“仁义为本”等儒家思想教育的农民，对礼法形式的坚持和对传统乡村秩序、宗族社会的维护。与他形成鲜明对照的是，鹿子霖被儿子鹿兆鹏牵连而不能继续担任乡约，他因失去权力而愤愤不平，因白嘉轩长子白孝文主持白鹿原祭奠仪式而感到尴尬和苦涩，因此他决定对白嘉轩采取报复行动。鹿子霖是历史风云变幻之际的投机者，他身上有农民的狡诈和资产阶级的虚伪。他受到父辈以利为重的非农业文化影响，秉着“成为”人上人的行事准则在社会剧烈的变革中追逐声名、利益和权力。

## 课后练习

1.结合中国历史阅读长篇小说《白鹿原》,感受民族史诗的厚重,把握其历史精神和民族精神。

2.欣赏电影《白鹿原》,对比影视作品与文学作品,谈谈你对《白鹿原》影视化创作的看法。

# 第十八课 萧峰自尽(《天龙八部》节选)*

金 庸

## 相关介绍

金庸(1924—2018),原名查良镛,出生于浙江海宁。著名的新闻学家、企业家、社会活动家,新武侠派的代表人物,中国作家协会名誉副主席,曾经获得香港最高荣衔“大紫荆勋章”。金庸先生于1948年移居香港,从1955年起开始在《新晚报》连载《书剑恩仇录》,至1972年《明报》连载《鹿鼎记》结束,共创作了“飞雪连天射白鹿,笑书神侠倚碧鸳”和《越女剑》共十五部武侠小说。金庸的武侠小说在华人世界中影响深刻,可以说有华人的地方就有金庸小说。

金庸是新武侠创作的代表人物,是古典传统武侠小说的集大成者,被誉为武侠小说创作的“泰山北斗”。可以说在当今武侠小说的世界中,基本上无人可与之相媲美。

## 作品赏析

阅读金庸《天龙八部(五)》(广州出版社,2013年)第50回。

## 文本导读

萧峰,作为金庸武侠小说《天龙八部》中的主人公,其人物形象可以说是本书中塑造得最成功的,我们认为这个人物既合乎西方悲剧的特征,又展现了中国传统的英雄形象,具有非常典型的审美意义。

萧峰这一人物形象,不同于中国古典的悲剧人物,他具有古希腊神话式的悲壮,正像鲁迅先生所讲——“悲剧是将人生的有价值的东西毁灭给人看”。萧峰作为《天龙八部》,甚至是金庸所有武侠小说中塑造的第一大英雄,无疑不是底层民众,更非柔弱,没有反抗能力。他本是中原第一大帮丐帮的帮主,是率领中原武林抵抗异族侵略的中坚力量。萧峰天生神勇,即使是宋朝街头巷尾的孩童都会打的“太祖长拳”,在萧

* 本文名称选自《天龙八部》旧版第一百四十回的回目,内容上与原版一百四十回并不完全一致。

峰用来也如绝世神功一般。继而萧峰机缘巧合地救了女真首领完颜阿骨打，又帮助辽皇平定叛乱，被封为辽国的南院大王，并与后来成为大理皇帝的段誉、灵鹫宫主人同时又是西夏驸马的虚竹结拜为兄弟，从当时的政治形势上看，他的地位可以说是放眼天下几乎没有能与之相匹敌的。

作为努力追求结果的萧峰来讲，他努力做一切事情，但是无法改变自己的命运。萧峰一直希望通过努力、进取和拼搏来摆脱所谓冥冥之中的外力，他设法寻求身世的真相，苦苦寻找所谓的“大恶人”，却不能摆脱命运的漩涡。他一生悲苦：身世的纠缠，江湖人对其的不理解，所爱之人死于自己手下。尽管如此，萧峰依然没有被打倒，他依然尽自己的能力去追求真相，直至在“王霸雄图 血海深恨 尽归尘土”一回中，萧峰才知道之前所谓的“大恶人”其实是自己的亲生父亲。

萧峰的结局是他自己选择的，他没有任何私心，不是为了哪个民族，也不是为了哪个国家，而是为了天下苍生的和平安宁，萧峰选择了死亡。萧峰选择自尽以后，不同的人怀着不同的心思，却都展现出相同的悲伤和相同的崇敬。这一情节也把整部《天龙八部》推向了高潮。

萧峰身上继承了中国传统的英雄特质，就如同《水浒传》中的武松一样。萧峰武艺高强，慷慨好义。虽然他曾经发誓不会杀死一个汉人，但是聚贤庄一战，他杀死了不知道多少的昔日好友，然而我们没有一个人苛责他，反而大声叫好，深有快意恩仇之感。

萧峰在中原接受的“汉族独大”的思想其实一直影响着他，所以他在知道自己是契丹人之后曾经彷徨迷茫，也曾经一时迷失，野性爆发，但是最后又理性地回归了自己，达到了自我思想的升华。他对自杀的选择，在一定程度上也正体现了儒家的政治理念——以德治国。

总的来说，萧峰是一位大英雄大豪杰，他意气豪迈、胸襟开阔、行事光明磊落，但是却难以逃脱不知名的力量的纠缠，聚贤庄大战、亲手打死阿朱、亲生父亲有意无意的伤害……一直到最后的自杀，都给这位传统中国英雄笼罩了一层古希腊悲剧色彩。正因如此，金庸塑造的这个天下第一豪杰的形象堪称达到了中西方文化的最终融合。

## 课后练习

1.“为国为民，侠之大者”，请你结合萧峰的人物形象谈一谈你对“侠”的理解。

2.请你将上述片段改编成剧本并且表演出来。

3.请你通读《天龙八部》，并为该作品创作一首主题曲。

# 单元研习任务

**一、知识拓展**

本单元的课文都是中外文学史上优秀的小说，涵盖了精英文学和通俗文学的著名篇章，体现了人们对社会的认识，带给人们以审美的愉悦。阅读本单元小说，完成下列任务。

1.阅读本单元课文，结合具体内容，感受和了解不同地域和不同时代的民族文化和社会历史风貌，写一则读书笔记。

2.环境是小说的三要素之一，在小说中承担着多重功能。全班同学分组各选一篇小说，分析其中的环境描写，理解其深刻内涵，同学之间进行成果交流。

**二、语言表达**

艺术是以生活为基础的提炼，只要你认真观察，细细品味，就会发现很多“小说元素”就存在于你的身边。请你选择自己喜爱的主题创作一篇小说，注意文中人物形象的塑造。

### 小说中塑造人物形象的方法

环境、情节、人物是小说的三个基本要素，是小说中不能缺少的。三者中，人物是小说的核心，小说的主要任务是塑造人物、写出鲜明的人物形象。小说从对肖像、行为、语言、心理和细节等方面的描写来刻画人物形象。

肖像描写是指用精确、生动、形象的语言描绘人物外形各个方面的特点，如容貌、服饰、姿态、神情、风度等。成功的肖像描写不仅能够使人物凸显在读者眼前，而且可以表现人物的身份、地位、经历、遭遇，从而揭示人物的性格特征。

肖像描写关键在于以形传神，做到形神兼备。描是描绘，写是摹写。列夫·托尔斯泰为了写出玛丝洛娃的灵魂，勾勒出玛丝洛娃在牢中的内心世界，曾对玛丝洛娃的外貌描写修改了二十次。

神态描写专指脸部表情，描写时要用表示表情、神态的词语，例如哭丧着脸、专注的神情等。比如鲁迅在《故乡》中这样描述闰土，“只是摇头，脸上虽然刻着许多皱纹，却全然不动，仿佛石像一般”，表现闰土迟疑麻木、痛苦难言。

语言描写包括人物的独白和对话。成功的语言描写总是鲜明地展示人物的性格，生动地表现人物的思想感情，深刻地反映人物的内心世界。如鲁迅先生的《孔乙己》：孔乙己便涨红了脸，额上的青筋条条绽出，争辩道："窃书不能算偷，窃书！读书人的事，能算偷么？"

一个人的行为动作，很大程度是由人物性格和习惯决定的。动作描写，是塑造人物形象不可或缺的方法之一。只有成功地描写了人物的动作，才能使读者真切地感到作者笔下的是一个个栩栩如生的活人，人物的精神世界才能得以充分的展示，形象才能真正站立起来。《守财奴》中的资产阶级暴发户箍桶匠葛朗台弥留时，当"神甫把镀金的十字架送到他唇边……"他做了一个骇人的姿势想把十字架抓在手里。这一"抓"，送了暴发户的老命，也使守财奴至死不改的贪婪本性得到充分的体现。

心理描写就是对人物内心的思想活动进行描写。通过对人物心理的描写，能够直接深入人物心灵，揭示人物的内心世界，表现人物丰富而复杂的思想感情。例如《阿Q正传》中的心理描写："阿Q在形式上打败了，被人揪住黄辫子，在壁上碰了四五个响头，闲人这才心满意足的得胜的走了，阿Q站了一刻，心里想，'我总算被儿子打了，现在的世界真不象样……'于是心满意足的得胜的走了。"以上描写虽然很简洁，但很好地揭示了人物的性格特征，将阿Q的精神胜利法活化了出来。

细节指人物、景物、事件等表现对象的富有特色的细枝末节。细节描述的妙处，在于点点滴滴，却能极大地反映出故事的情节、人物形象的发展，以小细节的描述引起读者的共鸣。例如《红楼梦》中对刘姥姥进荣国府的描写："刘姥姥……到了荣府大门前石狮子旁边，只见满门口的轿马。刘姥姥不敢过去，掸掸衣服，又教了板儿几句话，然后溜到角门前，只见几个挺胸叠肚、指手画脚的人坐在大门上，说东谈西的。刘姥姥只得蹭上来问：'太爷们纳福。'"通过细节表现出刘姥姥的胆怯、谨慎等心理特征。

# 第四单元 戏剧阅读

戏剧是对以语言、动作、舞蹈、音乐等形式达到叙事效果的舞台表演艺术的总称。文学上的戏剧概念是指为戏剧表演所创作的脚本，也就是我们常说的剧本。中西方戏剧经历了两千多年的发展，给我们留下了无数优秀作品，让我们走进戏剧天堂，感受一下这些叙事艺术的美感吧！

本单元选择了古今中外的优秀戏剧作品，学习本单元要感受戏剧的叙事魅力，获得生命的体验；结合时代背景分析作品，把握古今中外不同类型戏剧的特征。

# 第十九课　哈姆莱特(节选)

莎士比亚

## 相关介绍

威廉·莎士比亚(1564—1616),欧洲文艺复兴时期最伟大的戏剧家与诗人。出生于英国,父亲为商人。1585年到伦敦谋生,在剧院工作。他的作品包括30多个剧本、150多首十四行诗和两首长诗,尤以《理查三世》(1592)、《罗密欧与朱丽叶》(1594)、《亨利四世》(1597)、《威尼斯商人》(1597)、《第十二夜》(1600)、《哈姆莱特》(1601)、《奥赛罗》(1604)、《李尔王》(1605)、《麦克白》(1605)最为著名。他的历史剧再现了英国300多年来的历史面貌,喜剧和悲剧体现了他的人文主义思想,描写了时代的动荡和社会的灾难。莎士比亚的剧本情节生动曲折,人物性格复杂而不单一,语言丰富多彩,将戏剧创作推至高峰。

《哈姆莱特》是莎士比亚的四大悲剧中最负盛名的一部剧作,该剧中王子复仇情节可以追溯到萨克索·格兰玛狄克于12世纪末写的《丹麦史》。据说,1589年大学才子派成员托马斯·基德曾创作《哈姆莱特》,并在伦敦演出过,但剧本已失传。基德的另一部悲剧《西班牙悲剧》开创了英国复仇剧的传统,其剧情与莎士比亚的《哈姆莱特》有不少相似之处。莎士比亚可能就是从上述渠道取得题材和灵感,创作出这部深刻反映人文主义思想与现实尖锐矛盾的伟大悲剧。莎士比亚的《哈姆莱特》其剧情虽然发生在丹麦,但却折射出文艺复兴晚期英国和欧洲的风貌,表现了莎士比亚对文艺复兴的反思以及对人类命运与前途的关注。

## 作品赏析

### 第三幕

### 第一场　城堡中一室

〔国王、王后、波洛涅斯、奥菲利娅、罗森格兰兹及吉尔登斯吞上。

**国王**　　你们不能用迂回婉转的方法,探出他为什么这样神魂颠倒,让紊乱而危险的疯狂困扰他的安静的生活吗?

**罗森格兰兹** 他承认他自己有些神经迷惘,可是绝口不肯说为了什么缘故。

**吉尔登斯吞** 他也不肯虚心接受我们的探问;当我们想要引导他吐露他自己的一些真相的时候,他总是用假作痴呆的神气故意回避。

**王后** 他对待你们还客气吗?

**罗森格兰兹** 很有礼貌。

**吉尔登斯吞** 可是不大自然。

**罗森格兰兹** 他很吝惜自己的话,可是我们问他话的时候,他回答起来却是毫无拘束。

**王后** 你们有没有劝诱他找些什么消遣?

**罗森格兰兹** 娘娘,我们来的时候,刚巧有一班戏子也要到这儿来,给我们赶过了;我们把这消息告诉了他,他听了好像很高兴。现在他们已经到了宫里,我想他已经吩咐他们今晚为他演出了。

**波洛涅斯** 一点不错;他还叫我来请两位陛下同去看看他们演得怎样哩。

**国王** 那好极了;我非常高兴听见他在这方面感到兴趣。请你们两位还要更进一步鼓起他的兴味,把他的心思移转到这种娱乐上面。

**罗森格兰兹** 是,陛下。(罗森格兰兹、吉尔登斯吞同下。)

**国王** 亲爱的乔特鲁德,你也暂时离开我们,因为我们已经暗中差人去唤哈姆莱特到这儿来,让他和奥菲利娅见见面,就像他们偶然相遇一般。她的父亲跟我两人将要权充一下密探,躲在可以看见他们,却不能被他们看见的地方,注意他们会面的情形,从他的行为上判断他的疯病究竟是不是因为恋爱上的苦闷。

**王后** 我愿意服从您的意旨。奥菲利娅,但愿你的美貌果然是哈姆莱特疯狂的原因;更愿你的美德能够帮助他恢复原状,使你们两人都能安享尊荣。

**奥菲利娅** 娘娘,但愿如此。(王后下。)

**波洛涅斯** 奥菲利娅,你在这儿走走。陛下,我们就去躲起来吧。(向奥菲利娅)你拿这本书去读,他看见你这样用功,就不会疑心你为什么一个人在这儿了。人们往往用至诚的外表和虔敬的行动,掩饰一颗魔鬼般的内心,这样的例子是太多了。

**国王** (旁白)啊,这句话是太真实了!它在我的良心上抽了多么重的一鞭!涂脂抹粉的娼妇的脸,还不及掩藏在虚伪的言辞后面的我的行为更丑恶。难堪的重负啊!

**波洛涅斯** 我听见他来了。我们退下去吧,陛下。(国王及波洛涅斯下。)

〔哈姆莱特上。

**哈姆莱特** 生存还是毁灭,这是一个值得考虑的问题;默然忍受命运的暴虐的毒箭,或是挺身反抗人世的无涯的苦难,通过斗争把它们扫清,这两种行为,哪一种更高贵?死了,睡着了,什么都完了,要是在这一种睡眠之中,我们心头的创痛,以及其他无数血肉之躯所不能避免的打击,都可以从此消失,那正是我们求之不得的结局。死了,睡着了,睡着了也许还会做梦。嗯,阻碍就在这儿:因为当我们摆脱了这一具朽腐的皮囊以后,在那死的睡眠里,究竟将要做些什么梦,那不能不使我们踌躇顾虑。人们甘心久困于患难之中,也就是为了这个缘故;谁愿意忍受人世的鞭挞和讥嘲、压迫者的凌辱、傲慢者的冷眼、被轻蔑的爱情的惨痛、法律的迁延、官吏的横暴和费尽辛勤所换来的小人的鄙视,要是他只要用一柄小小的刀子,就可以清算他自己的一生?谁愿意负着这样的重担,在烦劳的生命的压迫下呻吟流汗,倘不是因为惧怕不可知的死后,惧怕那从来不曾有一个旅人回来过的神秘之国,是它迷惑了我们的意志,使我们宁愿忍受目前的磨折,不敢向我们所不知道的痛苦飞去?这样,重重的顾虑使我们全变成了懦夫,决心的赤热的光彩,被审慎的思维盖上了一层灰色,伟大的事业在这一种考虑之下,也会逆流而退,失去了行动的意义。且慢!美丽的奥菲利娅!——女神,在你的祈祷之中,不要忘记替我忏悔我的罪孽。

**奥菲利娅** 我的好殿下,您这许多天来贵体安好吗?

**哈姆莱特** 谢谢你,很好,很好,很好。

**奥菲利娅** 殿下,我有几件您送给我的纪念品,我早就想把它们还给您;请您现在收回去吧。

**哈姆莱特** 不,我不要;我从来没有给你什么东西。

**奥菲利娅** 殿下,我记得很清楚您把它们送给了我,那时候您还向我说了许多甜言蜜语,使这些东西格外显得贵重;现在它们的芳香已经消散,请您拿回去吧,因为在有骨气的人看来,送礼的人要是变了心,礼物虽贵,也会失去了价值。拿去吧,殿下。

**哈姆莱特** 哈哈!你贞洁吗?

**奥菲利娅** 殿下！

**哈姆莱特** 你美丽吗？

**奥菲利娅** 殿下是什么意思？

**哈姆莱特** 要是你既贞洁又美丽，那么你的贞洁应该断绝跟你的美丽来往。

**奥菲利娅** 殿下，难道美丽除了贞洁以外，还有什么更好的伴侣吗？

**哈姆莱特** 嗯，真的，因为美丽可以使贞洁变成淫荡，贞洁却未必能使美丽受它自己的感化；这句话从前像是怪诞之谈，可是现在时间已经把它证实了。我的确曾经爱过你。

**奥菲利娅** 真的，殿下，您曾经使我相信您爱我。

**哈姆莱特** 你当初就不应该相信我，因为美德不能熏陶我们罪恶的本性；我没有爱过你。

**奥菲利娅** 那么我真是受了骗了。

**哈姆莱特** 进尼姑庵去吧；为什么你要生一群罪人出来呢？我自己还不算是一个顶坏的人；可是我可以指出我的许多过失，一个人有了那些过失，他的母亲还是不要生下他来的好。我很骄傲，有仇必报，富于野心，我的罪恶是那么多，连我的思想也容纳不下，我的想像也不能给它们形像，甚至于我都没有充分的时间可以把它们实行出来。像我这样的家伙，匍匐于天地之间，有什么用处呢？我们都是些十足的坏人；一个也不要相信我们。进尼姑庵去吧。你的父亲呢？

**奥菲利娅** 在家里，殿下。

**哈姆莱特** 把他关起来，让他只好在家里发发傻劲。再会！

**奥菲利娅** 哎哟，天哪！救救他！

**哈姆莱特** 要是你一定要嫁人，我就把这一个咒诅送给你做嫁奁：尽管你像冰一样坚贞，像雪一样纯洁，你还是逃不过谗人的诽谤。进尼姑庵去吧，去；再会！或者要是你必须嫁人的话，就嫁给一个傻瓜吧；因为聪明人都明白你们会叫他们变成怎样的怪物。进尼姑庵去吧，去；越快越好。再会！

**奥菲利娅** 天上的神明啊，让他清醒过来吧！

**哈姆莱特** 我也知道你们会怎样涂脂抹粉；上帝给了你们一张脸，你们又替自己另外造了一张。你们烟视媚行，淫声浪气，替上帝造下的生物乱取名字，卖弄你们不懂事的风骚。算了吧，我再也不敢领教了；它已经使我发了狂。我说，我们以后再不要结什么婚了；已经结过婚的，除了一个人以外,都可以让他们活下去;没有结婚的不准再结婚,进尼姑庵去吧,去。(下。)

**奥菲利娅** 啊,一颗多么高贵的心是这样殒落了!朝臣的眼睛、学者的辩舌、军人的利剑、国家所瞩望的一朵娇花;时流的明镜、人伦的雅范、举世瞩目的中心,这样无可挽回地殒落了!我是一切妇女中间最伤心而不幸的,我曾经从他音乐一般的盟誓中吮吸芬芳的甘蜜,现在却眼看着他的高贵无上的理智,像一串美妙的银铃失去了谐和的音调,无比的青春美貌,在疯狂中凋谢!啊!我好苦,谁料过去的繁华,变作今朝的泥土!

〔国王及波洛涅斯重上。

**国王** 恋爱!他的精神错乱不像是为了恋爱;他说的话虽然有些颠倒,也不像是疯狂。他有些什么心事盘踞在他的灵魂里,我怕它也许会产生危险的结果。为了防止万一,我已经当机立断,决定了一个办法:他必须立刻到英国去,向他们追索延宕未纳的贡物;也许他到海外各国游历一趟以后,时时变换的环境,可以替他排解去这一桩使他神思恍惚的心事。你看怎么样?

**波洛涅斯** 那很好;可是我相信他的烦闷的根本原因,还是为了恋爱上的失意。啊,奥菲利娅!你不用告诉我们哈姆莱特殿下说些什么话;我们全都听见了。陛下,照您的意思办吧;可是您要是认为可以的话,不妨在戏剧终场以后,让他的母后独自一人跟他在一起,恳求他向她吐露他的心事;她必须很坦白地跟他谈谈,我就找一个所在听他们说些什么。要是她也探听不出他的秘密来,您就叫他到英国去,或者凭着您的高见,把他关禁在一个适当的地方。

**国王** 就这样吧;大人物的疯狂是不能听其自然的。(同下。)

### 第二场　城堡中的厅堂

〔哈姆莱特及若干伶人上。

**哈姆莱特** 请你念这段剧词的时候,要照我刚才读给你听的那样子,一个字一个字打舌头上很轻快地吐出来;要是你也像多数的伶人们一样,只会拉开了喉咙嘶叫,那么我宁愿叫那宣布告示的公差念我这几行词句。也不要老是把你的手在空中这么摇挥;一切动作都要温文,因为就是在洪水暴风一样的感情激发之中，你也必须取得一种节制，免得流于过火。啊！我顶不愿意听见一个披着满头假发的家伙在台上乱嚷乱叫，把一段感情片片撕碎，让那些只爱热闹的低级观众听了出神，他们中间的大部分是除了欣赏一些莫名其妙的手势以外，什么都不懂。我可以把这种家伙抓起来抽一顿鞭子，因为他把妥玛刚特①形容过分，希律王②的凶暴也要对他甘拜下风。请你留心避免才好。

**伶甲** 我留心着就是了，殿下。

**哈姆莱特** 可是太平淡了也不对，你应该接受你自己的常识的指导，把动作和言语互相配合起来；特别要注意到这一点，你不能越过自然的常道；因为任何过分的表现都是和演剧的原意相反的，自有戏剧以来，它的目的始终是反映自然，显示善恶的本来面目，给它的时代看一看它自己演变发展的模型。要是表演得过分了或者太懈怠了，虽然可以博外行的观众一笑，明眼之士却要因此而皱眉；你必须看重这样一个卓识者的批评甚于满场观众盲目的毁誉。啊！我曾经看见有几个伶人演戏，而且也听见有人把他们极口捧场，说一句比喻不伦的话，他们既不会说基督徒的语言，又不会学着基督徒、异教徒或者一般人的样子走路，瞧他们在台上大摇大摆，使劲叫喊的样子，我心里就想一定是什么造化的雇工把他们造了下来；造得这样拙劣，以至于全然失去了人类的面目。

**伶甲** 我希望我们在这方面已经有了相当的纠正了。

**哈姆莱特** 啊！你们必须彻底纠正这一种弊病。还有你们那些扮演小丑的，除了剧本上专为他们写下的台词以外，不要让他们临时编造一些话加上去。往往有许多小丑爱用自己的笑声，引起台下一些无知的观众的哄笑，虽然那时候全场的注意力应当集中于其他更重要的问题上；这种行为是不可恕的，它表示出那丑角的可鄙的野心。去，准备起来吧。（伶人等同下。）

〔波洛涅斯、罗森格兰兹及吉尔登斯吞上。

**哈姆莱特** 啊，大人，王上愿意来听这一本戏吗？

---

① 妥玛刚特：基督徒假想的伊斯兰教神祇。

② 希律王：耶稣诞生时的犹太暴君。妥玛刚特、希律王均为英国旧日宗教剧中常见的角色。

**波洛涅斯** 他跟娘娘都就要来了。

**哈姆莱特** 叫那些戏子们赶紧点儿。(波洛涅斯下)你们两人也去帮着催催他们。

**罗森格兰兹**
**吉尔登斯吞** 是,殿下。(罗森格兰兹、吉尔登斯吞下。)

**哈姆莱特** 喂!霍拉旭!

〔霍拉旭上。

**霍拉旭** 有,殿下。

**哈姆莱特** 霍拉旭,你是我所交接的人们中间最正直的一个人。

**霍拉旭** 啊,殿下!——

**哈姆莱特** 不,不要以为我在恭维你,你除了你的善良的精神以外,身无长物,我恭维了你又有什么好处呢?为什么要向穷人恭维?不,让蜜糖一样的嘴唇去吮舐愚妄的荣华,在有利可图的所在屈下他们生财有道的膝盖来吧。听着。自从我能够辨别是非、察择贤愚以后,你就是我灵魂里选中的一个人,因为你虽然经历一切的颠沛,却不曾受到一点伤害,命运的虐待和恩宠,你都是受之泰然。能够把感情和理智调整得那么适当,命运不能把他玩弄于指掌之间,那样的人是有福的。给我一个不为感情所奴役的人,我愿意把他珍藏在我的心坎,我的灵魂的深处,正像我对你一样。这些话现在也不必多说了。今晚我们要在国王面前演一出戏,其中有一场的情节跟我告诉过你的我的父亲的死状颇相仿佛;当那幕戏正在串演的时候,我要请你集中你的全副精神,注视我的叔父,要是他在听到了那一段戏词以后,他的隐藏的罪恶还是不露出一丝痕迹来,那么我们所看见的那个鬼魂一定是个恶魔,我的幻想也就像铁匠的砧石那样黑漆一团了。留心看他;我也要把我的眼睛看定他的脸上;过后我们再把各人观察的结果综合起来,给他下一个判断。

**霍拉旭** 很好,殿下;在演这出戏的时候,要是他在容色举止之间,有什么地方逃过了我们的注意,请您唯我是问。

**哈姆莱特** 他们来看戏了;我必须装出一副糊涂样子。你去找一个地方坐下。

〔奏丹麦进行曲,喇叭奏花腔。国王、王后、波洛涅斯、奥菲利娅、罗森格丝兹、吉尔登斯吞及余人等上。

**国王**　你过得好吗，哈姆莱特贤侄？

**哈姆莱特**　很好，好极了；我过的是变色蜥蜴的生活，整天吃空气，肚子让甜言蜜语塞满了；这可不是你们填鸭子的办法。

**国王**　你这种话真是答非所问，哈姆莱特；我不是那个意思。

**哈姆莱特**　不，我现在也没有那个意思。（向波洛涅斯）大人，您说您在大学里念书的时候，曾经演过一回戏吗？

**波洛涅斯**　是的，殿下，他们都称赞我是一个很好的演员哩。

**哈姆莱特**　您扮演什么角色呢？

**波洛涅斯**　我扮的是裘力斯·凯撒；勃鲁托斯在朱庇特神殿里把我杀死。

**哈姆莱特**　他在神殿里杀死了那么好的一头小牛，真太残忍了。那班戏子已经预备好了吗？

**罗森格兰兹**　是，殿下，他们在等候您的旨意。

**王后**　过来，我的好哈姆莱特，坐在我的旁边。

**哈姆莱特**　不，好妈妈，这儿有一个更迷人的东西哩。

**波洛温斯**　（向国王）啊哈！您看见吗？

**哈姆莱特**　小姐，我可以睡在您的怀里吗？

**奥菲利娅**　不，殿下。

**哈姆莱特**　我的意思是说，我可以把我的头枕在您的膝上吗？

**奥菲利娅**　嗯，殿下。

**哈姆莱特**　您以为我在转着下流的念头吗？

**奥菲利娅**　我没有想到，殿下。

**哈姆莱特**　睡在姑娘大腿的中间，想起来倒是很有趣的。

**奥菲利娅**　什么，殿下？

**哈姆莱特**　没有什么。

**奥菲利娅**　您在开玩笑哩，殿下。

**哈姆莱特**　谁，我吗？

**奥菲利娅**　嗯，殿下。

**哈姆莱特**　上帝啊！要说玩笑，那就得属我了。一个人为什么不说说笑笑呢？您瞧，我的母亲多么高兴，我的父亲还不过死了两个钟头。

**奥菲利娅**　不，已经四个月了，殿下。

**哈姆莱特**　这么久了吗？哎哟，那么让魔鬼去穿孝服吧，我可要去做一身貂皮的新衣啦。天啊！死了两个月，还没有把他忘记吗？那么也许一个大人物死了以后，他的记忆还可以保持半年之久；可是凭着圣母起誓，他必须造下几所教堂，否则他就要跟那被遗弃的木马一样，没有人再会想念他了。

〔高音笛奏乐。哑剧登场。

〔一国王及一王后上，状极亲热，互相拥抱。后跪地，向王作宣誓状，王扶后起，俯首后颈上。王就花坪上睡下；后见王睡熟离去。另一人上，自王头上去冠，吻冠，注毒药于王耳，下。后重上，见王死，作哀恸状。下毒者率其他二三人重上，佯作陪后悲哭状。从者舁王尸下。下毒者以礼物赠后，向其乞爱；后先作憎恶不愿状，卒允其请。同下。

**奥菲利娅** 这是什么意思，殿下？

**哈姆莱特** 呃，这是阴谋诡计、不干好事的意思。

**奥菲利娅** 大概这一场哑剧就是全剧的本事了。

〔致开场词者上。

**哈姆莱特** 这家伙可以告诉我们一切；演戏的都不能保守秘密，他们什么话都会说出来。

**奥菲利娅** 他也会给我们解释方才那场哑剧有什么奥妙吗？

**哈姆莱特** 是啊；这还不算，只要你做给他看什么，他也能给你解释什么；只要你做出来不害臊，他解释起来也决不害臊。

**奥菲利娅** 殿下真是淘气，真是淘气。我还是看戏吧。

**开场词** 这悲剧要是演不好，
要请各位原谅指教，
小的在这厢有礼了。（致开场词者下。）

**哈姆莱特** 这算开场词呢，还是指环上的诗铭？

**奥菲利娅** 它很短，殿下。

**哈姆莱特** 正像女人的爱情一样。

〔二伶人扮国王、王后上。

**伶王** 日轮已经盘绕三十春秋
那茫茫海水和滚滚地球，

月亮吐耀着借来的晶光，
三百六十回向大地环航，
自从爱把我们缔结良姻，
许门替我们证下了鸳盟。

**伶后** 愿日月继续他们的周游，
让我们再厮守三十春秋！
可是唉，你近来这样多病，
郁郁寡欢，失去旧时高兴，
好教我满心里为你忧惧。
可是，我的主，你不必疑虑；
女人的忧伤像爱情一样，
不是太少，就是超过分量；
你知道我爱你是多么深，
所以才会有如此的忧心。
越是相爱，越是挂肚牵胸；
不这样哪显得你我情浓？

**伶王** 爱人，我不久必须离开你，
我的全身将要失去生机；
留下你在这繁华的世界
安享尊荣，受人们的敬爱；
也许再嫁一位如意郎君——

**伶后** 啊！我断不是那样薄情人；
我倘忘旧迎新，难邀天恕，
再嫁的除非是杀夫淫妇。

**哈姆莱特** （旁白）苦恼，苦恼！

**伶后** 妇人失节大半贪慕荣华，
多情女子决不另抱琵琶；
我要是与他人共枕同衾，
怎么对得起地下的先灵！

**伶王** 我相信你的话发自心田，
可是我们往往自食前言。
志愿不过是记忆的奴隶，

总是有始无终,虎头蛇尾,
像未熟的果子密布树梢,
一朝红烂就会离去枝条。
我们对自己所负的债务,
最好把它丢在脑后不顾;
一时的热情中发下誓愿,
心冷了,那意志也随云散。
过分的喜乐,剧烈的哀伤,
反会毁害了感情的本常。
人世间的哀乐变幻无端,
痛哭转瞬早变成了狂欢。
世界也会有毁灭的一天,
何怪爱情要随境遇变迁;
有谁能解答这一个哑谜,
是境由爱造?是爱逐境移?
失财势的伟人举目无亲;
走时运的穷酸仇敌逢迎。
这炎凉的世态古今一辙:
富有的门庭挤满了宾客;
要是你在穷途向人求助,
即使知交也要情同陌路。
把我们的谈话拉回本题,
意志命运往往背道而驰,
决心到最后会全部推倒,
事实的结果总难符预料。
你以为你自己不会再嫁,
只怕我一死你就要变卦。

**伶后** 地不要养我,天不要亮我!
昼不得游乐,夜不得安卧!
毁灭了我的希望和信心;
铁锁囚门把我监禁终身!
每一种恼人的飞来横逆,

把我一重重的心愿摧折！
我倘死了丈夫再作新人，
让我生前死后永陷沉沦！

**哈姆莱特**　要是她现在背了誓！

**伶王**　难为你发这样重的誓愿。
爱人，你且去；我神思昏倦，
想要小睡片刻。（睡。）

**伶后**　愿你安睡；
上天保佑我俩永无灾悔！（下。）

**哈姆莱特**　母亲，您觉得这出戏怎样？

**王后**　我觉得那女人在表白心迹的时候，说话过火了一些。

**哈姆莱特**　啊，可是她会守约的。

**国王**　这本戏是怎么一个情节？里面没有什么要不得的地方吗？

**哈姆莱特**　不，不，他们不过开玩笑毒死了一个人；没有什么要不得的。

**国王**　戏名叫什么？

**哈姆莱特**　《捕鼠机》。呃，怎么？这是一个象征的名字。戏中的故事影射着维也纳的一件谋杀案。贡扎古是那公爵的名字；他的妻子叫做白普蒂丝妲。您看下去就知道是怎么一回事啦。这是个很恶劣的作品，可是那有什么关系？它不会对您陛下跟我们这些灵魂清白的人有什么相干；让那有毛病的马儿去惊跳退缩吧，我们的肩背都是好好的。

〔一伶人扮琉西安纳斯上。

**哈姆莱特**　这个人叫做琉西安纳斯，是那国王的侄子。

**奥菲利娅**　您很会解释剧情，殿下。

**哈姆莱特**　要是我看见傀儡戏搬演您跟您爱人的故事，我也会替你们解释的。

**奥菲利娅**　您的嘴真厉害，殿下，您的嘴真厉害。

**哈姆莱特**　我要是真厉害起来，你非得哼哼不可。

**奥菲利娅**　说好就好，说糟就糟。

**哈姆莱特**　女人嫁丈夫也是一样。动手吧，凶手！混账东西，别扮鬼脸了，动手吧！来；哇哇的乌鸦发出复仇的啼声。

**琉西安纳斯**

黑心快手，遇到妙药良机；

趁着没人看见事不宜迟。
你夜半采来的毒草炼成，
赫卡忒的咒语念上三巡，
赶快发挥你凶恶的魔力，
让他的生命速归于幻灭。(以毒药注入睡者耳中。)

**哈姆莱特** 他为了觊觎权位,在花园里把他毒死。他的名字叫贡扎古;那故事原文还存在,是用很好的意大利文写成的。底下就要做到那凶手怎样得到贡扎古的妻子的爱了。

**奥菲利娅** 王上站起来了!

**哈姆莱特** 什么！给一响空枪吓怕了吗?

**王后** 陛下怎么样啦?

**波洛涅斯** 不要演下去了!

**国王** 给我点起火把来！去!

**众人** 火把！火把！火把!(除哈姆莱特、霍拉旭外均下。)

**哈姆莱特** 嗨,让那中箭的母鹿掉泪,
没有伤的公鹿自去游玩;
有的人失眠,有的人酣睡,
世界就是这样循环轮转。

老兄,要是我的命运跟我作起对来,凭着我这念词的本领,头上插上满头的羽毛,开缝的靴子上再缀上两朵绢花,你想我能不能在戏班子里插足?

**霍拉旭** 也许他们可以让您领半额包银。

**哈姆莱特** 我可要领全额的。
因为你知道,亲爱的朋友,
　这一个荒凉破碎的国土
原本是乔武统治的雄邦,
　而今王位上却坐着——孔雀。

**霍拉旭** 您该押韵才是。

**哈姆莱特** 啊,好霍拉旭！那鬼魂真的没有骗我。你看见吗?

**霍拉旭** 看见的,殿下。

**哈姆莱特** 在那演戏的一提到毒药的时候?

**霍拉旭** 我看得他很清楚。

**哈姆莱特** 啊哈！来，奏乐！来，那吹笛子的呢？
要是国王不爱这出喜剧，
那么他多半是不能赏识。
来，奏乐！

〔吉尔登斯吞重上。

**吉尔登斯吞** 殿下，允许我跟您说句话。

**哈姆莱特** 好，你对我讲全部历史都可以。

**吉尔登斯吞** 殿下，王上——

**哈姆莱特** 嗯，王上怎么样？

**吉尔登斯吞** 他回去以后，非常不舒服。

**哈姆莱特** 喝醉了吗？

**吉尔登斯吞** 不，殿下，他在发脾气。

**哈姆莱特** 你应该把这件事告诉他的医生，才算你的聪明；因为叫我去替他诊视，恐怕反而更会激动他的脾气的。

**吉尔登斯吞** 好殿下，请您说话检点些，别这样拉扯开去。

**哈姆莱特** 好，我是听话的，你说吧。

**吉尔登斯吞** 您的母后心里很难过，所以叫我来。

**哈姆莱特** 欢迎得很。

**吉尔登斯吞** 不，殿下，这一种礼貌是用不着的。要是您愿意给我一个好好的回答，我就把您母亲的意旨向您传达；不然的话，请您原谅我，让我就这么回去，我的事情就算完了。

**哈姆莱特** 我不能。

**吉尔登斯吞** 您不能什么，殿下？

**哈姆莱特** 我不能给你一个好好的回答，因为我的脑子已经坏了；可是我所能够给你的回答，你——我应该说我的母亲——可以要多少有多少。所以别说废话，言归正传吧；你说我的母亲——

**罗森格兰兹** 她这样说：您的行为使她非常吃惊。

**哈姆莱特** 啊，好儿子，居然会叫一个母亲吃惊！可是在这母亲的吃惊的后面，还有些什么话呢？说吧。

**罗森格兰兹** 她请您在就寝以前，到她房间里去跟她谈谈。

**哈姆莱特** 即使她十次是我的母亲，我也一定服从她。你还有什么别的事情？

**罗森格兰兹** 殿下，我曾经蒙您错爱。

**哈姆莱特** 凭着我这双扒手起誓，我现在还是欢喜你的。

**罗森格兰兹** 好殿下，您心里这样不痛快，究竟为了什么原因？要是您不肯把您的心事告诉您的朋友，那恐怕会害您自己失去自由。

**哈姆莱特** 我不满足我现在的地位。

**罗森格兰兹** 怎么！王上自己已经亲口把您立为王位的继承者了，您还不能满足吗？

**哈姆莱特** 嗯，可是"要等草儿青青——"[1]这句老话也有点儿发了霉啦。

〔乐工等持笛上。

**哈姆莱特** 啊！笛子来了；拿一支给我。跟你们退后一步说话；为什么你们总这样千方百计地绕到我下风的一面，好像一定要把我逼进你们的圈套？

**吉尔登斯吞** 啊！殿下，要是我有太冒昧放肆的地方，那都是因为我对于您敬爱太深的缘故。

**哈姆莱特** 我不大懂得你的话。你愿意吹吹这笛子吗？

**吉尔登斯吞** 殿下，我不会吹。

**哈姆莱特** 请你吹一吹。

**吉尔登斯吞** 我真的不会吹。

**哈姆莱特** 请你不要客气。

**吉尔登斯吞** 我真的一点不会，殿下。

**哈姆莱特** 那是跟说谎一样容易的；你只要用你的手指按着这些笛孔，把你的嘴放在上面一吹，它就会发出最好听的音乐来。瞧，这些是音栓。

**吉尔登斯吞** 可是我不会从它里面吹出谐和的曲调来；我不懂那技巧。

**哈姆莱特** 哼，你把我看成了什么东西！你会玩弄我；你自以为摸得到我的心窍；你想要探出我的内心的秘密；你会从我的最低音试到我的最高音；可是在这支小小的乐器之内，藏着绝妙的音乐，你却不会使它发出声音来。哼，你以为玩弄我比玩弄一支笛子容易吗？无论你把我叫作什么乐器，你也只能撩拨我，不能玩弄我。

---

① 这句谚语是："要等草儿青青，马儿早已饿死。"

〔波洛涅斯重上。

**哈姆莱特** 上帝祝福你,先生!

**波洛涅斯** 殿下,娘娘请您立刻就去见她说话。

**哈姆莱特** 你看见那片像骆驼一样的云吗?

**波洛涅斯** 哎哟,它真的像一头骆驼。

**哈姆莱特** 我想它还是像一头鼬鼠。

**波洛涅斯** 它拱起了背,正像是一头鼬鼠。

**哈姆莱特** 还是像一条鲸鱼吧?

**波洛涅斯** 很像一条鲸鱼。

**哈姆莱特** 那么等一会儿我就去见我的母亲。(旁白)我给他们愚弄得再也忍不住了。(高声)我等一会儿就来。

**波洛涅斯** 我就去这么说。(下。)

**哈姆莱特** 说等一会儿是很容易的。离开我,朋友们。(除哈姆莱特外均下)现在是一夜之中最阴森的时候,鬼魂都在此刻从坟墓里出来,地狱也要向人世吐放疠气;现在我可以痛饮热腾腾的鲜血,干那白昼所不敢正视的残忍的行为。且慢!我还要到我母亲那儿去一趟。心啊!不要失去你的天性之情,永远不要让尼禄①的灵魂潜入我这坚定的胸怀;让我做一个凶徒,可是不要做一个逆子。我要用利剑一样的说话刺痛她的心,可是决不伤害她身体上一根毛发;我的舌头和灵魂要在这一次学学伪善者的样子,无论在言语上给她多么严厉的谴责,在行动上却要做得丝毫不让人家指摘。(下。)

## 第三场 城堡中一室

〔国王、罗森格兰兹及吉尔登斯吞上。

**国王** 我不喜欢他;纵容他这样疯闹下去,对于我是一个很大的威胁。所以你们快去准备起来吧;我马上叫人办好你们要递送的文书,同时打发他跟你们一块儿到英国去。就我的地位而论,他的疯狂每小时都可以危害我的安全,我不能让他留在我的近旁。

**吉尔登斯吞** 我们就去准备起来;许多人的安危都寄托在陛下身上,这一种顾虑是最圣明不过的。

① 尼禄:曾谋杀其母。

**罗森格兰兹** 每一个庶民都知道怎样远祸全身，一个身负天下重寄的人，尤其应该时刻不懈地防备危害的袭击。君主的薨逝不仅是个人的死亡，它像一个漩涡一样，凡是在它近旁的东西，都要被它卷去同归于尽；又像一个矗立在最高山峰上的巨轮，它的轮辐上连附着无数的小物件，当巨轮轰然崩裂的时候，那些小物件也跟着它一齐粉碎。国王的一声叹息，总是随着全国的呻吟。

**国王** 请你们准备立刻出发；因为我们必须及早制止这一种公然的威胁。

**罗森格兰兹**
**吉尔登斯吞** 我们就去赶紧预备。（罗森格兰兹、吉尔登斯吞同下。）

〔波洛涅斯上。

**波洛涅斯** 陛下，他到他母亲房间里去了。我现在就去躲在帏幕后面，听他们怎么说。我可以断定她一定会把他好好教训一顿的。您说得很不错，母亲对于儿子总有几分偏心，所以最好有一个第三者躲在旁边偷听他们的谈话。再会，陛下；在您未睡以前，我还要来看您一次，把我所探听到的事情告诉您。

**国王** 谢谢你，贤卿。（波洛涅斯下）啊！我的罪恶的戾气已经上达于天；我的灵魂上负着一个元始以来最初的咒诅，杀害兄弟的暴行！我不能祈祷，虽然我的愿望像决心一样强烈；我的更坚强的罪恶击败了我的坚强的意愿。像一个人同时要做两件事情，我因为不知道应该先从什么地方下手而徘徊歧途，结果反弄得一事无成。要是这一只可咒诅的手上染满了一层比它本身还厚的兄弟的血，难道天上所有的甘霖，都不能把它洗涤得像雪一样洁白吗？慈悲的使命，不就是宽宥罪恶吗？祈祷的目的，不是一方面预防我们的堕落，一方面救拔我们于已堕落之后吗？那么我要仰望上天；我的过失已经犯下了。可是唉！哪一种祈祷才是我所适用的呢？“求上帝赦免我的杀人重罪”吗？那不能，因为我现在还占有着那些引起我的犯罪动机的目的物，我的王冠、我的野心和我的王后。非分攫取的利益还在手里，就可以幸邀宽恕吗？在这贪污的人世，罪恶的镀金的手也许可以把公道推开不顾，暴徒的赃物往往成为枉法的贿赂；可是天上却不是这样的，在那边一切都无可遁避，任何行动都要显现它的真相，我们必须当面为我们自己的罪恶作证。那么怎么办呢？还有什么法子好想呢？试一试忏悔的力量吧。

什么事情是忏悔所不能做到的？可是对于一个不能忏悔的人，它又有什么用呢？啊，不幸的处境！啊，像死亡一样黑暗的心胸！啊，越是挣扎，越是不能脱身的胶住了的灵魂！救救我，天使们！试一试吧：屈下来，顽强的膝盖；钢丝一样的心弦，变得像新生之婴的筋肉一样柔嫩吧！但愿一切转祸为福！（退后跪祷。）

〔哈姆莱特上。

**哈姆莱特**　他现在正在祈祷，我正好动手；我决定现在就干，让他上天堂去，我也算报了仇了。不，那还要考虑一下：一个恶人杀死我的父亲；我，他的独生子，却把这个恶人送上天堂。啊，这简直是以恩报怨了。他用卑鄙的手段，在我父亲满心俗念、罪孽正重的时候乘其不备把他杀死；虽然谁也不知道在上帝面前，他的生前的善恶如何相抵，可是照我们一般的推想，他的孽债多半是很重的。现在他正在洗涤他的灵魂，要是我在这时候结果了他的性命，那么天国的路是为他开放着，这样还算是复仇吗？不！收起来，我的剑，等候一个更惨酷的机会吧；当他在酒醉以后，在愤怒之中，或是在乱伦纵欲的时候，有赌博、咒骂或是其他邪恶的行为的中间，我就要叫他颠踬在我的脚下，让他幽深黑暗不见天日的灵魂永堕地狱。我的母亲在等我。这一服续命的药剂不过延长了你临死的痛苦。（下。）

〔国王起立上前。

**国王**　我的言语高高飞起，我的思想滞留地下；没有思想的言语永远不会上升天界。（下。）

## 第四场　王后寝宫

〔王后及波洛涅斯上。

**波洛涅斯**　他就要来了。请您把他着实教训一顿，对他说他这种狂妄的态度，实在叫人忍无可忍，倘没有您娘娘替他居中回护，王上早已对他大发雷霆了。我就悄悄地躲在这儿。请您对他讲得着力一点。

**哈姆莱特**　（在内）母亲，母亲，母亲！

**王后**　都在我身上，你放心吧。下去吧，我听见他来了。（波洛涅斯匿帏后。）

〔哈姆莱特上。

**哈姆莱特** 母亲,您叫我有什么事?

**王后** 哈姆莱特,你已经大大得罪了你的父亲啦。

**哈姆莱特** 母亲,您已经大大得罪了我的父亲啦。

**王后** 来,来,不要用这种胡说八道的话回答我。

**哈姆莱特** 去,去,不要用这种胡说八道的话问我。

**王后** 啊,怎么,哈姆莱特!

**哈姆莱特** 现在又是什么事?

**王后** 你忘记我了吗?

**哈姆莱特** 不,凭着十字架起誓,我没有忘记你;你是王后,你的丈夫的兄弟的妻子,你又是我的母亲——但愿你不是!

**王后** 哎哟,那么我要去叫那些会说话的人来跟你谈谈了。

**哈姆莱特** 来,来,坐下来,不要动;我要把一面镜子放在你的面前,让你看一看你自己的灵魂。

**王后** 你要干吗呀? 你不是要杀我吗? 救命! 救命呀!

**波洛涅斯** (在后)喂! 救命! 救命! 救命!

**哈姆莱特** (拔剑)怎么! 是哪一个鼠贼? 准是不要命了,我来结果你。(以剑刺穿帏幕。)

**波洛涅斯** (在后)啊! 我死了!

**王后** 哎哟! 你干了什么事啦?

**哈姆莱特** 我也不知道;那不是国王吗?

**王后** 啊,多么卤莽残酷的行为!

**哈姆莱特** 残酷的行为! 好妈妈。简直就跟杀了一个国王再去嫁给他的兄弟一样坏。

**王后** 杀了一个国王!

**哈姆莱特** 嗯,母亲,我正是这样说。(揭帏见波洛涅斯)你这倒运的、粗心的、爱管闲事的傻瓜,再会! 我还以为是一个在你上面的人哩。也是你命不该活;现在你可知道爱管闲事的危险了。——别尽扭着你的手。静一静,坐下来,让我扭你的心;你的心倘不是铁石打成的,万恶的习惯倘不曾把它硬化得透不进一点感情,那么我的话一定可以把它刺痛。

**王后** 我干了些什么错事,你竟敢这样肆无忌惮地向我摇唇弄舌?

**哈姆莱特** 你的行为可以使贞节蒙污,使美德得到了伪善的名称;从纯洁的恋情的额上取下娇艳的蔷薇，替它盖上一个烙印；使婚姻的盟约变成博徒的誓言一样虚伪；啊！这样一种行为，简直使盟约成为一个没有灵魂的躯壳，神圣的婚礼变成一串谵妄的狂言；苍天的脸上也为它带上羞色，大地因为痛心这样的行为，也罩上满面的愁容，好像世界末日就要到来一般。

**王后**　唉！究竟是什么极恶重罪，你把它说得这样惊人呢？

**哈姆莱特**　瞧这一幅图画，再瞧这一幅；这是两个兄弟的肖像。你看这一个的相貌多么高雅优美：太阳神的鬈发，天神的前额，像战神一样威风凛凛的眼睛，他降落在高吻穹苍的山巅的神使一样矫健的姿态；这一个完善卓越的仪表，真像每一个天神都曾在那上面打下印记，向世间证明这是一个男子的典型。这是你从前的丈夫。现在你再看这一个：这是你现在的丈夫，像一株霉烂的禾穗，损害了他的健硕的兄弟。你有眼睛吗？你甘心离开这一座大好的高山，靠着这荒野生活吗？嘿！你有眼睛吗？你不能说那是爱情，因为在你的年纪，热情已经冷淡下来，变驯服了，肯听从理智的判断；什么理智愿意从这么高的地方，降落到这么低的所在呢？知觉你当然是有的，否则你就不会有行动；可是你那知觉也一定已经麻木了；因为就是疯人也不会犯那样的错误，无论怎样丧心病狂，总不会连这样悬殊的差异都分辨不出来。那么是什么魔鬼蒙住了你的眼睛，把你这样欺骗呢？有眼睛而没有触觉、有触觉而没有视觉、有耳朵而没有眼或手、只有嗅觉而别的什么都没有，甚至只剩下一种官觉还出了毛病，也不会糊涂到你这步田地。羞啊！你不觉得惭愧吗？要是地狱中的孽火可以在一个中年妇人的骨髓里煽起了蠢动，那么在青春的烈焰中，让贞操像蜡一样融化了吧。当无法阻遏的情欲大举进攻的时候，用不着喊什么羞耻了，因为霜雪都会自动燃烧，理智都会做情欲的奴隶呢。

**王后**　啊，哈姆莱特！不要说下去了！你使我的眼睛看进了我自己灵魂的深处，看见我灵魂里那些洗拭不去的黑色的污点。

**哈姆莱特**　嘿，生活在汗臭垢腻的眠床上，让淫邪熏没了心窍，在污秽的猪圈里调情弄爱——

**王后**　啊，不要再对我说下去了！这些话像刀子一样戳进我的耳朵里；不要说下去了，亲爱的哈姆莱特！

**哈姆莱特**　一个杀人犯、一个恶徒、一个不及你前夫二百分之一的庸奴、一个冒充国王的丑角、一个盗国窃位的扒手,从架子上偷下那顶珍贵的王冠,塞在自己的腰包里!

**王后** 别说了!

**哈姆莱特** 一个下流褴褛的国王——

〔鬼魂上。

**哈姆莱特** 天上的神明啊,救救我,用你们的翅膀覆盖我的头顶!——陛下英灵不昧,有什么见教?

**王后** 哎哟,他疯了!

**哈姆莱特** 您不是来责备您的儿子不该消磨时间和热情,把您煌煌的命令搁在一旁,耽误了应该做的大事吗?啊,说吧!

**鬼魂** 不要忘记。我现在是来磨砺你的快要蹉跎下去的决心。可是瞧!你的母亲那副惊愕的表情。啊,快去安慰安慰她的正在交战中的灵魂吧!最柔弱的人最容易受幻想的激动。去对她说话,哈姆莱特。

**哈姆莱特** 您怎么啦,母亲?

**王后** 唉!你怎么啦?为什么你把眼睛睁视着虚无,向空中喃喃说话?你的眼睛里射出狂乱的神情;像熟睡的兵士突然听到警号一般,你的整齐的头发一根根都像有了生命似的竖立起来。啊,好儿子!在你的疯狂的热焰上,浇洒一些清凉的镇静吧!你瞧什么?

**哈姆莱特** 他,他!您瞧,他的脸色多么惨淡!看见了他这一种形状,要是再知道他所负的沉冤,即使石块也会感动的。——不要瞧着我,免得你那种可怜的神气反会妨碍我的冷酷的决心;也许我会因此而失去勇气,让挥泪代替了流血。

**王后** 你这番话是对谁说的?

**哈姆莱特** 您没有看见什么吗?

**王后** 什么也没有;要是有什么东西在那边,我不会看不见的。

**哈姆莱特** 您也没有听见什么吗?

**王后** 不,除了我们两人的说话以外,我什么也没有听见。

**哈姆莱特** 啊,您瞧!瞧,它悄悄地去了!我的父亲,穿着他生前所穿的衣服!瞧!他就在这一刻,从门口走出去了!(鬼魂下。)

**王后** 这是你脑中虚构的意象;一个人在心神恍惚之中,最容易发生这种幻妄的错觉。

**哈姆莱特**　心神恍惚！我的脉搏跟您的一样，在按着正常的节奏跳动哩。我所说的并不是疯话；要是您不信，不妨试试，我可以把话一字不漏地复述一遍，一个疯人是不会记忆得那样清楚的。母亲，为了上帝的慈悲，不要自己安慰自己，以为我这一番说话，只是出于疯狂，不是真的对您的过失而发；那样的思想不过是骗人的油膏，只能使您溃烂的良心上结起一层薄膜，那内部的毒疮却在底下愈长愈大。向上天承认您的罪恶吧，忏悔过去，警戒未来；不要把肥料浇在莠草上，使它们格外蔓延起来。原谅我这一番正义的劝告；因为在这种万恶的时世，正义必须向罪恶乞恕，它必须俯首屈膝，要求人家接纳他的善意的箴规。

**王后**　啊，哈姆莱特！你把我的心劈为两半了！

**哈姆莱特**　啊！把那坏的一半丢掉，保留那另外的一半，让您的灵魂清净一些。晚安！可是不要上我叔父的床；即使您已经失节，也得勉力学做一个贞节妇人的样子。习惯虽然是一个可以使人失去羞耻的魔鬼，但是它也可以做一个天使，对于勉力为善的人，它会用潜移默化的手段，使他徙恶从善。您要是今天晚上自加抑制，下一次就会觉得这一种自制的功夫并不怎样为难，慢慢地就可以习以为常了；因为习惯简直有一种改变气质的神奇的力量，它可以制服魔鬼，并且把他从人们心里驱逐出去。让我再向您道一次晚安；当您希望得到上天祝福的时候，我将求您祝福我。至于这一位老人家，（指波洛涅斯）我很后悔自己一时卤莽把他杀死；可是这是上天的意思，要借着他的死惩罚我，同时借着我的手惩罚他，使我成为代天行刑的凶器和使者。我现在先去把他的尸体安顿好了，再来承担这个杀人的过咎。晚安！为了顾全母子的恩慈，我不得不忍情暴戾；不幸已经开始，更大的灾祸还在接踵而至。再有一句话，母亲。

**王后**　我应当怎么做？

**哈姆莱特**　我不能禁止您不再让那肥猪似的僭王引诱您和他同床，让他拧您的脸，叫您做他的小耗子；我也不能禁止您因为他给了您一两个恶臭的吻，或是用他万恶的手指抚摩您的颈项，就把您所知道的事情一起说了出来，告诉他我实在是装疯，不是真疯。您应该让他知道的；因为哪一个美貌聪明懂事的王后，愿意隐藏着这样重大的消息，不去告诉一只蛤蟆、一只蝙蝠、一只老雄猫知道呢？不，虽然理性警告您保守秘密，您尽管学那寓言中的猴子，因为受了好奇心的驱使，到屋顶上去开了笼门,把鸟儿放走,自己钻进笼里去,结果连笼子一起掉下来跌死吧。

**王后** 你放心吧,要是言语来自呼吸,呼吸来自生命,只要我一息犹存,就决不会让我的呼吸泄漏了你对我所说的话。

**哈姆莱特** 我必须到英国去;您知道吗?

**王后** 唉!我忘了;这事情已经这样决定了。

**哈姆莱特** 公文已经封好,打算交给我那两个同学带去,对这两个家伙我要像对待两条咬人的毒蛇一样随时提防;他们将要做我的先驱,引导我钻进什么圈套里去。我倒要瞧瞧他们的能耐。开炮的要是给炮轰了,也是一件好玩的事;他们会埋地雷,我要比他们埋得更深,把他们轰到月亮里去。啊!用诡计对付诡计,不是顶有趣的吗?这家伙一死,多半会提早了我的行期;让我把这尸体拖到隔壁去。母亲,晚安!这一位大臣生前是个愚蠢饶舌的家伙,现在却变成非常谨严庄重的人了。来,老先生,该是收场的时候了。晚安,母亲!(各下。哈姆莱特曳波洛涅斯尸入内。)

(朱生豪译,选自《莎士比亚全集》第5卷,人民文学出版社1994年版)

## 文本导读

《哈姆莱特》全剧共五幕,本文节选了第三幕。本幕描写哈姆莱特对人生发出感叹,对贞洁、美德失去信心,似乎精神产生紊乱。他证实了国王心中有鬼,让母亲看到自己有罪。作者先写哈姆莱特与奥菲利亚的对话,展示王子对人生苦涩的思索,然后安排了一场戏中戏,让王子暗中观察国王的反应,随后在王后寝室中不意杀死波洛涅斯,表现了王子的复仇心切,最后让王子用话去点拨母亲,层次分明也写出哈姆莱特行动的周密、内心的郁闷和仇恨之深,悲剧气氛浓烈,将戏剧冲突逐渐推向高潮。

《哈姆莱特》在艺术上代表了莎士比亚戏剧的最高成就。首先,在情节结构方面,该剧突出体现了莎士比亚戏剧情节的生动性与丰富性。其次,该剧通过多种手法塑造了鲜明生动的人物形象,如人文主义者哈姆莱特。莎士比亚善于把人物放在矛盾冲突中去体现人物性格,既有外在的矛盾冲突,又有人物内在的矛盾冲突。外在冲突方面,既有哈姆莱特与以其叔父为代表的强大黑暗势力的冲突,又有哈姆莱特对理想的追求与残酷现实的冲突;在人物内在冲突方面,既有哈姆莱特在生存与毁灭的两难中挣扎所构成的冲突,也有哈姆莱特对人文主义理想的追求与怀疑构成的冲突。在外在冲突与内在冲突此消彼长的过程中，逐渐揭示出哈姆莱特的性格特征，也将戏剧的深层主题寄寓其中。最后，莎士比亚戏剧的语言丰富多彩，富于形象性。他的戏剧主要用无韵诗体写成，又结合了散文、有韵诗句和抒情歌谣等，不同的文体在剧中起着不同的作用。莎士比亚还注意按照人物身份与处境的不同而使用不同的语言——文雅或粗俗，哲理或抒情，最终使语言各如其人。

## 课后练习

1.阅读文本，思考哈姆莱特的形象特征。

2.以《哈姆莱特》为例，谈谈莎士比亚戏剧的艺术成就。

# 第二十课　雷雨（节选）

曹　禺

## 相关介绍

曹禺（1910—1996），祖籍湖北潜江，原名万家宝，字小石，小名添甲。中国著名的剧作家、戏剧教育家，生于天津一个封建官僚家庭。1923 年秋考入南开中学，1925 年加入南开新剧团，积极从事演剧活动。1928 年中学毕业后，入南开大学政治系，1930 年转入清华大学西洋文学系，1933 年大学毕业。1946 年返回上海，后应美国国务院邀请赴美讲学。1950 年、1952 年先后被任命为中央戏剧学院副院长和北京人民艺术剧院院长。

《雷雨》1934 年 7 月发表在《文学季刊》1 卷 3 期上，此后曹禺又发表了《日出》（1936）、《原野》（1937），这三部剧作以精湛的艺术、深邃的思想和饱满的激情奠定了他在中国现代戏剧史上的大师地位，同时也使中国的话剧文学走向成熟。抗日战争爆发后，曹禺先后创作了《全民总动员》（与宋之的合作，1938）、《蜕变》（1939）、《北京人》（1941）、《家》（1942）、《桥》（1946）、《艳阳天》（1947）等，其中《北京人》是其戏剧艺术发展到炉火纯青的标志。1949 年后，在繁重的社会工作之余，曹禺又先后创作了《明朗的天》（1954）、《胆剑篇》（与梅阡等合作，1961）、《王昭君》（1978）等剧作。

## 作品赏析

### 第四幕

景——周宅客厅内。半夜两点钟的光景。

[开幕时，周朴园一人坐在沙发上，读文件；旁边燃着一个立灯，四周是黑暗的。

[外面还隐隐滚着雷声，雨声淅沥可闻，窗前帏幕垂了下来，中间的门紧紧地掩了，由门上玻璃望出去，花园的景物都掩埋在黑暗里，除了偶尔天空闪过一片耀目的电光，蓝森森的看见树同电线杆，一瞬又是黑漆漆的。

**周朴园**　（放下文件，呵欠，疲倦地伸一伸腰）来人啦！（取眼镜，擦目，声略高）来人!(擦眼镜,走到左边饭厅门口,又恢复平常的声调)这儿有人么?(外面闪电,停,走到右边柜前,按铃。无意中又望见侍萍的相片,拿起,戴上眼镜看。)

[仆人上。

**仆　人**　爷!

**周朴园**　我叫了你半天。

**仆　人**　外面下雨,听不见。

**周朴园**　(指钟)钟怎么停了?

**仆　人**　(解释地)每次总是四凤上的,今天她走了,这件事就忘了。

**周朴园**　什么时候了?

**仆　人**　嗯,——大概有两点钟了。

**周朴园**　刚才我叫账房汇一笔钱到济南去,他们弄清楚没有?

**仆　人**　您说寄给济南一个,一个姓鲁的,是么?

**周朴园**　嗯。

**仆　人**　预备好了。

[外面闪电,朴园回头望花园。

**周朴园**　萝架那边的电线,太太叫人来修理了么?

**仆　人**　叫了,电灯匠说下着大雨不好修理,明天再来。

**周朴园**　那不危险么?

**仆　人**　可不是么?刚才大少爷的狗走过那儿,碰着那根电线,就给电死了。现在那儿已经用绳子圈起来,没有人走那儿。

**周朴园**　哦。——什么,现在几点了?

**仆　人**　两点多了。老爷要睡觉么?

**周朴园**　你请太太下来。

**仆　人**　太太睡觉了。

**周朴园**　(无意地)二少爷呢?

**仆　人**　早睡了。

**周朴园**　那么,你看看大少爷。

**仆　人**　大少爷吃完饭出去,还没有回来。

[沉默半晌。

**周朴园**　(走回沙发坐下,寂寞地)怎么这屋子一个人也没有?

**仆　人**　是,老爷,一个人也没有。

**周朴园** 今天早上没有一个客来。

**仆　人** 是,老爷。外面下着很大的雨,有家的都在家里呆着。

**周朴园** (呵欠,感到更深的空洞)家里的人也只有我一个人还在醒着。

**仆　人** 是,差不多都睡了。

**周朴园** 好,你去吧。

**仆　人** 您不要什么东西么?

**周朴园** 我不要什么。

[仆人由中门下,朴园站起来,在厅中来回沉闷地踱着,又停在右边柜前,拿起侍萍的相片。开了中间的灯。

[冲由饭厅上。

**周　冲** (没想到父亲在这儿)爸!

**周朴园** (露喜色)你——你没有睡?

**周　冲** 嗯。

**周朴园** 找我么?

**周　冲** 不,我以为母亲在这儿。

**周朴园** (失望)哦——你母亲在楼上。

**周　冲** 没有吧,我在她的门上敲了半天,她的门锁着。——是的,那也许。——爸,我走了。

**周朴园** 冲儿,(冲立)不要走。

**周　冲** 爸,您有事?

**周朴园** 没有。(慈爱地)你现在怎么还不睡?

**周　冲** (服从地)是,爸,我睡晚了,我就睡。

**周朴园** 你今天吃完饭把克大夫给的药吃了么?

**周　冲** 吃了。

**周朴园** 打了球没有?

**周　冲** 嗯。

**周朴园** 快活么?

**周　冲** 嗯。

**周朴园** (立起,拉起他的手)为什么,你怕我么?

**周　冲** 是,爸爸。

**周朴园** (干涩地)你像是有点不满意我,是么?

**周　冲** (窘迫)我,我说不出来,爸。

［半晌。

［朴园走回沙发，坐下叹一口气。招冲来，冲走近。

**周朴园**　（寂寞地）今天——呃，爸爸有一点觉得自己老了。（停）你知道么？

**周　冲**　（冷淡地）不，不知道，爸。

**周朴园**　（忽然）你怕你爸爸有一天死了，没有人照顾你，你不怕么？

**周　冲**　（无表情地）嗯，怕。

**周朴园**　（想自己的儿子亲近他，可亲地）你今天早上说要拿你的学费帮一个人，你说说看，我也许答应你。

**周　冲**　（悔怨地）那是我糊涂，以后我不会这样说话了。

［半晌。

**周朴园**　（恳求地）后天我们就搬新房子，你不喜欢么？

**周　冲**　嗯。

［半晌。

**周朴园**　（责备地望着冲）你对我说话很少。

**周　冲**　（无神地）嗯，我——我说不出，您平时总像不愿意见我们似的。（嗫嚅地）您今天有点奇怪，我——我——

**周朴园**　（不愿他向下说）嗯，你去吧！

**周　冲**　是，爸爸。

［冲由饭厅下。

［朴园失望地看着他儿子下去，立起，拿起侍萍的相片，寂寞地呆望着四周。关上立灯，面向书房。

［繁漪由中门上。不做声地走进来，雨衣上的水还在往下滴，发鬓有些湿。颜色是很惨白，整个面都像石膏的塑像。高而白的鼻梁，薄而红的嘴唇死死地刻在脸上，如刻在一个严峻的假面上，整个脸庞是无表情的。只有她的眼睛烧着心内疯狂的火，然而也是冷酷的，爱和恨烧尽了女人一切的仪态，她像是厌弃了一切，只有计算着如何报复的心念在心中起伏。

［她看见朴园，他惊愕地望着她。

**周繁漪**　（毫不奇怪地）还没睡么？（立在中门前，不动。）

**周朴园**　你？（走近她，粗而低的声音）你上哪儿去了？（望着她，停）冲儿找你一个晚上。

**周繁漪**　（平常地）我出去走走。

**周朴园**　这样大的雨，你出去走？

**周繁漪**　嗯，——（忽然报复地）我有神经病。

**周朴园**　我问你，你刚才在哪儿？

**周繁漪**　（厌恶地）你不用管。

**周朴园**　（打量她）你的衣服都湿了，还不脱了它。

**周繁漪**　（冷冷地，有意义地）我心里发热，我要在外面冰一冰。

**周朴园**　（不耐烦地）不要胡言乱话的，你刚才究竟上哪儿去了？

**周繁漪**　（无神地望着他，清楚地）在你的家里！

**周朴园**　（烦恶地）在我的家里？

**周繁漪**　（觉得报复的快感，微笑）嗯，在花园里赏雨。

**周朴园**　一夜晚。

**周繁漪**　（快意地）嗯，淋了一夜晚。

［半晌，朴园惊疑地望着她，繁漪像一座石像似的仍站在门前。

**周朴园**　漪，我看你上楼去歇一歇吧。

**周繁漪**　（冷冷地）不，不，（忽然）你拿的什么？（轻蔑地）哼，又是那个女人的相片！（伸手拿）。

**周朴园**　你可以不看，萍儿的母亲的。

**周繁漪**　（抢过去了，前走了两步，就向灯下看）萍儿的母亲很好看。

［朴园没有理她，在沙发上坐下。

**周繁漪**　问你，是不是？

**周朴园**　嗯。

**周繁漪**　样子很温存的。

**周朴园**　（眼睛望着前面）

**周繁漪**　她很聪明。

**周朴园**　（冥想）嗯。

**周繁漪**　（高兴地）真年青。

**周朴园**　（不自觉地）不，老了。

**周繁漪**　（想起）她不是早死了么？

**周朴园**　嗯，对了，她早死了。

**周繁漪**　（放下相片）奇怪，我像是在哪儿见过似的。

**周朴园**　（抬起头，疑惑地）不，不会吧。——你在哪儿见过她吗？

**周繁漪**　（忽然）她的名字很雅致，侍萍，侍萍，就是有点丫头气。

**周朴园**　好，我看还睡去吧。（立起，把相片拿起来。）

**周繁漪**　拿这个做什么？

**周朴园**　后天搬家，我怕掉了。

**周繁漪**　不，不，（从他手中取过来）放在这儿一晚上，（怪样地笑）不会掉的，我替你守着她。（放在桌上）

**周朴园**　不要装疯！你现在有点胡闹！

**周繁漪**　我是疯了。请你不用管我。

**周朴园**　（愠怒）好，你上楼去吧，我要一个人在这儿歇一歇。

**周繁漪**　不，我要一个人在这儿歇一歇，我要你给我出去。

**周朴园**　（严厉地）繁漪，你走，我叫你上楼去！

**周繁漪**　（轻蔑地）不，我不愿意。我告诉你（暴躁地）我不愿意！

［半晌。

**周朴园**　（低声）你要注意这儿，（指头）记着克大夫的话，他要你静静地，少说话。明天克大夫还来，我已经替你请好了。

**周繁漪**　谢谢你！（望着前面）明天？哼！

［萍低头由饭厅走出，神色忧郁，走向书房。

**周朴园**　萍儿。

**周　萍**　（抬头，惊讶）爸！您还没有睡。

**周朴园**　（责备地）怎么，现在才回来。

**周　萍**　不，爸，我早回来，我出去买东西去了。

**周朴园**　你现在做什么？

**周　萍**　我到书房，看看爸写的介绍信在那儿没有。

**周朴园**　你不是明天早车走么？

**周　萍**　我忽然想起今天夜晚两点半钟有一趟车，我预备现在就走。

**周繁漪**　（忽然）现在？

**周　萍**　嗯。

**周繁漪**　（有意义地）心里就这样急么？

**周　萍**　是，母亲。

**周朴园**　（慈爱地）外面下着大雨，半夜走不大方便吧？

**周　萍**　这时走，明天日初到，找人方便些。

**周朴园**　信就在书房桌上，你要现在走也好。（萍点头，走向书房）你不用去！（向繁漪）你到书房把信替他拿来。

**周繁漪**　（看朴园，不信任地）嗯！

［繁漪进书房。

**周朴园** （望繁出，谨慎地）她不愿上楼，回头你先陪她到楼上去，叫底下人伺候她睡觉。

**周　萍** （无法地）是，爸爸。

**周朴园** （更小心）你过来！（萍走近，低声）告诉底下人，叫他们小心点，（烦恶地）我看她的病更重，刚才她忽然一个人出去了。

**周　萍** 出去了？

**周朴园** 嗯。（严厉地）在外面淋了一夜晚的雨，说话也非常奇怪，我怕这不是好现象。——（觉得恶兆来了似的）我老了，我愿意家里平平安安地……

**周　萍** （不安地）我想爸爸只要把事不看得太严重了，事情就会过去的。

**周朴园** （畏缩地）不，不，有些事简直是想不到的。天意很——有点古怪：今天一天叫我忽然悟到为人太——太冒险，太——太荒唐：（疲倦地）我累得很。（如释重负）今天大概是过去了。（自慰地）我想以後——不该，再有什么风波。（不寒而傈地）不，不该！

［繁漪持信上。

**周繁漪** （嫌恶地）信在这儿！

**周朴园** （如梦初醒，向萍）好，你走吧，我也想睡了。（振起喜色）嗯！后天我们一定搬新房子，你好好地休息两天。

**周繁漪** （盼望他走）嗯，好。

［朴园由书房下。

**周繁漪** （见朴园走出，阴沉地）这么说你是一定要走了。

**周　萍** （声略带愤）嗯。

**周繁漪** （忽然急躁地）刚才你父亲对你说什么？

**周　萍** （闪避地）他说要我陪你上楼去，请你睡觉。

**周繁漪** （冷笑）他应当叫几个人把我拉上去，关起来。

**周　萍** （故意装做不明白）你这是什么意思？

**周繁漪** （迸发）你不用骗我。我知道。我知道，（辛酸地）他说我是神经病。疯子，我知道他，要你这样看我，他要什么人都这样看我。

**周　萍** （心悸）不，你不要这样想。

**周繁漪** （奇怪的神色）你？你也骗我？（低声，阴郁地）我从你们的眼神看出来，你们父子都愿我快成疯子！（刻毒地）你们——父亲同儿子——偷偷在我背后说冷话，说我，笑我，在我背后计算着我。

**周　萍**　(镇静自己)你不要神经过敏,我送你上楼去。

**周繁漪**　(突然地,高声)我不要你送,走开!(抑制着,恨恶地,低声)我还用不着你父亲偷偷地,背着我,叫你小心,送一个疯子上楼。

**周　萍**　(抑制着自己的烦嫌)那么,你把信给我,让我自己走吧。

**周繁漪**　(不明白地)你上哪儿?

**周　萍**　(不得已地)我要走,我要收拾我的东西。

**周繁漪**　(忽然冷静地)我问你,你今天晚上上哪儿去了?

**周　萍**　(敌对地)你不用问,你自己知道。

**周繁漪**　(低声,恐吓地)到底你还是到她那儿去了。

[半晌,繁漪望萍,萍低头。

**周　萍**　(断然,阴沉地)嗯,我去了,我去了,(挑战地)你要怎么样?

**周繁漪**　(软下来)不怎么样。(强笑)今天下午的话我说错了,你不要怪我。我只问你走了以后,你预备把她怎么样?

**周　萍**　以后?——(冒然地)我娶她!

**周繁漪**　(突如其来地)娶她?

**周　萍**　(决定地)嗯。

**周繁漪**　(刺心地)父亲呢?

**周　萍**　(淡然)以后再说。

**周繁漪**　(神秘地)萍,我现在给你一个机会。

**周　萍**　(不明白)什么?

**周繁漪**　(劝诱他)如果今天你不走,你父亲那儿我可以替你想法子。

**周　萍**　不必,这件事我认为光明正大,我可以跟任何人谈。——她——她不过就是穷点。

**周繁漪**　(愤然)你现在说话很像你的弟弟。——(忧郁地)萍!

**周　萍**　干什么?

**周繁漪**　(阴郁地)你知道你走了以后,我会怎么样?

**周　萍**　不知道。

**周繁漪**　(恐惧地)你看看你的父亲,你难道想象不出?

**周　萍**　我不明白你的话。

**周繁漪**　(指自己的头)就在这儿;你不知道么?

**周　萍**　(似懂非懂地)怎么讲?

**周繁漪**　(好像在叙述别人的事情)第一,那位专家,克大夫免不了会天天来的,要我吃药,逼着我吃药,吃药,吃药,吃药！渐渐伺候着我的人一定多,守着我,像个怪物似的守着我。他们——

**周　萍**　(烦)我劝你,不要这样胡想,好不好?

**周繁漪**　(不顾地)他们渐渐学会了你父亲的话,“小心,小心点,她有点疯病!”到处都偷偷地在我背后低着声音说话。叽咕着,慢慢地无论谁都要小心点,不敢见我,最后铁链子锁着我,那我真成了疯子。

**周　萍**　(无办法)唉!(看表)不早了,给我信吧,我还要收拾东西呢。

**周繁漪**　(恳求地)萍,这不是不可能的。(乞怜地)萍,你想一想,你就一点——就一点无动于衷么?

**周　萍**　你——(故意恶狠地)你自己要走这一条路,我有什么办法?

**周繁漪**　(愤怒地)什么,你忘记你自己的母亲也被你父亲气死的么?

**周　萍**　(一了百了,更狠毒地激惹她)我母亲不像你,她懂得爱!她爱自己的儿子,她没有对不起我父亲。

**周繁漪**　(爆发,眼睛射出疯狂的火)你有权利说这种话么?你忘了就在这屋子,三年前的你么?你忘了你自己才是个罪人:你忘了,我们——(突然,压制自己,冷笑)哦,这是过去的事,我不提了。(萍低头,身发颤,坐沙发上,悔恨抓着他的心,面上筋肉成不自然的拘挛。她转向他,哭声,失望地说着。)哦,萍,好了。这一次我求你,最后一次求你。我从来不肯对人这样低声下气说话,现在我求你可怜可怜我,这家我再也忍受不住了。(哀婉地诉出)今天这一天我受的罪过你都看见了,这样子以后不是一天,是整月,整年地,以至到我死,才算完。他厌恶我,你的父亲;他知道我明白他的底细,他怕我。他愿意人人看我是怪物,是疯子,萍!——

**周　萍**　(心乱)你,你别说了。

**周繁漪**　(急迫地)萍,我没有亲戚,没有朋友,没有一个可信的人,我现在求你,你先不要走——

**周　萍**　(躲闪地)不,不成。

**周繁漪**　(恳求地)即使你要走,你带我也离开这儿——

**周　萍**　(恐惧地)什么。你简直胡说!

**周繁漪**　(恳求地)不,不,你带我走,——带我离开这儿,(不顾一切地)日后,甚至于你要把四凤接来——一块儿住,我都可以,只要,只要(热烈地)只要你不离开我。

**周　萍**　(惊惧地望着她,退后,半晌,颤声)我——我怕你真疯了!

**周繁漪** （安慰地）不，你不要这样说话。只有我明白你，我知道你的弱点，你也知道我的。你什么我都清楚。（诱惑地笑，向萍奇怪地招着手，更诱惑地笑）你过来，你——你怕什么？

**周　萍** （望着她，忍不住地狂喊出来）哦，我不要你这样笑！（更重）不要你这样对我笑！（苦恼地打着自己的头）哦，我恨我自己，我恨，我恨我为什么要活着。

**周繁漪** （酸楚地）我这样累你么？然而你知道我活不到几年了。

**周　萍** （痛苦地）你难道不知道这种关系谁听着都厌恶么？你明白我每天喝酒胡闹就因为自己恨，——恨我自己么？

**周繁漪** （冷冷地）我跟你说过多少遍，我不这样看，我的良心不是这样做的。（郑重地）萍，今天我做错了，如果你现在听我的话，不离开家；我可以再叫四凤回来的。

**周　萍** 什么？

**周繁漪** （清清楚楚地）叫她回来还来得及。

**周　萍** （走到她面前，声沉重，慢说）你给我滚开！

**周繁漪** （顿，又缓缓地）什么？

**周　萍** 你现在不像明白人，你上楼睡觉去吧。

**周繁漪** （明白自己的命运）那么，完了。

**周　萍** （疲惫地）嗯，你去吧。

**周繁漪** （绝望，沉郁地）刚才我在鲁家看见你同四凤。

**周　萍** （惊）什么，你刚才是到鲁家去了？

**周繁漪** （坐下）嗯，我在他们家附近站了半天。

**周　萍** （悔惧）什么时候你在那里？

**周繁漪** （低头）我看着你从窗户进去。

**周　萍** （急切）你呢？

**周繁漪** （无神地望着前面）就走到窗户前面站着。

**周　萍** 那么有一个女人叹气的声音是你么？

**周繁漪** 嗯。

**周　萍** 后来，你又在那里站多半天？

**周繁漪** （慢而清朗地）大概是直等到你走。

**周　萍** 哦！（走到她身后，低声）那窗户是你关上的，是么？

**周繁漪** （更低的声音，阴沉地）嗯，我。

**周　萍**　（恨极，恶毒地）你是我想不到的一个怪物！

**周繁漪**　（抬起头）什么？

**周　萍**　（暴烈地）你真是一个疯子！

**周繁漪**　（无表情地望着他）你要怎么样？

**周　萍**　（狠恶地）我要你死！再见吧！

［萍由饭厅急走下，门猝然地关上。

**周繁漪**　（呆滞地坐了一下，望着饭厅的门。瞥见侍萍的相片，拿在手上，低叹，阴郁地）这是你的孩子！（缓缓扯下硬卡片贴的相纸，一片一片地撕碎。沉静地立起来，走了两步。）奇怪，心里安静的很！

［中门轻轻推开，繁漪回头，鲁贵缓缓地走进来。他的狡黠的眼睛，望着她笑着。

**鲁　贵**　（鞠躬，身略弯）太太，您好。

**周繁漪**　（略惊）你来做什么？

**鲁　贵**　（假笑）跟您请安来了。我在门口等了半天。

**周繁漪**　（镇静）哦，你刚才在门口？

**鲁　贵**　（低声）对了。（更神秘地）我看见大少爷正跟您打架，我——（假笑）我就没敢进来。

**周繁漪**　（沉静地，不为所迫）你原来要做什么？

**鲁　贵**　（有把握地）原来我倒是想报告给太太，说大少爷今天晚上喝醉了，跑到我们家里去。现在太太既然是也去了，那我就不必多说了。

**周繁漪**　（嫌恶地）你现在想怎么样？

**鲁　贵**　（倨傲地）我想见见老爷。

**周繁漪**　老爷睡觉了，你要见他什么事？

**鲁　贵**　没有什么事，要是太太愿意办，不找老爷也可以。——（着重，有意义地）都看太太要怎么样。

**周繁漪**　（半晌，忍下来）你说吧，我也可以帮你的忙。

**鲁　贵**　（重复一遍，狡黠地）要是太太愿做主，不叫我见老爷，多麻烦（假笑）那就大家都省事了。

**周繁漪**　（仍不露声色）什么，你说吧。

**鲁　贵**　（谄媚地）太太做了主，那就是您积德了。——我们只是求太太还赏饭吃。

**周繁漪**　（不高兴地）你，你以为我——（转缓和）好，那也没有什么。

**鲁　贵**　（得意地）谢谢太太。（伶俐地）那么就请太太赏个准日子吧。

**周繁漪**　(爽快地)你们在搬了新房子后一天来吧。

**鲁　贵**　(行礼)谢谢太太恩典!(忽然)我忘了,太太,你没见着二少爷么?

**周繁漪**　没有。

**鲁　贵**　您刚才不是叫二少爷赏给我们一百块钱么?

**周繁漪**　(烦厌地)嗯?

**鲁　贵**　(婉转地)可是,可是都叫我们少爷回了。

**周繁漪**　你们少爷?

**鲁　贵**　(解释地)就是大海——我那个狗食的儿子。

**周繁漪**　怎么样?

**鲁　贵**　(很文雅地)我们的侍萍,实在还不知道呢。

**周繁漪**　(惊,低声)侍萍?(沉下脸)谁是侍萍?

**鲁　贵**　(以为自己被轻视了,侮慢地)侍萍就是侍萍,我的家里的——,就是鲁妈。

**周繁漪**　你说鲁妈,她叫侍萍?

**鲁　贵**　(自夸地)她也念过书。名字是很雅气的。

**周繁漪**　"侍萍",那两个字怎么写,你知道么?

**鲁　贵**　我,我,(为难,勉强笑出来)我记不得了。反正那个萍字是跟大少爷名字的萍我记得是一样的。

**周繁漪**　哦!(忽然把地上撕破的相片碎片拿起来对上,给他看)你看看,这个人你认不认识?

**鲁　贵**　(看了一会,抬起头)不认识,太太。

**周繁漪**　(急切地)你认识的人没有一个像她的么?(略停)你想想看,往近处想。

**鲁　贵**　(抬头)没有一个,太太,没有一个。(突然疑惧地)太太,您怎么?

**周繁漪**　(回想,自己疑惑)多半我是胡思乱想。(坐下)

**鲁　贵**　(贪婪地)啊,太太,您刚才不是赏我们一百块钱么?可是我们大海又把钱回了,你想——

[中门渐渐推开。

**鲁　贵**　(回头)谁?

[大海由中门进,衣服俱湿,脸色阴沉,眼不安地向四面望,疲倦,愤恨在他举动里显明地露出来。繁漪惊讶地望着他。

**鲁大海**　(向鲁贵)你在这儿!

**鲁　贵**　(讨厌他的儿子)嗯,你怎么进来的?

**鲁大海** （冰冷）铁门关着，叫不开，我爬墙进来的。

**鲁　贵** 你现在来这儿干什么？不看看你妈找四凤怎么样了？

**鲁大海** （用一块湿手巾擦着脸上的雨水）四凤没找着，妈在门外等着呢。（沉重地）你看见四凤了么？

**鲁　贵** （轻蔑）没有，我没有看见，（觉得大海小题大作，烦恶地皱着眉毛）不要管她，她一回儿就会回家。（走近大海）你跟我回家去。周家的事情也办妥了，都完了，走吧！

**鲁大海** 我不走。

**鲁　贵** 你要干什么？

**鲁大海** 你也别走，——你先跟我把这儿大少爷叫出来，我找不着他。

**鲁　贵** （疑惧地，摸着自己的下巴）你要怎么样？我刚弄好，你是又要惹祸？

**鲁大海** （冷静地）没有什么，我只想跟他谈谈。

**鲁　贵** （不信地）我看你不对，你大概又要——

**鲁大海** （暴躁地，抓着鲁贵的领口）你找不找？

**鲁　贵** （怯弱地）我找，我找，你先放下我。

**鲁大海** 好，（放开他）你去吧。

**鲁　贵** 大海，你，你得答应我，你可是就跟大少爷说两句话，你不会——

**鲁大海** 嗯，我告诉你，我不是打架来的。

**鲁　贵** 真的？

**鲁大海** （可怕地走到鲁贵的面前，低声）你去不去？

**鲁　贵** 我，我，大海，你，你——

**周繁漪** （镇静地）鲁贵，你去叫他出来，我在这儿，不要紧的。

**鲁　贵** 也好，（向大海）可是我请完大少爷，我就从那门走了，我，（笑）我有点事。

**鲁大海** （命令地）你叫他们把门开开，让妈进来，领她在房里避一避雨。

**鲁　贵** 好，好，（向饭厅下）完了，我可有事，我就走了。

**鲁大海** 站住！（走前一步，低声）你进去，要是不找他出来就一人跑了，你可小心我回头在家里，——哼！

**鲁　贵** （生气）你，你，你，——（低声，自语）这个小王八蛋！（没法子，走进饭厅下。）

**周繁漪** （立起）你是谁？

**鲁大海** （粗鲁地）四凤的哥哥。

**周繁漪** （柔声）你是到这儿来找她么？你要见我们大少爷么？

**鲁大海** 嗯。

**周繁漪** （眼色阴沉沉）我怕他会不见你。

**鲁大海** （冷静地）那倒许。

**周繁漪** （缓缓地）听说他现在就要上车。

**鲁大海** （回头）什么！

**周繁漪** （阴沉地暗示）他现在就要走。

**鲁大海** （愤怒地）他要跑了，他——

**周繁漪** 嗯，他——

［萍由饭厅上，脸上有些慌，他看见大海，勉强地点一点头，声音略有点颤，他极力在镇静自己。

**周　萍** （向大海）哦！

**鲁大海** 好。你还在这儿，（回头）你叫这位太太走开，我有话要跟你一个人说。

**周　萍** （望着繁漪，她不动，再走到她的面前）请您上楼去吧。

**周繁漪** 好！（昂首由饭厅下）

［半晌。二人都紧紧握着拳，大海愤愤地望着他，二人不动。

**周　萍** （耐不住，声略颤）没想到你现在到这儿来。

**鲁大海** （阴沉沉）听说你要走。

**周　萍** （惊，略镇静，强笑）不过现在也赶得上，你来得还是时候，你预备怎么样？我已经准备好了。

**鲁大海** （狠恶地笑一笑）你准备好了？

**周　萍** （沉郁地望着他）嗯。

**鲁大海** （走到他面前）你！（用力地击着萍的脸，方才的创伤又破，血向下流）

**周　萍** （握着拳抑制自己）你，你，——（忍下去，由袋内抽出白绸手绢擦脸上的血）

**鲁大海** （切齿地）哼？现在你要跑了！

［半晌。

**周　萍** （压下自己的怒气，辩白地，故意用低沉的声音）我早有这个计划。

**鲁大海** （恶狠地笑）早有这个计划？

**周　萍** （平静下来）我以为我们中间误会太多。

**鲁大海** 误会？（看自己手上的血，擦在身上）我对你没有误会，我知道你是没有血性，只顾自己的一个十足的混蛋。

**周　萍**　（柔和地）我们两次见面，都是我性子最坏的时候，叫你得着一个最坏的印象。

**鲁大海**　（轻蔑地）不用推托，你是个少爷，你心地混帐！你们都是吃饭太容易，有劲儿不知道怎样使，就拿着穷人家的女儿开开心，完了事可以不负一点儿责任。

**周　萍**　（看出大海的神气，失望地）现在我想辩白是没有用的。我知道你是有目的而来的。（平静地）你把你的枪或者刀拿出来吧。我愿意任你收拾我。

**鲁大海**　（侮蔑地）你会这样大方，——在你家里，你很聪明！哼，可是你不值得我这样，我现在还不愿意拿我这条有用的命换你这半死的东西。

**周　萍**　（直视大海，有勇气地）我想你以为我现在是怕你。你错了，与其说我怕你，不如说我怕我自己；我现在做错了一件事，我不愿意做错第二件事。

**鲁大海**　（嘲笑地）我看像你这种人，活着就错了。刚才要不是我的母亲，我当时就宰了你！（恐吓地）现在你的命还在我的手心里。

**周　萍**　我死了，那是我的福气。（辛酸地）你以为我怕死，我不，我不，我恨活着，我欢迎你来。我够了，我是活厌了的人。

**鲁大海**　（厌恨地）哦，你——活厌了，可是你还拉着我年青的糊涂妹妹陪着你，陪着你。

**周　萍**　（无法，强笑）你说我自私么？你以为我是真没有心肝，跟她开开心就完了么？你问问你的妹妹，她知道我是真爱她。她现在就是我能活着的一点生机。

**鲁大海**　你倒说得很好！（突然）那你为什么——为什么不娶她？

**周　萍**　（略顿）那就是我最恨的事情。我的环境太坏。你想想我这样的家庭怎么允许有这样的事。

**鲁大海**　（辛辣地）哦，所以你就可以一面表示你是真心爱她，跟她做出什么不要脸的事都可以，一面你还得想着你的家庭，你的董事长爸爸。日后他们叫你随便就丢掉她，再娶一个门当户对的阔小姐来配你，对不对？

**周　萍**　（忍耐不下）我要你问问四凤，她知道我这次出去，是离开了家庭，设法脱离了父亲，有机会好跟她结婚的。

**鲁大海**　（嘲弄）你推得很好。那么像你深更半夜的，刚才跑到我家里，你怎样推托呢？

**周　萍**　（迸发，激烈地）我所说的话不是推托，我也用不着跟你推托，我现在看你是四凤的哥哥,我才这样说。我爱四凤,她也爱我,我们都年青,我们都是人,两个人天天在一起,结果免不了有点荒唐。然而我相信我以后会对得起她,我会娶她做我的太太,我没有一点亏待她的地方。

**鲁大海** 这么,你反而很有理了。可是,董事长大少爷,谁相信你会爱上一个工人的妹妹,一个当老妈子的穷女儿?

**周 萍** (略顿,嗫嚅)那,那——那我也可以告诉你。有一个女人逼着我,激成我这样的。

**鲁大海** (紧张地,低声)什么,还有一个女人?

**周 萍** 嗯,就是你刚才见过那位太太。

**鲁大海** 她?

**周 萍** (苦恼地)她是我的后母!——哦,我压在心里多少年,我当谁也不敢说——她念过书,她受了很好的教育,她,她,——她看见我就跟我发生感情,她要我——(突停)—— 那自然我也要负一部分责任。

**鲁大海** 四凤知道么?

**周 萍** 她知道,我知道她知道。(含着苦痛的眼泪,苦闷地)那时我太糊涂,以后我越过越怕,越恨,越厌恶。我恨这种不自然的关系,你懂么?我要离开她,然而她不放松我。她拉着我,不放我。她是个鬼,她什么都不顾忌。我真活厌了,你明白么?我喝酒,胡闹,我只要离开她,我死都愿意。她叫我恨一切受过好教育,外面都装得正经的女人。过后我见着四凤,四凤叫我明白,叫我又活了一年。

**鲁大海** (不觉吐出一口气)哦!

**周 萍** 这些话多少年我对谁也说不出的,然而——(缓慢地)奇怪,我忽然跟你说了。

**鲁大海** (阴沉地)那大概是你父亲的报应。

**周 萍** (没想到,厌恶地)你,你胡说!(觉得方才太冲动,对一个这么不相识的人说出心中的话。半晌,镇静下,自己想方才突出的原因,忽然,慢慢地)我告诉你,因为我认你是四凤的哥哥,我要你相信我的诚心,我没有一点骗她。

**鲁大海** (略露善意)那么你真心预备要四凤么?你知道四凤是个傻孩子,她不会再嫁第二个人。

**周 萍** (诚恳地)嗯,我今天走了,过了一两个月,我就来接她。

**鲁大海** 可是董事长少爷,这样的话叫人相信么?

**周　萍**　（由衣袋取出一封信）你可以看这封信，这是我刚才写给她的，就说的这件事。

**鲁大海**　（故意闪避地）用不着给我看，我——没有功夫！

**周　萍**　（半晌，抬头）那我现在没有什么旁的保证，你口袋里那件杀人的家伙是我的担保。你再不相信我，我现在人还是在你手里。

**鲁大海**　（辛酸地）周大少爷，你想想这样我就完了么？（恶狠地）你觉得我真愿意我的妹妹嫁给你这种东西么？（忽然拿出自己的手枪来）

**周　萍**　（惊慌）你要怎么样？

**鲁大海**　（恨恶地）我要杀了你，你父亲虽坏，看着还顺眼。你真是世界上最用不着，最没有劲的东西。

**周　萍**　哦。好，你来吧！（骇惧地闭上目）

**鲁大海**　可是——（叹一口气，递手枪与萍）你还是拿去吧。这是你们矿上的东西。

**周　萍**　（莫明其妙地）怎么？（接下枪）

**鲁大海**　（苦闷地）没有什么。老太太们最糊涂。我知道我的妈。我妹妹是她的命。只要你能够多叫四凤好好地活着，我只好不提什么了。

［萍还想说话，大海挥手，叫他不必再说，萍沉郁地到桌前把枪放好。

**鲁大海**　（命令地）那么请你把我的妹妹叫出来吧。

**周　萍**　（奇怪）什么？

**鲁大海**　四凤啊——她自然在你这儿。

**周　萍**　没有，没有。我以为她在你们家里呢。

**鲁大海**　（疑惑地）那奇怪，我同我妈在雨里找了她两个钟头，不见她。我想自然在这儿。

**周　萍**　（担心）她在雨里走了两个钟头，她——没有到旁的地方去么？

**鲁大海**　（肯定地）半夜里她会到哪儿去？

**周　萍**　（突然恐惧）啊，她不会——（坐下呆望）

**鲁大海**　（明白）你以为——不，她不会，（轻蔑地）我想她没有这个胆量。

**周　萍**　（颤抖地）不，她会的，你不知道她。她爱脸，她性子强，她——不过她应当先见我，她（仿佛已经看见她溺在河里）不该这样冒失。

［半晌。

**鲁大海**　（忽然）哼，你装得好，你想骗过我，你？——她在你这儿！她在你这儿！

［外面远处口哨声。

**周 萍** （以手止之）不，你不要嚷。（哨声近，喜色）她，她来了，我听见她！

**鲁大海** 什么？

**周 萍** 这是她的声音，我们每次见面，是这样的。

**鲁大海** 她在哪儿？

**周 萍** 大概就在花园里？

［萍开窗吹哨，应声更近。

**周 萍** （回头，眼含着眼泪，笑）她来了！

［中门敲门声。

**周 萍** （向大海）你先暂时在旁边屋子躲一躲，她没想到你在这儿。我想她再受不得惊了。

［忙引大海至饭厅门，大海下。

［外面的声音（低）萍！

**周 萍** （忙跑至中门）凤儿！（开门）进来！

［四凤由中门进，头发散乱，衣服湿透，眼泪同雨水流在脸上，眼角黏着淋漓的鬓发，衣裳贴着皮肤，雨后的寒冷逼着她发抖，她的牙齿上下地震战着。她见萍如同失路的孩子再见着母亲，呆呆地望着他。

**鲁四凤** 萍！

**周 萍** （感动地）凤！

**鲁四凤** （胆怯地）没有人吧？

**周 萍** （难过，怜悯地）没有。（拉着她的手）

**鲁四凤** （放胆地）哦！萍！（抱着萍抽咽）

**周 萍** （如许久未见她）你怎么，你怎么会这样？你怎样会找着我？（止不住地）你怎样进来的？

**鲁四凤** 我从小门偷进来的。

**周 萍** 凤，你的手冰凉，你先换一换衣服。

**鲁四凤** 不，萍，（抽咽）让我先看看你。

**周 萍** （引她到沙发。坐在自己一旁，热烈地）你，你上哪儿去了，凤？

**鲁四凤** （看着他，含着眼泪微笑）萍，你还在这儿，我好像隔了多年一样。

**周 萍** （顺手拿起沙发上的一条紫线毯给她围上）我可怜的凤儿，你怎么这样傻，你上哪儿去了？我的傻孩子！

**鲁四凤** （擦着眼泪，拉着萍的手，萍蹲在旁边）我一个人在雨里跑，不知道自己在哪儿。天上打着雷，前面我只看见模模糊糊的一片；我什么都忘了，我像是听见妈在喊我，可是我怕，我拼命地跑，我想找着我们门口那一条河跳。

**周　萍**　（紧握着四凤的手）凤！

**鲁四凤**　——可是不知怎么绕来绕去我总找不着。

**周　萍**　哦，凤，我对不起你，原谅我，是我叫你这样，你原谅我，你不要怨我。

**鲁四凤**　萍，我怎样也不会怨你的，我糊糊涂涂又碰到这儿，走到花园那电线杆底下，我忽然想死了。我知道一碰那根电线，我就可以什么都忘了。我爱我的母亲，我怕我刚才对她起誓，我怕她说我这么一声坏女儿，我情愿不活着。可是，我刚要碰那根电线，我忽然看见你窗户的灯，我想到你在屋子里。哦，萍，我突然觉得，我不能就这样就死，我不能一个人死，我丢不了你。我想起来，世界大得很，我们可以走，我们只要一块儿离开这儿。萍啊，你——

**周　萍**　（沉重地）我们一块儿离开这儿？

**鲁四凤**　（急切地）就是这一条路，萍，我现在已经没有家，（辛酸地）哥哥恨死我，母亲我 是没有脸见的。我现在什么都没有，我没有亲戚，没有朋友，我只有你，萍（哀告地）你明天带我去吧。

［半晌。

**周　萍**　（沉重地摇着头）不，不——

**鲁四凤**　（失望地）萍！

**周　萍**　（望着她，沉重地）不，不——我们现在就走。

**鲁四凤**　（不相信地）现在就走？

**周　萍**　（怜惜地）嗯，我原来打算一个人现在走，以后再来接你，不过现在不必了。

**鲁四凤**　（不信地）真的，一块儿走么？

**周　萍**　嗯，真的。

**鲁四凤**　（狂喜地，扔下线毯，立起，亲萍的手，一面擦着眼泪）真的，真的，真的，萍，你是我的救星，你是天底下顶好的人，你是我——哦，我爱你！

（在他身上流泪）

**周　萍**　（感动地，用手绢擦着眼泪）凤，以后我们永远在一块儿了，不分开了。

**鲁四凤**　（自慰地，在萍的怀里）嗯，我们离开这儿了，不分开了。

**周　萍**　（约束自己）好，凤，走以前我们先见一个人。见完他我们就走。

**鲁四凤**　一个人？

**周　萍**　你哥哥。

**鲁四凤**　哥哥？

**周　萍**　他找你，他就在饭厅里头。

**鲁四凤**　（恐惧地）不，不，你不要见他，他恨你，他会害你的。走吧，我们就走吧。

**周　萍**　（安慰地）我已经见过他。——我们现在一定要见他一面，（不可挽回地）不然我们也走不了的。

**鲁四凤**　（胆怯）可是，萍，你——

［萍走到饭厅门口，开门。

**周　萍**　（叫）鲁大海！鲁大海！——咦，他不在这儿，奇怪，也许从饭厅的门出去了。（望四凤）

**鲁四凤**　（走到萍面前，哀告地）萍，不要管他，我们走吧。（拉他向中门走）我们就这样走吧。

［四凤拉萍至中门，中门开，鲁妈与大海进。

［两点钟内鲁妈的样子另变了一个人。声音因为在雨里叫喊哭号已经暗哑，眼皮失望地向下垂，前额的皱纹很深地刻在上面，过度的刺激使她变成了呆滞，整个激成刻板的痛苦的模型。她的衣服像是已烘干了一部分，头发还有些湿，鬓角凌乱地贴着湿的头发。她的手在颤，很小心走进来。

**鲁四凤**　（惊慌）妈！（畏缩）

［略顿，鲁妈哀怜地望着四凤。

鲁侍萍　（伸出手向四凤，哀痛地）凤儿，来！

［四凤跑至母亲面前，跪下。

**鲁四凤**　妈！（抱着母亲的膝）

**鲁侍萍**　（抚摸四凤的头顶，痛惜地）孩子，我的可怜的孩子。

**鲁四凤**　（泣不成声地）妈，饶了我吧，饶了我吧，我忘了你的话了。

**鲁侍萍**　（扶起四凤）你为什么早不告诉我？

**鲁四凤**　（低头）我疼您，妈，我怕，我不愿意有一点叫您不喜欢我，看不起我，我不敢告诉您。

**鲁侍萍**　（沉痛地）这还是你的妈太糊涂了，我早该想到的。（酸苦地，忽而）然而天，这谁又料得到，天底下会有这种事，偏偏又叫我的孩子们遇着呢？哦，你们妈的命太苦，你们的命也太苦了。

**鲁大海**　（冷淡地）妈，我们走吧，四凤先跟我们回去。——我已经跟他（指萍）商量好了，他先走，以后他再接四凤。

**鲁侍萍** (迷惑地)谁说的?谁说的?

**鲁大海** (冷冷地望着鲁妈)妈,我知道您的意思,自然只有这么办。所以,周家的事我以后也不提了,让他们去吧。

**鲁侍萍** (迷惑,坐下)什么?让他们去?

**周　萍** (嗫嚅)鲁奶奶,请您相信我,我一定好好地待她,我们现在决定就走。

**鲁侍萍** (拉着四凤的手,颤抖地)凤,你,你要跟他走?

**鲁四凤** (低头,不得已紧握着鲁妈的手)妈,我只好先离开您了。

**鲁侍萍** (忍不住)你们不能够在一块儿!

**鲁大海** (奇怪地)妈,您怎么?

**鲁侍萍** (站起)不,不成!

**鲁四凤** (着急)妈!

**鲁侍萍** (不顾她,拉着她的手)我们走吧。(向大海)你出去叫一辆洋车,四凤大概走不动 了。我们走,赶快走。

**鲁四凤** (死命地退缩)妈,您不能这样做。

**鲁侍萍** 不,不成!(呆滞地,单调地)走,走。

**鲁四凤** (哀求)妈,您愿意您的女儿急得要死在您的眼前么?

**周　萍** (走向鲁妈前)鲁奶奶,我知道我对不起您。不过我能尽我的力量补我的错,现在事情已经做到这一步,您——

**鲁大海** 妈,(不懂地)您这一次,我可不明白了!

**鲁侍萍** (不得已,严厉地)你先去雇车去!(向四凤)凤儿,你听着,我情愿你没有,我不 能叫你跟他在一块儿。——走吧!

[大海刚至门口,四凤喊一声。

**鲁四凤** (喊)啊,妈,妈!(晕倒在母亲怀里)

**鲁侍萍** (抱着四凤)我的孩子,你——

**周　萍** (急)她晕过去了。

[鲁妈急按着她的前额,低声唤“四凤”,忍不住地泣下。

[萍向饭厅跑。

**鲁大海** 不用去——不要紧,一点凉水就好。她小时就这样。

[萍拿凉水淋在她面上,四凤渐醒,面呈死白色。

**鲁侍萍** (拿凉水灌四凤)凤儿,好孩子。你回来,你回来。——我的苦命的孩子。

**鲁四凤** (口渐张,眼睁开,喘出一口气)啊,妈!

**鲁侍萍** （安慰地）孩子，你不要怪妈心狠，妈的苦说不出。

**鲁四凤** （叹出一口气）妈！

**鲁侍萍** 什么？凤儿？

**鲁四凤** 我，我不能告诉你，萍！

**周　萍** 凤，你好点了没有？

**鲁四凤** 萍，我，总是瞒着你；也不肯告诉您（乞怜地望着鲁妈）妈，您——

**鲁侍萍** 什么，孩子，快说。

**鲁四凤** （抽咽）我，我——（放胆）我跟他现在已经有……（大哭）

**鲁侍萍** （切迫地）怎么，你说你有——（受到打击，不动。）

**周　萍** （拉起四凤的手）四凤！怎么，真的，你——

**鲁四凤** （哭）嗯。

**周　萍** （悲喜交集）什么时候？什么时候？

**鲁四凤** （低头）大概已经三个月。

**周　萍** （快慰地）哦，四凤，你为什么不告诉我，我，我的——

**鲁侍萍** （低声）天哪！

**周　萍** （走向鲁）鲁奶奶，你无论如何不要再固执哪，都是我错了：我求你！（跪下）我求你放了她吧。我敢保我以后对得起她，对得起您。

**鲁四凤** （立起，走到鲁妈面前跪下）妈，您可怜可怜我们，答应我们，让我们走吧。

**鲁侍萍** （不做声，坐着，发痴）我是做梦。我的女儿，我自己生的女儿，三十年的功夫—— 哦，天哪，（掩面哭，挥手）你们走吧，我不认得你们。（转过头去）

**周　萍** 谢谢你！（立起）我们走吧。凤！（四凤起）

**鲁侍萍** （回头，不自主地）不，不能够！

［四凤又跪下。

**鲁四凤** （哀求）妈，您，您是怎么？我的心定了。不管他是富，是穷，不管他是谁，我是他的了。我心里第一个许了他，我看见的只有他，妈，我现在到了这一步：他到哪儿我也到哪儿；他是什么，我也跟他是什么。妈，您难道不明白，我——

**鲁侍萍** （指手令她不要向下说，苦痛地）孩子。

**鲁大海** 妈，妹妹既是闹到这样，让她去了也好。

**周　萍** （阴沉地）鲁奶奶，您心里要是一定不放她，我们只好不顺从您的话，自已走了。凤！

**鲁四凤** （摇头）萍！（还望着鲁妈）妈！

**鲁侍萍** （沉重的悲伤，低声）啊，天知道谁犯了罪，谁造这种孽！——他们都是可怜的孩子，不知道自己做的是什么。天哪！如果要罚，也罚在我一个人身上；我一个人有罪，我先走错了一步。（伤心地）如今我明白了，我明白了，事情已经做了的，不必再怨这不公平的天，人犯了一次罪过，第二次也就自然地跟着来。——（摸着四凤的头）他们是我的干净孩子，他们应当好好地活着，享着福。冤孽是在我心里头，苦也应当我一个人尝。他们快活，谁晓得就是罪过？他们年青，他们自己并没有成心做了什么错。（立起，望着天）今天晚上，是我让他们一块儿走，这罪过我知道，可是罪过我现在替他们犯了；所有的罪孽都是我一个 人惹的，我的儿女们都是好孩子，心地干净的，那么，天，真有了什么，也就让我一个人担待吧。（回过头）凤儿，——

**鲁四凤** （不安地）妈，您心里难过，——我不明白您说的什么。

**鲁侍萍** （回转头。和蔼地）没有什么。（微笑）你起来，凤儿，你们一块儿走吧。

**鲁四凤** （立起，感动地，抱着她的母亲）妈！

**周　萍** 去！（看表）不早了，还只有二十五分钟，叫他们把汽车开出来，走吧。

**鲁侍萍** （沉静地）不，你们这次走，是在黑地里走，不要惊动旁人。（向大海）大海，你出 去叫车去，我要回去，你送他们到车站。

**鲁大海** 嗯。

［大海由中门下。

**鲁侍萍** （向四凤哀婉地）过来，我的孩子，让我好好地亲一亲。（四凤过来抱母；鲁妈向萍）你也来，让我也看你一下。（萍至前，低头，鲁望他擦眼泪）好！你们走吧——我要你们两个在未走以前答应我一件事。

**周　萍** 您说吧。

**鲁侍萍** 你们不答应，我还是不要四凤走的。

**鲁四凤** 妈，您说吧，我答应。

**鲁侍萍** （看他们两人）你们这次走，最好越走越远，不要回头，今天离开，你们无论生死，永远也不许见我。

**鲁四凤** （难过）妈，那不——

**周　萍** （眼色，低声）她现在很难过，才说这样的话，过后，她就会好了的。

**鲁四凤** 嗯，也好，——妈，那我们走吧。

[四凤跪下,向鲁妈叩头,四凤落泪,鲁妈竭力忍着。

**鲁侍萍**　(挥手)走吧!

**周　萍**　我们从饭厅里出去吧,饭厅里还放着我几件东西。

[三人——萍,四凤,鲁妈——走到饭厅门口,饭厅门开。繁漪走出,三人俱惊视。

**鲁四凤**　(失声)太太!

**周繁漪**　(沉稳地)咦,你们到哪儿去?外面还打着雷呢!

**周　萍**　(向繁漪)怎么你一个人在外面偷听!

**周繁漪**　嗯,不只我,还有人呢。(向饭厅上)出来呀,你!

[冲由饭厅上,畏缩地。

**鲁四凤**　(惊愕地)二少爷!

**周　冲**　(不安地)四凤!

**周　萍**　(不高兴,向弟)弟弟,你怎么这样不懂事?

**周　冲**　(莫明其妙地)妈叫我来的,我不知道你们这是干什么。

**周繁漪**　(冷冷地)现在你就明白了。

**周　萍**　(焦燥,向繁漪)你这是干什么?

**周繁漪**　(嘲弄地)我叫你弟弟来跟你们送行。

**周　萍**　(气愤)你真卑——

**周　冲**　哥哥!

**周　萍**　弟弟,我对不起你!——(突向繁漪)不过世界上没有像你这样的母亲!

**周　冲**　(迷惑地)妈,这是怎么回事?

**周繁漪**　你看哪!(向四凤)四凤,你预备上哪儿去?

**鲁四凤**　(嗫嚅)我……我……

**周　萍**　不要说一句瞎话。告诉他们,挺起胸来告诉他们,说我们预备一块儿走。

**周　冲**　(明白)什么,四凤,你预备跟他一块儿走?

**鲁四凤**　嗯,二少爷,我,我是——

**周　冲**　(半质问地)你为什么早不告诉我?

**鲁四凤**　我不是不告诉你;我跟你说过,叫你不要找我,因为我——我已经不是个好女人。

**周　萍**　(向四凤)不,你为什么说自己不好?你告诉他们!(指繁漪)告诉他们,说你就要嫁我!

**周　冲**　(略惊)四凤,你——

**周繁漪**　（向冲）现在你明白了。（冲低头）

**周　萍**　（突向繁漪，刻毒地）你真没有一点心肝！你为你的儿子会替——会破坏么？弟弟，你说，你现在有什么意思，你说，你预备对我怎么样？说，哥哥都会原谅你。

［繁漪跑到书房门口，喊。

**周繁漪**　冲儿，说呀！（半晌，急促）冲儿，你为什么不说话？你为什么不抓着四凤问？你为 什么不抓着你哥哥说话呀？（又顿，众人俱看冲，冲不语。）冲儿你说呀，你怎么，你难道是个死人？哑巴？是个糊涂孩子？你难道见着自己心上喜欢的人叫人抢去，一点儿都不动气 么？

**周　冲**　（抬头，羔羊似的）不，不，妈！（又望四凤，低头）只要四凤愿意，我没有一句话可说。

**周　萍**　（走到冲面前，拉着他的手）哦，我的好弟弟，我的明白弟弟！

**周　冲**　（疑惑地，思考地）不，不，我忽然发现……我觉得……我好像并不是真爱四凤；（渺渺茫茫地）以前——我，我，我——大概是胡闹！

**周　萍**　（感激地）不过，弟弟——

**周　冲**　（望着萍热烈的神色，退缩地）不，你把她带走吧，只要你好好地待她！

**周繁漪**　（整个消灭，失望）哦，你呀！（忽然，气愤）你不是我的儿子；你不是我的儿子；你不像我，你——你简直是条死猪！

**周　冲**　（受侮地）妈！

**周　萍**　（惊）你是怎么回事！

**周繁漪**　（昏乱地）你真没有点男子气，我要是你，我就打了她，烧了她，杀了她。你真是糊涂虫，没有一点生气的。你还是父亲养的，你父亲的小绵羊。我看错你了——你不是我的，你不是我的儿子。

**周　萍**　（不平地）你是冲弟弟的母亲么？你这样说话。

**周繁漪**　（痛苦地）萍，你说，你说出来；我不怕，我早已忘了我自己（向冲，半疯狂地）你不要以为我是你的母亲，（高声）你的母亲早死了，早叫你父亲压死了，闷死了。现在我不是你的母亲。她是见着周萍又活了的女人，（不顾一切地）她也是要一个男人真爱她，要真真活着的女人！

**周　冲**　（心痛地）哦，妈。

**周　萍**　（眼色向冲）她病了。（向繁漪）你跟我上楼去吧！你大概是该歇一歇。

**周繁漪**　胡说！我没有病，我没有病，我神经上没有一点病。你们不要以为我说胡话。（揩眼 泪，哀痛地）我忍了多少年了，我在这个死地方，监狱似的周公馆，陪着一个阎王十八年了，我的心并没有死；你的父亲只叫我生了冲儿，然而我的心，我这个人还是我的。（指萍）就只有他才要了我整个的人，可是他现在不要我，又不要我了。

**周　冲**　（痛极）妈，我最爱的妈，您这是怎么回事？

**周　萍**　你先不要管她，她在发疯！

**周繁漪**　（激烈地）不要学你的父亲。没有疯——我这是没有疯！我要你说，我要你告诉他们——这是我最后的一口气！

**周　萍**　（狠狠地）你叫我说什么？我看你上楼睡去吧。

**周繁漪**　（冷笑）你不要装！你告诉他们，我并不是你的后母。

[大家俱惊，略顿。

**周　冲**　（无可奈何地）妈！

**周繁漪**　（不顾地）告诉他们，告诉四凤，告诉她！

**鲁四凤**　（忍不住）妈呀！（投入鲁妈怀）

**周　萍**　（望着弟弟，转向繁漪）你这是何苦！过去的事你何必说呢？叫弟弟一生不快活。

**周繁漪**　（失了母性，喊着）我没有孩子，我没有丈夫，我没有家，我什么都没有，我只要你说：我——我是你的。

**周　萍**　（苦恼）哦，弟弟！你看弟弟可怜的样子，你要是有一点母亲的心——

**周繁漪**　（报复地）你现在也学会你的父亲了，你这虚伪的东西，你记着，是你才欺骗了你的弟弟，是你欺骗我，是你才欺骗了你的父亲！

**周　萍**　（愤怒）你胡说，我没有，我没有欺骗他！父亲是个好人，父亲一生是有道德的，（繁漪冷笑）——（向四凤）不要理她，她疯了，我们走吧。

**周繁漪**　不用走，大门锁了。你父亲就下来，我派人叫他来的。

**鲁侍萍**　哦，太太！

**周　萍**　你这是干什么？

**周繁漪**　（冷冷地）我要你父亲见见他将来的好媳妇再走。（喊）朴园，朴园……

**周　冲**　妈，您不要！

**周　萍**　（走到繁漪面前）疯子，你敢再喊！

[繁漪跑到书房门口，喊。

**鲁侍萍**　（慌）四凤，我们出去。

**周繁漪**　不，他来了！

[朴园由书房进，大家俱不动，静寂若死。

**周朴园** （在门口）你叫什么？你还不上楼去睡？

**周繁漪** （倨傲地）我请你见见你的好亲戚。

**周朴园** （见鲁妈，四凤在一起，惊）啊，你，你，——你们这是做什么？

**周繁漪** （拉四凤向朴园）这是你的媳妇，你见见。（指着朴园向四凤）叫他爸爸！（指着鲁妈向朴园）你也认识认识这位老太太。

**鲁侍萍** 太太！

**周繁漪** 萍，过来！当着你父亲，过来，跟这个妈叩头。

**周　萍** （难堪）爸爸，我，我——

**周朴园** （明白地）怎么——（向鲁妈）侍萍，你到底还是回来了。

**周繁漪** （惊）什么？

**鲁侍萍** （慌）不，不，您弄错了。

**周朴园** （悔恨地）侍萍，我想你也会回来的。

**鲁侍萍** 不，不！（低头）啊！天！

**周繁漪** （惊愕地）侍萍？什么，她是侍萍？

**周朴园** 嗯。（烦厌地）繁漪，你不必再故意地问我，她就是萍儿的母亲，三十年前死了的。

**周繁漪** 天哪！

［半晌。四凤苦闷地叫了一声，看着她的母亲，鲁妈苦痛地低着头。萍脑筋昏乱，迷惑地望着父亲同鲁妈。这时繁漪渐渐移到周冲身边，现在她突然发现一个更悲惨的命运，逐渐地使她同情萍，她觉出自己方才的疯狂，这使她很快地恢复原来平常母亲的情感。她不自主地望着自己的冲儿。

**周朴园** （沉痛地）萍儿，你过来。你的生母并没有死，她还在世上。

**周　萍** （半狂地）不是她！爸，您告诉我，不是她！

**周朴园** （严厉地）混帐！萍儿，不许胡说。她没有什么好身世，也是你的母亲。

**周　萍** （痛苦万分）哦，爸！

**周朴园** （尊严地）不要以为你跟四凤同母，觉得脸上不好看，你就忘了人伦天性。

**鲁四凤** （向母）哦，妈！（痛苦地）

**周朴园** （沉重地）萍儿，你原谅我。我一生就做错了这一件事。我万没有想到她今天还在，今天找到这儿。我想这只能说是天命。（向鲁妈叹口气）我老了，刚才我叫你走，我很后悔，我预备寄给你两万块钱。现在你既然来了，我想萍儿是个孝顺孩子，他会好好地侍奉你。我对不起你的地方，他会补上的。

**周　萍**　(向鲁妈)您——您是我的——

**鲁侍萍**　(不自主地)萍——(回头抽咽)

**周朴园**　跪下,萍儿!不要以为自己是在做梦,这是你的生母。

**鲁四凤**　(昏乱地)妈,这不会是真的。

**鲁侍萍**　(不语,抽咽)

**周繁漪**　(转向萍,悔恨地)萍,我,我万想不到是——是这样,萍——

**周　萍**　(怪笑,向朴)父亲!(怪笑,向鲁妈)母亲!(看四凤,指她)你——

**鲁四凤**　(与萍相视怪笑,忽然忍不住)啊,天!(由中门跑下,萍扑在沙发上,鲁妈死气沉沉地立着。)

**周繁漪**　(急喊)四凤!四凤!(转向冲)冲儿,她的样子不大对,你赶快出去看她。

[冲由中门下,喊四凤。

**周朴园**　(至萍前)萍儿,这是怎么回事?

**周　萍**　(突然)爸,你不该生我!(跑,由饭厅下。)

[远处听见四凤的惨叫声,冲狂呼四凤,过后冲也发出惨叫。

**鲁侍萍**　四凤,你怎么啦!

(同时叫)

**周繁漪**　我的孩子,我的冲儿!

[二人同由中门跑出。

**周朴园**　(急走至窗前拉开窗幕,颤声)怎么?怎么?

[仆由中门跑上。

**仆　人**　(喘)老爷!

**周朴园**　快说,怎么啦?

**仆　人**　(急不成声)四凤……死了……

**周朴园**　(急)二少爷呢?

**仆　人**　也……也死了。

**周朴园**　(颤声)不,不,怎……么?

**仆　人**　四凤碰着那条走电的电线。二少爷不知道,赶紧拉了一把,两个人一块儿中电死了。

**周朴园**　(几晕)这不会。这,这,——这不能够,这不能够!

[朴园与仆人跑下。

[萍由饭厅出，颜色苍白，但是神气沉静地。他走到那张放着鲁大海的手枪的桌前，抽开抽屉，取出手枪，手微颤，慢慢走进右边书房。

[外面人声嘈乱，哭声，吵声，混成一片。鲁妈由中门上，脸更呆滞，如石膏人像。老仆人跟在后面，拿着电筒。

[鲁妈一声不响地立在台中。

**老　仆**　（安慰地）老太太，您别发呆！这不成，您得哭，您得好好哭一场。

**鲁侍萍**　（无神地）我哭不出来！

**老　仆**　这是天意，没有法子。——可是您自己得哭。

**鲁侍萍**　不，我想静一静。（呆立）

[中门大开，许多仆人围着繁漪，繁漪不知是在哭在笑。

**仆　人**　（在外面）进去吧，太太，别看哪。

**周繁漪**　（为人拥至中门，倚门怪笑）冲儿，你这么张着嘴？你的样子怎么直对我笑？——冲儿，你这个糊涂孩子。

**周朴园**　（走在中门中，眼泪在面上）繁漪，进来！我的手发木，你也别看了。

**老　仆**　太太，进来吧。人已经叫电火烧焦了，没有法子办了。

**周繁漪**　（进来，干哭）冲儿，我的好孩子。刚才还是好好的，你怎么会死，你怎么会死得这样惨？（呆立）

**周朴园**　（已进来）你要静一静。（擦眼泪）

**周繁漪**　（狂笑）冲儿，你该死，该死！你有了这样的母亲，你该死。

[外面仆人与鲁大海打架声。

**周朴园**　这是谁？谁在这时候打架。

[老仆下问，立时令一仆人上。

**周朴园**　外面是怎么回事？

**仆　人**　今天早上那个鲁大海，他这时又来了，跟我们打架。

**周朴园**　叫他进来！

**仆　人**　老爷，他连踢带打地伤了我们好几个，他已经从小门跑了。

**周朴园**　跑了？

**仆　人**　是，老爷。

**周朴园**　（略顿，忽然）追他去，给我追他去。

**仆　人**　是，老爷。

[仆人一齐下。屋中只有朴园，鲁妈，繁漪三人。

**周朴园**　（哀伤地）我丢了一个儿子，不能再丢第二个了。（三人都坐下来）

**鲁侍萍** 都去吧！让他去了也好，我知道这孩子。他恨你，我知道他不会回来见你的。

**周朴园** （寂静，自己觉得奇怪）年青的反而走到我们前头了，现在就剩下我们这些老——（忽然）萍儿呢？大少爷呢？萍儿，萍儿！（无人应）来人呀！来人！（无人应）你们跟我找呀，我的大儿子呢？

［书房枪声，屋内死一般的静默。

**周繁漪** （忽然）啊！（跑下书房，朴园呆立不动，立时繁漪狂喊跑出）他……他……

**周朴园** 他……他……

［朴园与繁漪一同跑下，进书房。

［鲁妈立起，向书房颤踬了两步，至台中，渐向下倒，跪在地上，如序幕结尾老妇人倒下的样子。

［舞台渐暗，奏序幕之音乐（High Mass-Bach）若在远处奏起，至完全黑暗时最响，与序幕末尾音乐声同。幕落，即开，接尾声。

（选自曹禺《雷雨》，人民文学出版社，2001年版）

## 文本导读

《雷雨》是曹禺创作的第一部戏剧作品，它奠定了曹禺在中国现代戏剧史上的大师地位，标志着中国话剧艺术的成熟。《雷雨》是四幕悲剧。它通过周、鲁两个家庭，八个人物，前后三十年间复杂的纠葛，描写了“五四”以后一个带有封建性的资产阶级家庭的黑暗生活。作品以封建家长和资本家周朴园为中心，展开了他所直接和间接造成的各种复杂尖锐的矛盾冲突，揭露了旧中国的家庭和社会的罪恶，同时也控诉了资本家在发家过程中所犯下的累累罪行，表现了旧制度必然灭亡的历史命运。

在《雷雨》的序中，作家一再慨叹着“人”在现实挤压下无路可走的生存悲剧，但在现实的压力下，他们又都向既定的现实秩序回归。早年的周朴园、周萍和现在的周冲并没有什么本质区别：周朴园年轻的时候也曾经“冒失”过；年轻时的周萍为了追求爱情，竟然说“恨自己的父亲，愿意他死，就是犯了灭伦的罪也干”；周冲更是满脑子的诗意的遐想，他“恨这不平等的社会”“恨只讲强权的人”，还幻想着“在这世界为着人类谋幸福”……但理想终归是一种理想，它总有与现实相遇的那一时刻，此刻，也是理想破灭的时刻。在向现实妥协的方面，周氏父子走到了一起。周朴园妥协了，他逼走侍萍另娶新欢，最终变成了家中的暴君；周萍也变得怯弱不堪，他后悔自己过去的“冒失”;周冲在代表着现实秩序的父亲面前闪烁其词,最终也承认过去对四凤的感情“大概是胡闹”……他们的转变,表明了人在强大的现实秩序面前的无能为力。他们的人生轨迹表明,作为有产者的周朴园、周萍、周冲都未能逃脱现实给人布置的怪圈,他们父子三位一体,构成了人成长过程中难以撼动的“秩序”。显而易见,作家所说的“自然法则”和“天地间的‘残忍’”,并不是不可知的神秘的力量,而是难以撼动的现实秩序。

也正是有感于这种生存秩序的难以撼动,曹禺在作品中塑造了一个有着“最雷雨的”性格的女性形象,这就是有着“一颗强悍的心”“敢于冲破一切的桎梏”的繁漪。作家看重的是繁漪身上的生命强力,她以一种置之死地而后生的精神气度独自反抗着周朴园所代表的现实秩序,作家在她身上看到了“国民性”改造的希望。也正是在这个意义上,作家说繁漪是“值得赞美的”。

本文选自《雷雨》的第四幕,是全剧的高潮,所有的戏剧冲突都最后集中在这一幕里。周萍本来打算当夜一个人溜到矿上去,经过鲁大海的质问和四凤的要求,才勉强决定同四凤一起走。戏剧冲突发展到了这里,四凤跟周萍出走成为了这幕剧的关键。先是侍萍出现阻止他们。作者在这一场中深刻细致地描写了侍萍无可告人的痛苦心情。她首先坚决表示反对,但是当她看到四凤晕倒,并且听说四凤已经怀孕之后,只好为了儿女而“担待”一切罪过,允许他们“一块走”,并且宣布“今天离开,你们无论生死,就永远不要见我”。当周萍和四凤第二次准备出走的时候,繁漪带着周冲又来阻挠他们了。繁漪先叫周冲来破坏周萍和四凤的关系,但是当天真的周冲表示“忽然发现我好像并不真爱四凤”的时候,她毫无顾忌地当众宣布她和周萍的隐情。她想尽一切办法不让他们出走,她将“大门锁了”,并且喊出周朴园。周朴园一上场,全剧的高潮就出现了。他喊出侍萍的名字,命令周萍跪下去认他的生母。他本想“弥补”他的罪过,反而促使悲剧立刻发生。四凤和周冲先后跑出去触电而死,周萍开枪自杀。这样的结局使侍萍感到了真正的幻灭,使繁漪精神彻底崩溃,也正是周朴园的“罪孽”所必然产生的恶果。

在戏剧结构上,为了在有限的时空内最大限度地表现周—鲁两家的矛盾冲突,作家广泛借鉴了中外戏剧家的艺术经验,成功地运用了“回溯的方法”。这一艺术手法的运用,使戏剧冲突激烈、情节引人入胜,在“电闪雷鸣”的氛围中,将戏剧推向了高潮。值得注意的是,曹禺并不希望观众沉浸在戏剧的情节中不能自拔,他希望观众能够超然于戏剧的特定情境之外,“以一种悲悯的眼光俯视这群地上的人们”,以“诗样的情怀”来思考现代人的生存处境。在这种情况下,他一再要求导演和演员要懂得“节制”。将作品的主题引向更深的哲理层次,这表现了曹禺对现代戏剧艺术的审美追求。

## 课后练习

1.在《雷雨》序中，曹禺声明他创作此剧时，“在发泄着被压抑的愤懑，毁谤着中国的家庭和社会”；然而他同时又说，“《雷雨》对于我是个诱惑，与雷雨俱来的情绪蕴成我对宇宙许多神秘的事物一种不可言喻的憧憬”。你是如何理解这两种创作心理状态的？结合作品谈谈此创作心态在剧作中的体现。

2.谁是戏剧《雷雨》中的真正主角？说出你的理由。

3.分析繁漪的性格内涵。

# 第二十一课　赵氏孤儿(节选)

纪君祥

## 相关介绍

纪君祥,元代杂剧作家。一作纪天祥,大都(今北京)人。生卒年不详。元代大都作家群以关汉卿为领袖,除马致远、王实甫外,纪君祥是成就较著者之一。钟嗣成《录鬼簿》载其与李寿卿、郑廷玉同时。今知其所作杂剧六种,现仅存《赵氏孤儿》一种。《赵氏孤儿》全名《冤报冤赵氏孤儿》,又名《赵氏孤儿大报仇》。

## 作品赏析

### 第三折

(屠岸贾领卒子上,云)兀的不走了赵氏孤儿也!某已曾张挂榜文,限三日之内,不将孤儿出首,即将晋国内小儿但是半岁以下、一月以上,都拘刷到我帅府中①,尽行诛戮。令人②,门首觑者,若有首告之人,报复某家知道。(程婴上,云)自家程婴是也。昨日将我的孩儿送与公孙杵臼去了,我今日到屠岸贾跟前首告去来③。令人,报复去,道有了赵氏孤儿也。(卒子云)你则在这里,等我报复去。(报科,云)报的元帅得知,有人来报,赵氏孤儿有了也。(屠岸贾云)在那里?(卒子云)现在门首哩。(屠岸贾云)着他过来。(卒子云)着过来。(做见科,屠岸贾云)兀那厮,你是何人?(程婴云)小人是个草泽医士程婴。(屠岸贾云)赵氏孤儿今在何处?(程婴云)在吕吕太平庄上,公孙杵臼家藏着哩。(屠岸贾云)你怎生知道来?(程婴云)小人与公孙杵臼曾有一面之交,我去探望他,谁想卧房中锦绷绣褥上,躺着一个小孩儿。我想公孙杵臼年纪七十,从来没儿没女,这个是那里来的?我说道:"这小的莫非是赵氏孤儿么?"只见他登时变色,不能答应。以此知孤儿在公孙杵臼家里。(屠岸贾云)咄!你这匹夫!你

① 拘刷:统统拘禁。
② 令人:祗候,衙役。
③ 首告:出首。程婴与公孙杵臼事先计议妥当,这里指假出首。

怎瞒的过我？你和公孙杵臼往日无仇，近日无冤，你因何告他藏着赵氏孤儿？你敢是知情么？说的是，万事全休；说的不是，令人磨的剑快，先杀了这个匹夫者！（程婴云）告元帅暂息雷霆之怒，略罢虎狼之威，听小人诉说一遍咱。我小人与公孙杵臼原无仇隙，只因元帅传下榜文，要将晋国内小儿拘刷到帅府，尽行杀坏。我一来为救晋国内小儿之命；二来小人四旬有五，近生一子，尚未满月。元帅军令，不敢不献出来，可不小人也绝后了？我想有了赵氏孤儿，便不损坏一国生灵，连小人的孩儿也得无事，所以出首。（诗云）告大人暂停嗔怒，这便是首告缘故；虽然救晋国生灵，其实怕程家绝户。（屠岸贾笑科，云）哦！是了。公孙杵臼原与赵盾一殿之臣，可知有这事来。令人，则今日点就本部下人马，同程婴到太平庄上，拿公孙杵臼走一遭去。（同下）（正末公孙杵臼上，云）老夫公孙杵臼是也。想昨日与程婴商议救赵氏孤儿一事，今日他到屠岸贾府中首告去了。这早晚屠岸贾这厮必然来也呵！（唱）

【双调·新水令】我则见荡征尘飞过小溪桥，多管是损忠良贼徒来到。齐臻臻摆着士卒[1]，明晃晃列着枪刀。眼见的我死在今朝，更避甚痛笞掠。

（屠岸贾同程婴领卒子上，云）来到这吕吕太平庄上也。令人，与我围了太平庄者。程婴，那里是公孙杵臼宅院？（程婴云）则这个便是。（屠岸贾云）拿过那老匹夫来！公孙杵臼，你知罪么？（正末云）我不知罪。（屠岸贾云）我知你个老匹夫和赵盾是一殿之臣。你怎敢掩藏着赵氏孤儿？（正末云）老元帅，我有熊心豹胆？怎敢掩藏着赵氏孤儿！（屠岸贾云）不打不招。令人，与我拣大棒子着实打者！（卒子做打科）（正末唱）

【驻马听】想着我罢职辞朝，曾与赵盾名为刎颈交。（云）这事是谁见来？（屠岸贾云）现有程婴首告着你哩。（正末唱）是那个埋情出告[2]，原来这程婴舌是斩身刀。（云）你杀了赵家满门良贱三百余口，则剩下这孩儿，你又要伤他性命。（唱）你正是狂风偏纵扑天雕，严霜故打枯根草。不争把孤儿又杀了。可着他三百口冤仇甚人来报。

（屠岸贾云）老匹夫，你把孤儿藏在那里？快招出来，免受刑法！（正末云）我有甚么孤儿藏在那里？谁见来？（屠岸贾云）你不招？令人，与我采下去[3]，着实打者！（做打科）（屠岸贾云）这老匹夫赖肉顽皮不肯招承，可恼，可恼！程婴，这原是你出首的，就着你替我行杖者。（程婴云）元帅，小人是个草泽医士，撮药尚然腕弱，怎生行的杖？（屠岸贾云）程婴，你不行杖，敢怕指攀出你么[4]？（程婴云）元帅，小人行杖便了。（做

---

① 齐臻臻：齐整整。
② 埋情：指不讲情义，告密出卖别人。
③ 采下去：拉下去、拖出去。
④ 指攀：供出，牵连。

拿杖子科)(屠岸贾云)程婴,我见你把棍子拣了又拣,只拣着那细棍子,敢怕打的他疼了,要指攀下你来?(程婴云)我就拿大棍子打者。(屠岸贾云)住者。你头里只拣着那细棍子打,如今你却拿起大棍子来,三两下打死了呵,你就做的个死无招对。(程婴云)着我拿细棍子又不是,拿大棍子又不是,好着我两下做人难也。(屠岸贾云)程婴,你只拿着那中等棍子打。公孙杵臼老匹夫,你可知道行杖的就是程婴么?(程婴行杖科,云)快招了者!(三科了[①])(正末云)哎哟,打了这一日,不似这几棍子打的我疼。是谁打我来?(屠岸贾云)是程婴打你来。(正末云)程婴,你刬的打我那[②]!(程婴云)元帅,打的这老头儿兀的不胡说哩。(正末唱)

【雁儿落】是那一个实丕丕将着粗棍敲?打的来痛杀杀精皮掉。我和你狠程婴有甚的仇?却教我老公孙受这般虐!

(程婴云)快招了者。(正末云)我招,我招!(唱)

【得胜令】打的我无缝可能逃,有口屈成招。莫不是那孤儿他知道,故意的把咱家指定了。(程婴做慌科)(正末唱)我委实的难熬,尚兀自强着牙根儿闹[③]。暗地里偷瞧,只见他早吓的腿脡儿摇[④]。

(程婴云)你快招罢,省得打杀你。(正末云)有,有,有。(唱)

【水仙子】俺二人商议要救这小儿曹。

(屠岸贾云)可知道指攀下来也。你说二人,一个是你了,那一个是谁?你实说将出来,我饶你的性命。(正末云)你要我说那一个,我说,我说。(唱)哎!一句话来到我舌尖上却咽了。(屠岸贾云)程婴,这桩事敢有你么?(程婴云)兀那老头儿,你休妄指平人[⑤]。(正末云)程婴,你慌怎么?(唱)我怎生把你程婴道,似这般有上梢无下梢[⑥]。(屠岸贾云)你头里说两个,你怎生这一会儿可说无了?(正末唱)只被你打的来不知一个颠倒。(屠岸贾云)你还不说,我就打死你个老匹夫!(正末唱)遮莫便打的我皮都绽[⑦],肉尽销,休想我有半字儿攀着。

(卒子抱倈儿上科[⑧],云)元帅爷贺喜,土洞中搜出个赵氏孤儿来了也。(屠岸贾笑科,云)将那小的拿近前来,我亲自下手,剁做三段。兀那老匹夫,你道无有赵氏孤儿,这个是谁?(正末唱)

---

① 三科:演员把同一动作重复三次的舞台指示,此指程婴三次行杖打公孙杵臼。
② 刬(chǎn)的:也写作“刬地”。一指无端、平白地;一指怎的、怎么,表示嗔怪、反诘语气。
③ 闹:叫喊。
④ 腿脡(tǐng)儿摇:腿颤抖。腿脡:小腿。
⑤ 平人:旁人,不相干的人。
⑥ 有上梢无下梢:比喻做事有始无终。
⑦ 遮莫:即使,尽管。
⑧ 倈(lái)儿:元杂剧中指扮演儿童的角色。此处指襁褓中幼儿的道具。

【川拨棹】你当日养神獒[①],把忠臣来扑咬。逼的他走死荒郊,刎死钢刀,缢死裙腰。将三百口全家老小尽行诛剿。并没那半个儿剩落,还不厌你心苗[②]。

(屠岸贾云)我见了这孤儿,就不由我不恼也。(正末唱)

【七弟兄】我只见他左瞧、右瞧,怒咆哮,火不腾改变了狰狞貌[③],按狮蛮拽札起锦征袍[④],把龙泉扯离出鲨鱼鞘[⑤]。

(屠岸贾怒云)我拔出这剑来,一剑,两剑,三剑。(程婴做惊疼科,屠岸贾云)把这一个小业种剁了三剑,兀的不称了我平生所愿也!(正末唱)

【梅花酒】呀!见孩儿卧血泊。那一个哭哭号号,这一个怨怨焦焦,连我也战战摇摇。直恁般歹做作,只除是没天道。呀!想孩儿离褥草[⑥],到今日恰十朝,刀下处怎耽饶?空生长枉劬劳,还说甚要防老!

【收江南】呀!兀的不是家富小儿骄。(程婴做掩泪科)(正末唱)见程婴心似热油浇,泪珠儿不敢对人抛,背地里揾了。没来由割舍的亲生骨肉吃三刀。

(云)屠岸贾那贼!你试觑者。上有天哩,怎肯饶过的你?我死打甚么不紧[⑦]!(唱)

【鸳鸯煞】我七旬死后偏何老[⑧],这孩儿一岁死后偏知小。俺两个一处身亡,落的个万代名标。我嘱咐你个后死的程婴,休别了横亡的赵朔[⑨]。畅道是光阴过去的疾,冤仇报复的早。将那厮万剐千刀,切莫要轻轻的素放了[⑩]。

(正末撞科,云)我撞阶基,觅个死处。(下)(卒子报科,云)公孙杵臼撞阶基身死了也。(屠岸贾笑科,云)那老匹夫既然撞死,可也罢了。(又笑科,云)程婴,这一桩事多亏了你。若不是你呵,如何杀的赵氏孤儿?(程婴云)元帅,小人原与赵氏无仇,一来救晋国内众生;二来小人跟前也有个孩儿,未曾满月。若不搜的那赵氏孤儿出来,我这孩儿也无活的人也。(屠岸贾云)程婴,你是我心腹的人,不如只在我家中做个门客,抬举你那孩儿成人长大。在你跟前习文,送在我跟前演武。我也年近五旬,尚无子

---

① 神獒(áo):猛犬,体大善斗。屠岸贾利用西戎国进贡的猛犬杀死赵盾。
② 厌:满足。心苗:内心,愿望。"把忠臣来扑咬",指屠岸贾驯养猛犬谋杀赵盾;"刎死钢刀",指驸马赵朔被逼自杀;"缢死裙腰",指公主自缢而亡。
③ 火不腾:也写作"火不登",立刻,突然。也用来形容怒气冲天的样子。
④ 狮蛮:古代武官腰带钩上饰有狮子、蛮王的形象,因以指武官腰带。拽札:整理,扎紧。按狮蛮拽札起锦征袍:形容捋起袖子露出胳膊、怒气冲天的样子。
⑤ 龙泉:宝剑名,泛指剑。把龙泉扯离出鲨鱼鞘:指拔剑出鞘。
⑥ 褥草:产妇生孩子时的褥垫。
⑦ 打甚么不紧:有什么要紧。
⑧ 后:为语气词。偏:过于。"偏何老"意思是已经知足了。
⑨ 休别了横亡的赵朔:不要忘记了屈死的赵朔。
⑩ 素放了:轻易饶恕。

嗣,就将你的孩儿与我做个义儿。我偌大年纪了,后来我的官位,也等你的孩儿讨个应袭,你意下如何?(程婴云)多谢元帅抬举。(屠岸贾诗云)则为朝纲中独显赵盾,不由我心中生忿。如今削除了这点萌芽,方才是永无后衅[①]。(同下)

## 文本导读

《赵氏孤儿》取材于《左传》《史记》等史籍,主要依据《史记》敷演而成,情节上做了不少改动。该剧写晋灵公时,忠臣赵盾为奸臣屠岸贾诬陷,赵氏被满门抄斩。赵朔妻生下赵氏孤儿,被赵氏门客程婴救出。屠岸贾下令将全国一月至半岁的婴儿杀尽,以绝后患。为保赵家骨血,程婴与老臣公孙杵臼商议,将自己的儿子冒充赵氏孤儿送给公孙杵臼,然后向屠岸贾出首。程子被杀,公孙杵臼自杀。程婴成为屠岸贾门客,程婴之子程勃(即赵氏孤儿)被屠认作义子。二十年后,孤儿长大成人,程婴告之实情,终为赵家报仇。故事围绕搜孤、救孤、养孤、复仇等情节展开,结构紧凑,情节发展曲折。

《赵氏孤儿》是一部悲壮动人的历史剧。屠岸贾令人发指的残忍行径与程婴、公孙杵臼等人忍辱负重、舍生取义构成了尖锐激烈的戏剧冲突。通过忠正与奸邪矛盾冲突的展示,揭露了权奸的凶残本质,颂扬了为维护正义而舍己为人的崇高品质,气势悲壮,感人肺腑。本剧与《窦娥冤》《长生殿》《桃花扇》并称中国古典四大悲剧。

本文所选第三折,写程婴假意出首,带屠岸贾到公孙杵臼家搜孤,为全剧高潮所在。在这一折里,“搜孤”和“救孤”的矛盾冲突表现得极其尖锐,突出了程婴的义举。程婴最初受托救护赵氏孤儿只是出于单纯的报恩思想,而当屠岸贾声言要杀尽“半岁之下,一月之上”的小儿时,他的舍弃己子的举动,表明其思想境界明显升华了。在细节方面,作者增加了程婴被逼迫杖打公孙一事,使其忍辱负重、沉着坚毅、视死如归的思想性格特点得到了充分的表现。公孙杵臼的不畏权贵、刚强不屈、大义凛然和屠岸贾的残忍凶狠、老奸巨猾在本折里也得以展现。

剧本语言质朴刚劲,表现了壮烈的悲剧美。

---

① 后衅(xìn):后患。

## 课后练习

1.分析剧中程婴、公孙杵臼、屠岸贾的形象。

2.分析本剧的矛盾冲突。

3.《赵氏孤儿》是中国最早流传到欧洲的戏曲作品，德国作家歌德、法国文豪伏尔泰都曾对其进行了改编。请结合相关材料谈谈它为什么具有如此旺盛的生命力？

4.陈凯歌导演的电影《赵氏孤儿》，引起了社会各界广泛的关注与反响，成为公众热议的对象。请根据观影体会写一篇影评。

# 第二十二课　牡丹亭(第十出　惊梦)

汤显祖

## 相关介绍

汤显祖(1550—1616),字义仍,号海若,别号若士,晚年自号茧翁,自署清远道人,江西临川人。一生经历嘉靖、隆庆、万历三个时代,那正是朝廷腐败、社会动荡的明代中晚期。汤显祖出生于读书世家,隆庆四年(1570)中举,其后屡试不第,直至万历十一年(1583)方中进士。其后因拒绝张四维和申时行的拉拢而无法官居要职,任南京太常寺博士。万历十九年(1591),上《论辅臣科臣疏》,抨击申时行等朝廷大员,褒贬时政,贬广东徐闻县任小吏典史。两年后,任浙江遂昌知县,在任五年,政声颇佳。万历二十六年(1598),毅然辞官,归隐于临川玉茗堂。

在创作中,汤显祖主张"至情"论。汤显祖认为:世界是有情世界,人生为有情人生,有情人生的最高境界为"至情",最有效的"至情"感悟方式是借戏剧之道来表达。在"至情"论的倡导下,汤显祖在戏剧艺术中演绎出无情、有情和至情三大层面,甚至把戏剧看成是与儒、释、道并列的精神文化活动,他的戏剧《紫钗记》《牡丹亭》《南柯记》《邯郸记》完整地展示了他的"至情"论,合称为"临川四梦"或"玉茗堂四梦"。

## 作品赏析

剧中人物:杜丽娘(旦)　　春香(贴旦)　　柳梦梅(生)
　　　　　花神(末)　　　杜夫人(老旦)

【绕池游】(旦)梦回莺啭①,乱煞年光遍②,人立小庭深院。(贴)炷尽沉烟③,抛残绣线④,恁今春关情似去年⑤。

① 梦回莺啭:梦中醒来,听到黄莺婉转的叫声。啭:黄莺的婉转叫声。

② 乱煞年光遍:扰乱人心的春光到处都是。乱煞:缭乱之极。年光:春光。

③ 炷(zhù)尽:烧尽。沉烟:即沉香,一种名贵的香料。

④ 抛残绣线:抛去剩下的绣线,无心刺绣。

⑤ 恁(nèn)今春关情似去年:为什么今年的春情更胜过去年。恁:怎么,为什么。关情:扰人的春情。似:用于比较,表示程度更甚。

【乌夜啼】(旦)晓来望断梅关[①],宿妆残。(贴)你侧着宜春髻子[②],恰凭阑。(旦)剪不断,理还乱,闷无端。(贴)已吩咐催花莺燕借春看。(旦)春香,可曾叫人扫除花径?(贴)吩咐了。(旦)取镜台衣服来。(贴取镜台衣服上)“云髻罢梳还对镜,罗衣欲换更添香”[③]。镜台衣服在此。

【步步娇】(旦)袅晴丝吹来闲庭院[④],摇漾春如线。停半晌,整花钿[⑤]。没揣菱花[⑥],偷人半面[⑦],迤逗的彩云偏[⑧]。(行介[⑨])我步香闺怎便把全身现!(贴)今日穿插的好。

【醉扶归】(旦)你道翠生生出落的裙衫儿茜[⑩],艳晶晶花簪八宝填[⑪]。可知我一生儿爱好是天然[⑫],恰三春好处无人见[⑬],不提防沉鱼落雁鸟惊喧[⑭],则怕的羞花闭月花愁颤[⑮]。

(贴)早茶时了,请行。(行介)你看:画廊金粉半零星,池馆苍苔一片青。踏草怕泥新绣袜[⑯],惜花疼煞小金铃[⑰]。(旦)不到园林,怎知春色如许?

【皂罗袍】(旦)原来姹紫嫣红开遍[⑱],似这般都付与断井颓垣[⑲]。良辰美景奈何

---

① 梅关:宋时立关于梅岭上,并刻有“梅关”二字,遂称梅关,在大庾岭。此剧发生在大庾岭附近。
② 宜春髻子:古代立春日,妇女剪彩色丝绸成燕子状,上贴“宜春”二字,戴于发髻上。
③ 云髻罢梳还对镜,罗衣欲换更添香:出自唐薛逢《宫词》。
④ 袅晴丝:春日晴空中摇摆的柔丝。晴丝:春日晴空里虫类吐出的飘荡在空中的游丝。
⑤ 花钿(diàn):妇女戴的金花珠宝类的首饰。
⑥ 没揣:不料。菱花:菱花镜,古代铜镜映日则发光影如菱花,因名“菱花镜”。
⑦ 偷人半面:偷偷照见了自己的半张脸。
⑧ 迤(yí)逗:引诱、撩拨。彩云:美丽的发髻。
⑨ 介:指示演员表演动作时的用语。行介:行走,走动。
⑩ 翠生生:形容颜色鲜艳。出落的:衬托得。茜:绛红色。
⑪ 艳晶晶:光彩绚烂夺目。花簪八宝填:指簪子上镶嵌了各种珠宝。
⑫ 爱好(hǎo):爱美。天然:天性使然。
⑬ 三春,即孟春、仲春、季春,指整个春天。好处:美貌。三春好处即用春天比喻自己的青春美貌。
⑭ 沉鱼落雁:形容女子美貌。《庄子·齐物论》:“毛嫱、丽姬,人之所美也;鱼见之深入,鸟见之高飞。”
⑮ 羞花闭月:形容女子美貌。
⑯ 泥(nì):弄脏,玷污。
⑰ 惜花疼煞小金铃:《开元天宝遗事》记载:“天宝初,宁王至春时,于后园中纫红丝为绳,密缀金铃,系于花梢之上,每有鸟雀翔集,则令园吏掣铃索以惊之。盖惜花之故也。”意思是因惜花,怕鸟雀损花,于是常常掣铃提防,致使小金铃也因常受牵扯而感到疼痛。
⑱ 原来姹紫嫣红开遍:形容百花盛开、花色鲜艳夺目的盛况。
⑲ 似这般:似这样的美景。断井:断裂的井栏。颓垣:坍塌的院墙。

天，赏心乐事谁家院[①]！恁般景致[②]，我老爷和奶奶再不提起[③]。（合）朝飞暮卷[④]，云霞翠轩[⑤]。雨丝风片，烟波画船。锦屏人忒看的这韶光贱[⑥]！

（贴）：是花都放了，那牡丹还早。

【好姐姐】（旦）遍青山啼红了杜鹃[⑦]，那荼蘼外烟丝醉软[⑧]。春香呵，牡丹虽好，他春归怎占的先[⑨]！（贴）：成对儿莺燕呵。（合）闲凝眄[⑩]，生生燕语明如剪[⑪]，呖呖莺歌溜的圆[⑫]。

（旦）去罢。（贴）这园子委是观之不足也[⑬]。（旦）提他怎的！（行介）

【隔尾】观之不足由他缱[⑭]，便赏遍了十二亭台是枉然[⑮]，到不如兴尽回家闲过遣[⑯]。

（作到介）（贴）开我西阁门，展我东阁床[⑰]。瓶插映山紫[⑱]，炉添沉水香[⑲]。小姐，你歇息片时，俺瞧老夫人去也。（下）（旦叹介）默地游春转，小试宜春面[⑳]。春呵，得和你两留连，春去如何遣？咳！恁般天气，好困人也。春香那里？（作左右瞧介）（又低首沉吟介）天呵！春色恼人，信有之乎？常观诗词乐府，古之女子，因春感情，遇秋成恨，诚不谬矣。吾今年已二八，未逢折桂之夫；忽慕春情，怎得蟾宫之客[㉑]？昔日韩

---

① 这两句意思是纵有良辰美景，但心情无奈；使人开怀欢乐之事，谁家才有？此二句出自东晋谢灵运《拟魏太子邺中集诗序》："天下良辰、美景、赏心、乐事，四者难并。"

② 恁般：如此这般。

③ 老爷奶奶：杜丽娘对父母的尊称。

④ 朝飞暮卷：形容楼阁高旷壮丽。出自唐代王勃《滕王阁序》："画栋朝飞南浦云，珠帘暮卷西山雨。"

⑤ 云霞翠轩：像云霞一样美丽的轩阁亭台。

⑥ 锦屏人：指幽居深闺、无法观赏美景之人。忒（tēi 或 tuī）：太、过于。韶光：春光。

⑦ 啼红了杜鹃：晋代常璩《华阳国志·蜀志》以及《蜀王本纪》等书中记载，古蜀国国君望帝死后，其魂化为杜鹃，暮春啼哭，至于口中流血，滴血则为杜鹃花。这里形容满山杜鹃盛开的美景。

⑧ 荼（tú）蘼（mí）：也作酴醾，落叶小灌木，晚春开白花，有香气。烟丝醉软：指春天飘在空中的游丝柔弱多姿。

⑨ 此二句意思是：牡丹虽美，但开在春末，怎能在春花中独占鳌头？

⑩ 眄（miǎn）：斜着眼看。

⑪ 此句形容燕子的叫声明快如剪。

⑫ 此句意思是：黄莺的歌声多么圆润动听。

⑬ 委是：实在是，确实是。观之不足：看不厌，看不够。

⑭ 缱（qiǎn）：缱绻留恋，不舍离开。

⑮ 十二：形容数量很多。

⑯ 过遣：排遣，消遣。

⑰ 开我西阁门，展我东阁床：出自《木兰诗》："开我东阁门，坐我西阁床。"

⑱ 映山紫：映山红（杜鹃花）的一种。

⑲ 沉水香：沉香。

⑳ 宜春面：梳有宜春髻的面容。

㉑ 折桂之夫、蟾宫之客：均指科举及第的夫婿。

夫人得遇于郎①,张生偶逢崔氏②,曾有《题红记》《崔徽传》③二书。此佳人才子,前以密约偷期,后皆得成秦晋④。(长叹介)吾生于宦族,长在名门,年已及笄⑤,不得早成佳配,诚为虚度青春。光阴如过隙耳,(泪介)可惜妾身颜色如花,岂料命如一叶乎!

**【山坡羊】没乱里春情难遣,蓦地里怀人幽怨。则为俺生小婵娟⑥,拣名门一例一例里神仙眷。甚良缘,把青春抛的远⑦。俺的睡情谁见?则索因循腼腆⑧,想幽梦谁边,和春光暗流转。迁延,这衷怀哪处言?淹煎,泼残生除问天⑨。**

身子困乏了,且自隐几而眠⑩。(睡介)(梦生介)(生持柳枝上)莺逢日暖歌声滑,人遇风情笑口开。一径落花随水入,今朝阮肇到天台⑪。小生顺路儿跟着杜小姐回来,怎生不见?(回看介)呀!小姐,小姐。(旦作惊起介,相叫介)(生)小生那一处不寻访小姐来,却在这里。(旦作斜视不语介)(生)恰好花园内折取垂柳半枝,姐姐,你既淹通书史,可作诗以赏此柳枝乎?(旦作惊喜,欲言又止介)(背想)这生素昧平生,何因到此?(生笑介)小姐,咱爱杀你哩。

**【山桃红】则为你如花美眷,似水流年。是答儿闲寻遍⑫,在幽闺自怜。**小姐,和你那答儿讲话去。(旦作含笑不行)(生作牵衣介)(旦低问)那边去?(生)**转过这芍药栏前,紧靠着湖山石边。**(旦介)秀才,去怎的?(生低介)**和你把领扣松,衣带宽,袖梢儿揾着牙儿苫也⑬。则待你忍耐温存一晌眠。**(旦作羞)(生前抱,旦推介)(合)**是那处曾相见,相看俨然,早难道这好处相逢无一言。**

(生强抱旦下)(末扮花神束发冠红衣插花上)催花御史惜花天⑭,检点春工又一

---

① 韩夫人得遇于郎:张子京《流红记》中说,唐僖宗时,宫女韩夫人红叶题诗,放之御沟流出,为书生于佑拾得。于佑也红叶题诗,从御沟上游流入宫内,又为韩夫人拾得。后僖宗放宫女出宫,二人终结连理。

② 此句指张生和崔莺莺的爱情故事。此故事最早见于唐代元稹的传奇《莺莺传》(又名《会真记》),后被王实甫改为杂剧《西厢记》。

③ 《崔徽传》:应该是《莺莺传》之误。因为前面提到了崔莺莺、张生的爱情,而《崔徽传》则讲述崔徽和裴敬中的爱情,与崔、张无关。

④ 得成秦晋:结为夫妻。春秋时,秦、晋二国世为婚姻,后便以两姓联姻为秦晋之好。

⑤ 笄(jī),发簪。及笄:古时女子十五岁开始束发,用簪贯之。《礼记·内则》:"女子许嫁,……十有五年而笄。"因此及笄又指到了出嫁的年龄。

⑥ 则为俺生小婵娟:生在名门,为大家闺秀。

⑦ 此句意思是:名门中的包办婚姻没有真正的良缘,枉自浪费大好青春。

⑧ 则索:还需,只得。则索因循腼腆:还需做出腼腆害羞的样子。

⑨ 淹煎:受煎熬。泼残生除问天:这该死的命运只有天知道。

⑩ 隐几而眠:靠着几案而睡。

⑪ 阮肇到天台:事见晋代干宝《搜神记》和南朝刘义庆《幽冥录》,讲的是刘晨、阮肇入天台山采药,遇见两位绝色仙女,被邀至家中,共结连理。

⑫ 是:凡是。答儿:地方。

⑬ 袖梢儿揾着牙儿苫(shàn):牙齿咬着衣袖角,形容害羞的样子。

⑭ 催花御史惜花天:传说唐代穆宗时设惜花御史,掌管看护盛开的鲜花。在此处花神借此典故来表明自己花神的身份。

年。蘸客伤心红雨下[①],勾人悬梦彩云边。吾乃掌管南安府后花园花神是也。因杜知府小姐丽娘,与柳梦梅秀才,后日有姻缘之分,杜小姐游春感伤,致使柳秀才入梦。咱花神专掌惜玉怜香,竟来保护他,要他云雨十分欢幸也。(唱)

**【鲍老催】单则是混阳蒸变[②],看他似虫儿般蠢动把风情搧,一般儿娇凝翠绽魂儿颤。这是景上缘[③],想内成,因中间。呀!淫邪展污了花台殿。咱待拈片落花儿惊醒他。(向鬼门丢花介)他梦酣春透了怎留连?拈花闪碎的红如片。**

秀才,才到得半梦儿,梦毕之时,好送杜小姐仍归香阁。吾神去也。(下)

(生旦携手上)(生唱)

**【山桃红】这一霎天留人便,草藉花眠。**(白)小姐可好?(旦低头介)(生)**则把云鬟点,红松翠偏。小姐,休忘了呵,见了你紧相偎,慢厮连,恨不得肉儿般团成片也。逗的个日下胭脂雨上鲜。**(旦)秀才,你可去呵?

(合前)

(生)姐姐,你身子乏了,将息将息,(送旦依前作睡介,轻拍旦介)姐姐,俺去了。(作回顾介)姐姐,你可十分将息,我再来瞧你那。行来春色三分雨,睡去巫山一片云。(生下)(旦作惊醒,低叫介)秀才,秀才,你去了也?(又作痴睡介)(老旦上)夫婿坐黄堂[④],娇娃立绣窗。怪他裙钗上,花鸟绣双双。孩儿,孩儿,你为甚瞌睡在此?(旦作醒,叫秀才介)咳也!(老旦)孩儿怎的来?(旦作惊起介)奶奶到此。(老旦)我儿何不做些针指[⑤],或观玩书史,舒展情怀?因何昼寝于此?(旦)孩儿适花园中闲玩,忽值春暄恼人,故此回房。无可消遣,不觉困倦少息。有失迎接,望母亲恕儿之罪!(老旦)孩儿,这后花园中冷静,少去闲行。(旦)领母亲严命。(老旦)孩儿,书堂看书去。(旦)先生不在,且自消停。(老旦叹介)女孩儿长成,自有许多情态,且自由他。正是:宛转随女儿,辛勤做老娘。(下)(旦长叹介)(看老旦下介)哎也,天那!今日杜丽娘有些侥幸也。偶到后花园中,百花开遍,睹景伤情。没兴而回,昼眠香阁。忽见一生,年可弱冠[⑥],丰姿俊妍。于园中折得柳丝一枝,笑对奴家说:姐姐既淹通书史,何不将柳枝题赏一篇?那时待要应他一声,心中自忖,素昧平生,不知名姓,何得轻与交言。正如此想间,只见那生向前说了几句伤心话儿,将奴搂抱去牡丹亭畔,芍药栏边,共成云

---

① 蘸客伤心红雨下:指落花如雨,纷纷而下,令客中人伤心不已。蘸,沾着。红雨,指落花。

② 单则是混阳蒸变:以下三句是花神形容柳、杜二人男女欢爱之状。

③ 景上缘以下三句均是佛家说法。前两句比喻姻缘短暂,只如一场梦幻。后一句则指人生一切都由姻缘造定。景,即影。见,即现。

④ 黄堂:太守。

⑤ 针指:即针织,指古代女性针线类的手工活。

⑥ 弱冠:语出《礼记·曲礼》。古代男子二十岁行冠礼,以示成年,但身体未壮,故曰“弱冠”。

雨之欢。两情和合，真个是千般爱惜，万种温存。欢毕之时，又送我睡眠，几声将息。正待自送那生出门，忽值母亲来到，唤醒将来。我一身冷汗，乃是南柯一梦。忙身参礼母亲，又被母亲絮了许多闲话。奴家口虽无言答应，心内思想梦中之事，何曾放怀？行坐不宁，自觉如有所失。娘呵，你叫我学堂看书，知他看那一种书消闷也？（作掩泪介）（唱）

【绵搭絮】雨香云片①，才到梦儿边，无奈高堂，唤醒纱窗睡不便。泼新鲜，冷汗黏煎。闪的俺心悠步亸②，意软鬟偏。不争多费尽神情③，坐起谁忺则待去眠④。

（贴上）晚妆销粉印，春润费香篝⑤。小姐，薰了被窝睡吧。

【尾声】（旦）困春心，游赏倦，也不索香熏绣被眠。天呵！有心情那梦儿还去不远。

春望逍遥出画堂，间梅遮柳不胜芳。

可知刘阮逢人处，回首东风一断肠。

（同下）

## 文本导读

汤显祖自言“一生四梦，得意处惟在牡丹”。《牡丹亭》搬演的是柳梦梅与杜丽娘的爱情故事，两人经过了生前、死后、重生牡丹亭上三生路的艰辛历程却矢志不渝，最终有情人终成眷属。剧本歌颂了男女青年在追求自由幸福的爱情生活上所作的不屈不挠的斗争，表达了挣脱封建牢笼、追求个性解放、向往理想生活的朦胧愿望。该剧在封建礼教制度森严的古代中国一经上演，就受到民众，特别是感情受压抑的妇女的欢迎。

《牡丹亭》的第十出原题为《惊梦》，实际是由“游园”和“惊梦”两段构成。这一出是《牡丹亭》中的重头戏，虽然只是一次简单的游园赏春，但对于杜丽娘而言，仿佛是一场盛大的节日。杜丽娘长期幽居闺阁，对于外面的大好春光无限渴望，虽然仅仅是要去自家后花园中稍作赏玩，但已经足够让她心花怒放，因此出门前精心梳妆，巧手打扮，宛如出席盛会一般来到园中。“我一生爱好是天然”的强烈追求让她在面对满园春色时开始觉醒，于是才有了“姹紫嫣红开遍”却“付与断井颓垣”的无奈感伤，以及“良辰美景奈何天，赏心乐事谁家院”的无限哀怨。杜丽娘年已及笄，正是一生中最美

---

① 雨香云片：指梦中的男女欢爱。

② 步亸（duǒ）：脚步偏斜。亸：下垂，此处作偏斜解。

③ 不争多：差不多。费尽神情：指筋疲力尽。

④ 坐起谁忺（xiān）则待去眠：指站着坐着都不适意，只好去睡。忺：惬意，适意。

⑤ 香篝：熏香的香炉。

好的时候。长期的禁锢让杜丽娘潜意识中产生了叛逆精神，为后面的“惊梦”打下了基础。在“惊梦”中，杜丽娘离开现实，走进幻境，她内心深处隐藏的叛逆精神被书生柳梦梅激发，勇敢地向封建礼教挑战，大胆拥抱了自己的爱情。作者借杜丽娘来宣传自己的“至情”论，用亦真亦幻、虚虚实实的写法，创造出了一个有情境界和有情人生。剧本词旨缠绵，风光旖旎，意境深远。

## 课后练习

1.结合“惊梦”，分析杜丽娘的人物形象。

2.分析“惊梦”一出如何体现了汤显祖的“至情”论。

3.尝试将本文改为文学剧本，并用自己熟悉的舞台方式（如歌舞剧、话剧等）演绎。

4.观看白先勇主导排演的“青春版”《牡丹亭》，并写观后感。

# 单元研习任务

## 一、知识拓展

1.按照主要表现形式的不同，我们往往把戏剧分成话剧、歌剧、戏曲、舞剧等不同的种类，请你结合自己的专业选择一种戏剧种类进行介绍，并且针对其中的经典剧目进行赏析。

2.中国戏曲种类繁多，据不完全统计，中国各民族地区的戏曲剧种约有三百六十多种。最具代表性的有京剧、越剧、黄梅戏、评剧、豫剧、昆曲等。请以小组为单位选择自己熟悉的一种戏曲类型进行展示。

## 二、语言表达

1.哈姆莱特关于生命的思考千百年来都为人津津乐道；曹禺先生在《雷雨》中也展现出很强的的生命意识；《赵氏孤儿》写出了一个人在忠义面前的人生选择；《牡丹亭》则讲述了一个为爱生死不渝的故事……我们生存的价值到底是什么？人类生命的意义又到底是什么呢？请以“生命的价值”为题目，写一篇演讲稿的开头部分，要求 80 字左右。

2.青春短暂，但又美丽炫目，我们在自己的人生旅途上，以青春为帆，怀揣理想不断前行。面对青春，有人说应该轰轰烈烈地度过，方显年轻人本色；有人说要踏踏实实地前行，实现人生价值。你是如何对待“青春”的呢？请你以“不负青春”为题目，写一篇演讲稿，要求 400 字左右。

### 演讲稿的写作

演讲，又叫讲演、演说，是一种对众人有计划、有目的、有主题，系统的、直接的带有艺术性的社会实践活动。

演讲稿是为了演讲写的稿件，这是一种独特的文体，要求我们写成口语化的文章。同学们在写作演讲稿的时候要注意以下三点：

第一是针对性。也就是说我们在写作之前一定要弄明白你的受众特征，这主要是因为演讲活动本身就是用于公众场合的宣传形式，具有一定的鼓动性。所以，撰写演讲稿要从受众的角度出发，提出受众关心的问题，根据不同场合和不同对象，设计不同的演讲内容。

第二是可讲性。也就是说演讲必须诉诸口头,这是因为演讲稿是经过高度概括、提炼和艺术加工而成的口语。演讲稿对演讲者来说应该能够辅助以“演”的肢体语言去“讲”好,对受众来说,应该是“入耳”,这就要求演讲稿的句子不宜过长,撰写者应该通过写作—实验—修改等过程达到这个可讲性的要求。

第三是鼓动性。好的演讲必须能够激发听众的情绪,赢得对方的赞同,形成演讲者和受众的共鸣。这就要求演讲稿内容丰富,思想深刻,语言形象生动,足够引起受众的兴趣,直击受众的内心。

从内部结构来说,演讲稿的结构分开头、主体、结尾三个部分,其结构原则与中学学习的论证性文章的结构大致相同。需要注意的是演讲的主要内容必须集中,一篇演讲稿“最多只能讲两三个问题,而且这两三个问题还得很紧密地在逻辑上串连起来”。

**【演讲欣赏】**

## 我们将战斗到底

1940 年 6 月 4 日　丘吉尔

这次战役尽管我们失利,但我们决不投降,决不屈服,我们将战斗到底。

我们必须非常慎重,不要把这次援救说成是胜利。战争不是靠撤退赢得的。但是,在这次援救中却蕴藏着胜利,这一点应当注意到。这个胜利是空军获得的。归来的许许多多士兵未曾见到过我们空军的行动,他们看到的只是逃脱我们空军掩护性攻击的敌人轰炸机。他们低估了我们空军的成就。关于这件事,其理由就在这里。我一定要把这件事告诉你们。

这是英国和德国空军实力的一次重大考验。德国空军的目的是要使我们从海滩撤退成为不可能,并且要击沉所有密集在那里数以千计的船只。除此之外,你们能想象出他们还有更大的目的吗?除此而外,从整个战争的目的来说,还有什么更大的军事重要性和军事意义呢?他们曾全力以赴,但他们终于被击退了;他们在执行他们的任务中遭到挫败。我们把陆军撤退了,他们付出的代价,四倍于他们给我们造成的损失……已经证明,我们所有的各种类型的飞机和我们所有的飞行人员比他们现在面临的敌人都要好。

当我们说在英伦三岛上空抵御来自海外的袭击将对我们更有好处时,我应当指出,我从这些事实里找到了一个可靠的论据,我们实际可行而又万无一失的办法就是根据这个论据想出来的。我对这些青年飞行员表示敬意。强大的法国陆军当时在几千辆装甲车的冲击下大部分溃退了。难道不可以说,文明事业本身将由数千飞行员的本领和忠诚来保护吗?

有人对我说,希特勒先生有一个入侵英伦三岛的计划,过去也时常有人这么盘算过。当拿破仑带着他的平底船和他的大军在罗涅驻扎一年之后,有人对他说:“英国那边有厉害的杂草。”自从英国远征军归来后,这种杂草当然就更多了。

我们目前在英国本土拥有的兵力比我们在这次大战中或上次大战中任何时候的兵力不知道要强大多少倍,这一事实当然对抵抗入侵本土防御问题起有利作用。但不能这样继续下去。我们不能满足于打防御战,我们对我们的盟国负有义务,我们必须再重新组织在英勇的总司令戈特勋爵指挥下发动英国远征军。这一切都在进行中,但是在这期间,我们必须使我们本土上的防御达到这样一种高度的组织水平,即只需要极少数的人便可以有效地保障安全,同时又可发挥攻势活动最大的潜力。我们现在正进行这方面的部署。

这次战役尽管我们失利,但我们决不投降,决不屈服,我们将战斗到底,我们将在法国战斗,我们将在海洋上战斗,我们将充满信心在空中战斗!我们将不惜任何代价保卫本土,我们将在海滩上战斗!在敌人登陆地点作战!在田野和街头作战!在山区作战!我们任何时候都不会投降。即使我们这个岛屿或这个岛屿的大部分被敌人占领,并陷于饥饿之中,我们由英国舰队武装和保护的海外帝国也将继续战斗。

这次战役我军死伤战士达三万人,损失大炮近千门,海峡两岸的港口也都落入希特勒手中,德国将向我国或法国发动新的攻势,已成为既定的事实。法兰西和比利时境内的战争,已成为千古憾事。法军的势力被削弱,比利时的军队被歼灭,相比较而言,我军的实力较为强大。现在已经是检验英德空军实力的时候了!撤退回国的士兵都认为,我们的空军未能发挥应有的作用,但是,要知道我们已经出动了所有的飞机,用尽了所有的飞行员,以寡敌众,绝非这一次!在今后的时间内,我们可能还会遭受更严重的损失,曾经让我们深信不疑的防线,大部分被突破,很多有价值的工矿都已经被敌人占领。从今往后,我们要做好充分准备,准备承受更严重的困难。对于防御性战争,决不能认为已经定局!我们必须重建远征军,我们必须重建远征军,我们必须加强国防,必须减少国内的防卫兵力,增加海外的打击力量。在这次大战中,法兰西和不列颠将联合一起,决不屈服,决不投降!

# 第五单元 学生研习

## ——艺术与文学

文学是最早产生的艺术形式之一，自古以来，文学和其他艺术之间有着非常密切的关系。本单元的文章展示了文学和其他艺术形式如舞蹈、音乐、绘画、戏剧等之间的密切关系。学生学习本单元有助于进一步扩大其文学阅读视野，增强其文学赏析能力，使学生在审美性、人文性、人格情操上得到陶冶，提升其艺术感悟能力。

教师在进行本单元教学的时候，可以要求学生根据自己专业特色进行相关文学的赏析，形成自己的观点并进行课堂展示，实现学生阅读能力和表达能力的提高，从而通过通识课程有效增强自己的综合素质。

# 第二十三课　观公孙大娘弟子舞剑器行（并序）*

杜　甫

## 相关介绍

杜甫(712—770)，字子美，生于巩县(今河南巩义市)。我国唐代伟大的现实主义诗人。杜甫是晋朝名将杜预之后，祖父杜审言乃初唐著名诗人。杜预为京兆杜陵人，故杜甫自称“杜陵布衣”。因曾一度住在长安城南少陵附近，故又自号“少陵野老”，后人因此称之为“杜少陵”。杜甫七岁便能写诗，十四五岁时跻身“翰墨场”。二十岁起，漫游吴、越、齐、赵之地，过了一段裘马轻狂的生活。三十三岁，与当时诗名震天下的李白相遇相知。而后同游梁、宋，二人友谊被后人传为佳话。三十五岁左右，杜甫到长安谋求入仕，因奸相李林甫暗中操纵，不第。“朝扣富儿马，暮随肥马尘。残杯与冷炙，到处潜悲辛”的生活，让杜甫深刻感受了生民疾苦，更促使杜甫关心国家安危。天宝十四载(755)，安史之乱爆发，杜甫在颠沛流离中被叛军所俘，后冒险逃脱，奔赴凤翔行在。肃宗授予其左拾遗，故世称“杜拾遗”。不久，因上疏申救宰相房琯而被贬为华州司功参军。次年弃官奔秦州、同谷。后辗转至成都，居于西郊浣花溪草堂。唐代宗宝应元年(762)，蜀中发生叛乱，杜甫携家漂泊梓州、阆州，广德二年重回成都。剑南节度使严武聘其为参谋，并荐为检校工部员外郎，故世称“杜工部”。次年，杜甫辞去职务。不久，离开成都，携家沿江东下，因病滞留夔州。大历三年(768)，离开四川，在江湘一带漂泊两年。大历五年(770)冬，病死于长沙至岳阳的小舟中，年59岁。

杜甫一生关注国事、忠君爱国，推己爱人、心忧天下，被称为“诗圣”。杜诗对中国古典诗歌影响深远，被认为是“集大成”。在思想内容上，杜甫的主要作品贯穿着现实主义精神，反映了人民的生活和疾苦，全面而深刻地反映了时代变化，具有史的认识价值，故被后人称为“诗史”。在艺术上，杜诗风格多样，以“沉郁顿挫”为主；众体兼长，五言、七言、古体、律诗、绝句都运用自如，尤其是七律沉雄悲壮、慷慨激昂，把七律的创作推向了高潮。有《杜工部集》(又名《杜少陵集》)传世。

---

* 公孙大娘：开元间著名的善舞剑的舞蹈家。公孙大娘弟子：指李十二娘。剑器：唐代剑舞(武舞)曲名，女子持剑而舞；一说，女子着男子戎装，空手而舞。

## 作品赏析

大历二年十月十九日，夔府别驾元持宅，见临颍李十二娘舞剑器①，壮其蔚跂②；问其所师，曰："余公孙大娘弟子也。"开元五载，余尚童稚③，记于郾城，观公孙氏舞剑器浑脱④，浏漓顿挫，独出冠时⑤。自高头宜春、梨园二伎坊内人⑥，洎外供奉舞女⑦，晓是舞者，圣文神武皇帝初⑧，公孙一人而已。玉貌锦衣⑨，况余白首⑩，今兹弟子，亦匪盛颜⑪。既辨其由来，知波澜莫二⑫。抚事慷慨⑬，聊为《剑器行》。昔者吴人张旭善草书书帖⑭，数常于郫县见公孙大娘舞西河剑器⑮，自此草书长进⑯，豪荡感激⑰，即公孙可知矣⑱。

昔有佳人公孙氏，一舞剑器动四方。观者如山色沮丧，天地为之久低昂⑲。㸌如羿射九日落，矫如群帝骖龙翔⑳。来如雷霆收震怒，罢如江海凝清光㉑。绛唇珠袖两寂

---

① 夔府：唐太宗贞观十四年，夔州曾设都督府，故亦称夔府。别驾：官名，州长官刺史的佐吏。元持：人名。临颍：今河南省临颍县。

② 蔚跂（qí）：光彩照人，姿态矫健。

③ 童稚：幼小。开元五年时杜甫六岁。

④ 郾城：今河南省郾城县。剑器浑脱：把剑器舞和浑脱舞结合起来的一种新型舞蹈。

⑤ 浏漓顿挫：活泼飘逸而又沉着有力。冠时：当时之冠。

⑥ 高头宜春、梨园二伎坊内人：指供奉宫廷的歌舞艺人。高头：上头，指皇家。伎坊：也称"教坊"，教习歌舞的场所。宜春、梨园，唐代的歌舞机构。内人，指宫廷歌舞女。

⑦ 洎（jì）：及，和。外供奉舞女：与内人相对而言，指不居宫中但随时应诏入宫表演的舞女。

⑧ 圣文神武皇帝：指唐玄宗。

⑨ 玉貌锦衣：指当初公孙大娘面容年轻美好、衣着鲜艳华丽。

⑩ 况余白首：何况我已白发满头。

⑪ 盛颜：指年轻时。

⑫ 由来：指师承关系。波澜莫二：师徒舞技相仿，不相上下。此二句谓：从李十二娘的师承关系，看出她的舞技得到了公孙大娘的真传。

⑬ 抚事慷慨：追念往事，令人激昂叹息。

⑭ 张旭：唐代著名书法家，世称"草圣"。唐文宗时其草书与李白诗、裴旻剑舞诏为"三绝"。

⑮ 数（shuò）：屡次。西河剑器：剑器舞原由河西凉州一带传入，"西河"当为"河西"之倒。

⑯ 此句谓：张旭因观公孙大娘舞剑而深有感悟，从此书法水平大大提高。

⑰ 豪荡感激：指张旭草书受公孙大娘影响而获得一种豪放跌宕、饱含感情的精神力量。

⑱ 即公孙可知矣：（既然张旭从公孙大娘的剑器舞获得了极大的精神力量）那么公孙大娘的舞技就可想而知了。

⑲ 色沮丧：动容失色。此二句谓：观众为剑器舞所吸引，神情专注，忘掉一切，感觉天地都随着舞姿上下旋转。

⑳ 㸌：闪动的样子。羿射九日：古代神话之一，传说尧时十日并出而后羿射其九。群帝：东方诸神。骖（cān）：古代指驾在车两旁的马，此处为动词"驾"。此二句谓：剑光闪烁好似后羿射落九日，舞姿矫健好似群神乘龙飞舞。

㉑ 此二句谓：剑舞开场时鼓乐喧闹、气氛紧张，恰似雷霆积聚了震云；剑舞收场时剑影犹如海面凝聚的清光。

寞①,晚有弟子传芬芳②。临颍美人在白帝,妙舞此曲神扬扬③。与余问答既有以④,感时抚事增惋伤。

先帝侍女八千人,公孙剑器初第一⑤。五十年间似反掌⑥,风尘澒洞昏王室⑦。梨园子弟散如烟,女乐余姿映寒日⑧。

金粟堆前木已拱⑨,瞿唐石城草萧瑟⑩。玳筵急管曲复终⑪,乐极哀来月东出。老夫不知其所往,足茧荒山转愁疾⑫。

## 文本导读

这首七言歌行是诗人晚年寓居夔州时“感时抚事”之作。

“诗序”交代了写作此诗的背景。首先叙述在夔州看了公孙大娘弟子所表演的剑器舞,之后回忆童年时(即唐玄宗初年)在郾城亲见当时在内外教坊独享盛名的公孙大娘的精湛舞蹈。抚今思昔,感慨万千,因此写了这首《剑器行》。序文结尾讲书法家张旭见公孙大娘剑舞而草书长进的故事,可见诗人对公孙大娘舞蹈艺术的敬佩。诗序从侧面渲染,为诗的正文烘托了气氛。

全诗触景生情,一件小事引发了作者忧国忧民的情怀。诗人因看到李十二娘舞剑器,唤起了对公孙氏年轻时的美貌及高超舞技的回忆,引起了对自己身世、国事的联想,反映了五十年来兴衰治乱的历史。全诗共分四节。从“昔有佳人公孙氏”至“罢如江海凝清光”八句为第一节,主要写公孙大娘舞技绝妙且具有强烈的艺术感染力。从“绛唇珠袖两寂寞”至“感时抚事增惋伤”六句为第二节,主要写公孙大娘死后剑舞沉寂,幸好有弟子李十二娘得以承继。从“先帝侍女八千人”至“女乐余姿映寒日”六句为第三节,主要写五十年间风雨变幻、物是人非。最后六句为尾声,抒发今昔之悲、盛

---

① 绛唇珠袖:指公孙大娘的容貌与舞姿。
② 传芬芳:继承了高妙的舞技。
③ 临颍美人:指李十二娘。神扬扬:神采飞扬。
④ 既有以:既有来由。即序中所言“既辨其由来”之意。
⑤ 先帝:唐玄宗。八千人:泛言侍女之多。初第一:犹言“本第一”。
⑥ 五十年:自开元五年(717)至大历二年(767)即杜甫观公孙大娘舞剑器至作诗时正好五十年。似反掌:比喻时间容易消逝。
⑦ 风尘:指安史之乱。澒洞(hóng dòng):广大无边。昏王室:使王室衰落。此句谓:安史之乱使唐朝国势衰落。
⑧ 女乐:泛指女性歌舞艺人,此指李十二娘。余姿:李十二娘的舞蹈犹存开元盛世的风姿。寒日:时在十月。
⑨ 金粟堆:即金粟山,在今陕西蒲城县东北,玄宗葬此,称泰陵。木已拱:树木长得可以两手合抱了。
⑩ 瞿唐石城:“唐”同“塘”。指夔州地带。白帝城因石而建,故亦称石城。
⑪ 玳筵:以玳瑁装饰的席子。急管:节奏急促的音乐。
⑫ 老夫:杜甫自称。不知其所往,足茧(jiǎn):脚底生了胝。转愁疾:反而嫌走得太快。

衰之感。

诗歌对公孙大娘轰动天下的舞蹈艺术描述得淋漓尽致。全诗运用了通感、比喻、夸张及侧面烘托等手法，状难写之境如在目前，生动地再现了公孙大娘刚柔相济、吞吐自如、轻快飘逸、矫健优美的舞蹈风神。

全诗气势雄浑，用字造句极见锤炼之功。第三节是全诗的高潮。这一节用简短的语言概括了重大的历史变化和广阔的社会内容。篇幅短小，内容情感丰富，体现了杜诗沉郁顿挫的艺术风格。

## 课后练习

1.作者的抚今追思之感是如何抒发的？

2.分析这首诗的艺术价值与认识价值。

3. 公孙大娘的舞蹈艺术为杜甫的诗歌创作带来了灵感，杜甫的诗歌则为公孙大娘的舞蹈艺术留下了风采。请为你喜欢的一种艺术形式写一段文字，文体不限。

# 第二十四课　李凭箜篌引*

李　贺

## 相关介绍

### 1.李贺简介

李贺(790—816),唐代元和诗坛诗人。字长吉,生于福昌(今河南宜阳)昌谷,后世称李昌谷。自幼体弱多病,长得细瘦,且“通眉”“巨鼻”“长指爪”。诗名早著,与李益并称为“二李”。青少年时才华出众,以《雁门太守行》诗谒韩愈,备受赞赏,声名远扬。作为宗室后裔,他自视甚高,但家族没落,家境颇为贫寒。父亲名“晋肃”,“晋”“进”同音,与李贺争名的人,就说他应避父讳不举进士。韩愈作《讳辨》鼓励李贺应试,但终不得登第,只做过三年奉礼郎。他对这种低微的差事极不满意,诗中常有愤愤不平之音。不久辞官归故里而卒,年仅 27 岁。李贺是中唐到晚唐诗风转变时期的一个代表者。他继承《楚辞》浪漫主义的创作精神,以丰富的想象力和新颖诡异的语言,表现出幽奇神秘的意境,故被称为“诗鬼”。他的诗歌在唐诗中别出一格,严羽《沧浪诗话》称为“李长吉体”,后被人称为“长吉体”。有《李长吉文集》等。

### 2.李凭简介

箜篌演奏技艺到唐代达到了极高的水平。李凭是唐宪宗时期红极一时的宫廷乐师,因善弹箜篌,名噪一时。“天子一日一回见,王侯将相立马迎”,身价很高。他的精湛技艺,受到诗人们的热情赞赏,李贺即是其中一位。此诗约作于元和六年,当时李贺在京城长安任奉礼郎。

---

* 箜篌(kōng hóu):一种弦乐器,又名空侯或坎侯,形状不一。李凭所弹为竖箜篌,有二十三弦。引:乐府诗歌体裁之一,篇幅较长,音节、格律一般比较自由,形式有五言、七言、杂言等。《箜篌引》见于《乐府诗集》。

## 作品赏析

吴丝蜀桐张高秋[1]，空山凝云颓不流[2]。
江娥啼竹素女愁[3]，李凭中国弹箜篌[4]。
昆山玉碎凤凰叫，芙蓉泣露香兰笑[5]。
十二门前融冷光[6]，二十三丝动紫皇[7]。
女娲炼石补天处，石破天惊逗秋雨[8]。
梦入神山教神妪[9]，老鱼跳波瘦蛟舞[10]。
吴质不眠倚桂树，露脚斜飞湿寒兔。

## 文本导读

这是一首描述音乐感受的诗歌。

音乐王国里，乐曲广袤的欣赏空间为听众提供了无限的想象，也为诗人们奉献了一片辽阔的描绘天地。箜篌演奏技艺到唐代达到了极高的水平。此诗约作于元和六年，当时李贺在京城长安任奉礼郎。李贺用他一支生花妙笔，表现了李凭"感天地，泣鬼神"的臻于化境的箜篌演奏水准。

诗歌最精彩之处在于描绘了变幻无穷而美妙多彩的音乐世界。音乐本是无形无色、难以捉摸的，如何用语言表述成为一个引人注目的焦点？诗人把自己对于箜篌乐声的抽象感觉借助联想与想象转化为具体物象，使之可见可感。一是从侧面烘托，通

---

① 吴丝蜀桐：吴郡盛产的蚕丝、蜀地盛产的桐木最适宜制作琴弦和琴身。"丝""桐"在此代指箜篌，用来形容箜篌的精美。张：紧起弦子，是弦乐器弹奏前的预备动作。高秋：深秋。

② 颓：云凝聚不能流动。

③ 江娥：湘娥，传说中舜的两个妃子，又称湘妃、湘夫人。素女：传说中的神女，善弹瑟。

④ 中国：即国中，此指京城长安。

⑤ 昆山：昆仑山，传说此处盛产美玉。此二句用来形容箜篌的声调。"玉碎""凤凰叫"形容乐音清亮，"芙蓉泣""香兰笑"形容乐音的低沉和欢快。

⑥ 十二门：指长安城。长安城四面各三门，共十二门。融冷光：使冷气消融而变得温暖。

⑦ 紫皇：道教称天上最尊贵的神，此指当时的皇帝。

⑧ 女娲：古代神话中炼五色石补天的女帝。逗：引。

⑨ 神妪：据《搜神记》记载，神仙樊道基之妻成夫人善于弹箜篌。此句谓：李凭梦入神仙，将其绝技传授给成夫人。

⑩ 此句谓：乐声使鱼、蛟也不禁跳出来倾听并随乐声起舞。

⑪ 吴质：神话中在月宫砍伐桂树的吴刚。

⑫ 露脚斜飞：古人认为露像雨水一般是从天空降落的，故有此想象。寒兔：古代传说中月中有兔，月宫寒冷，此指月宫。

过描摹音乐效果衬托音乐本身。二是运用通感和夸张手法。“昆山玉碎凤凰叫，芙蓉泣露香兰笑”摹写琴声的悲抑和欢快，不仅可以耳闻，而且可以目睹，有形神兼备之妙。三是采用瑰丽的神话。湘娥神女感慨、女娲炼石补天、吴刚不眠、露湿玉兔等神话的运用，写出仙界神灵为音乐而痴狂迷醉的状态。

诗歌意象繁复驳杂，如空山、凝云、江娥、素女、昆山玉、凤凰、芙蓉、香兰、五色石、秋雨、老鱼、瘦蛟、吴质、桂树、寒兔等。这些意象有虚有实，奇幻瑰丽，幽深渺远，逗人情思，发人联想。

## 课后练习

1. 分析李贺在这首诗中表现出来的那种“石破天惊”的想象力。

2.比较阅读白居易的《琵琶行》、韩愈的《听颖师弹琴》和《李凭箜篌引》。谈谈它们在音乐描写时所用的不同技法，说说它们各自的艺术风格。

3.听《高山流水》，试着用文学语言把听这段音乐的感受描写出来。

# 第二十五课 文与可画筼筜谷[①]偃竹记

苏 轼

## 相关介绍

### 1.作家简介

苏轼(1037-1101),字子瞻,又字和仲,号东坡居士,眉州眉山(今属四川)人,宋嘉祐二年(1057)进士。因反对王安石变法,外放地方做官,后贬黄州;司马光主政时,被召入京师任中书舍人、翰林学士兼侍读、礼部尚书等,并以龙图阁学士知杭州;新派再起后,被贬惠州(今属广东)、儋州(今海南岛);宋徽宗继位后赦还,建中靖国元年(1101),卒于常州。苏轼是宋代文学最高成就的代表,在诗、词、散文、书、画等方面取得了很大成就。诗歌题材广阔,清新豪健,善用夸张、比喻,与黄庭坚并称"苏黄";词开豪放一派,与辛弃疾并称"苏辛";散文汪洋恣肆,明白畅达,与欧阳修并称"欧苏",为"唐宋八大家"之一;书法擅长行书、楷书,为"宋四家"之一;画尤擅墨竹、怪石、枯木,论画主张神似。有《苏东坡集》《东坡乐府》等。

### 2.文与可简介

文与可(1018—1079),名同,梓潼(今四川绵阳县)人,北宋著名画家、诗人。以善画竹著称,注重体验,主张胸有成竹而后动笔,开后世"湖州竹派"。受其从表弟苏轼敬重。宋神宗熙宁八年(1075),文与可任洋州知州,在此谷中筑亭。曾画《筼筜谷偃竹》赠苏轼。元丰二年(1079)正月,病逝。七月,苏轼在湖州曝晒书画,看到文与可的遗作,写下此篇散文。

## 作品赏析

竹之始生,一寸之萌耳[②],而节叶具焉。自蜩腹蛇蚹[③],以至于剑拔十寻者[④],生而

---

① 筼(yún)筜(dāng):生长于水边、节长竿粗皮薄的大竹子。筼筜谷:地名,在洋州;多竹,因名。

② 萌:芽。

③ 蜩(tiáo)腹蛇蚹(fù):形容竹初生时的状态。蜩:蝉。蚹:蛇腹下的横鳞。

④ 寻:古代八尺为一寻。

有之也。今画者乃节节而为之,叶叶而累之,岂复有竹乎?故画竹必先得成竹于胸中,执笔熟视,乃见其所欲画者,急起从之,振笔直遂①,以追其所见,如兔起鹘落,少纵则逝矣。与可之教予如此,予不能然也,而心识其所以然。夫既心识其所以然,而不能然者,内外不一,心手不相应,不学之过也。故凡有见于中而操之不熟者,平居自视了然,而临事忽焉丧之,岂独竹乎?子由为《墨竹赋》,以遗与可曰:"庖丁②,解牛者也,而养生者取之;轮扁③,斫轮者也,而读书者与之。今夫夫子之托于斯竹也,而予以为有道者,则非邪?"子由未尝画也,故得其意而已。若予者,岂独得其意,并得其法。

与可画竹,初不自贵重。四方之人,持缣素而请者④,足相蹑于其门。与可厌之,投诸地而骂曰:"吾将以为袜材。"士大夫传之,以为口实⑤。及与可自洋州还,而余为徐州⑥。与可以书遗余曰:"近语士大夫,吾墨竹一派,近在彭城⑦,可往求之,袜材当萃于子矣⑧。"书尾复写一诗,其略曰:"拟将一段鹅溪绢⑨,扫取寒梢万尺长⑩。"予谓与可:"竹长万尺,当用绢二百五十匹。知公倦于笔砚,愿得此绢而已。"与可无以答,则曰:"吾言妄矣,世岂有万尺竹也哉?"余因而实之⑪,答其诗曰:"世间亦有千寻竹,月落庭空影许长⑫。"与可笑曰:"苏子辩则辩矣。然二百五十匹,吾将买田而归老焉。"因以所画筼筜谷偃竹遗予曰:"此竹数尺耳,而有万尺之势。"筼筜谷在洋州,与可尝令予作《洋州三十咏》,《筼筜谷》其一也。予诗云:"汉川修竹贱如蓬⑬,斤斧何曾赦箨龙⑭。料得清贫馋太守,渭滨千亩在胸中⑮。"与可是日与其妻游谷中,烧笋晚食,发函得诗,失笑喷饭满案。

---

① 遂:完成。

② 庖丁:厨师。出自《庄子·养生》。因为洞悉牛的骨骼肌理,庖丁解牛技艺高妙,十九年解了数千只牛,其刀刃还同新磨的一样,毫无损伤。文惠君听了庖丁的介绍后,说:"善哉!吾闻庖丁之言,得养生焉。"

③ 轮扁:出自《庄子·天道》。桓公在堂上读书,轮扁在堂下斫轮,轮扁停下工具,说桓公所读的书都是古人的糟粕,桓公责问其由。轮扁说,臣斫轮"不徐不疾,得之于手而应于心,口不能言,有数存焉于其间",却无法用口传授给别人。斫,雕斫。

④ 缣素:供书画用的白绢。

⑤ 口实:话柄。

⑥ 余为徐州:神宗熙宁十年(1077)至元丰二年(1079),苏轼曾知徐州。

⑦ 彭城:今江苏徐州。

⑧ 萃:聚集。

⑨ 鹅溪绢:鹅溪,在今四川盐亭县西北,产名绢,称鹅溪绢。宋人多用之作书画材料。

⑩ 扫取寒梢:指画竹。扫取:挥笔作画。寒梢:指竹。因竹耐寒,故名。

⑪ 实:证实。

⑫ 许:如此,这样。

⑬ 汉川:汉水。

⑭ 箨(tuò)龙:竹笋。

⑮ 渭滨:渭水之滨。

元丰二年正月二十日,与可没于陈州[①]。是岁七月七日,予在湖州曝书画[②],见此竹,废卷而哭失声。昔曹孟德《祭桥公文》,有"车过""腹痛"之语[③],而予亦载与可畴昔戏笑之言者,以见与可于予亲厚无间如此也。

## 文本导读

本文既是一篇出色的悼念性散文,又是一篇美学思想极高的画论。

文章通过回忆日常生活琐事,展现了文与可和作者坦率、高雅的胸襟气度,机敏、超卓的智慧才能以及两人的亲密友谊,抒发了作者对已故挚友的深切怀念之情。但文章并不只是停留在哀悼的气氛中,而是在深情的追述中夹以诙谐、幽默的笔调,以乐景衬哀情,庄谐杂陈,妙趣横生。在结构上,这篇散文做到了自由挥洒和谨守章法的完美结合。全文分三段:第一段从文与可的画竹理论写起,突兀不凡,生面别开,给人以一种新鲜感;第二段叙述作者和文与可交往中的趣事;第三段交代写作此文的缘由。文中有正论,有戏语,引诗赋,摘书牍,讲琐事,举典故,好像是随手拈来、漫无边际,从形式上看的确是"散",实则并不杂乱无章,而有着内在的、紧密的逻辑联系,始终紧扣"画竹"这一中心线索展开,故形散神不散。文章舒卷自如,语言清新自然,活泼流畅,触处生机,达到了苏轼自己所说的"如行云流水,初无定质,但常行于所当行,常止于所不可不止,文理自然,姿态横生"的散文佳境。

文章也展现了文与可的画竹理论:"故画竹必先得成竹于胸中,执笔熟视,乃见其所欲画者,急起从之,振笔直遂,以追其所见,如兔起鹘落,少纵则逝矣。"画竹之前,必须"胸有成竹",还要把握灵感涌现的最佳时机。融会于心,酝酿成熟,然后振笔直书,一气呵成,才能生动传神地再现竹子。文与可主张意在笔先,反对临画敷衍;主张整体上的"神似",反对枝节之间的"形似"。苏轼又根据自己作画的经验,提出"心手相应"的问题:"与可之教予如此。予不能然也,而心识其所以然。夫既心识其所以然而不能然者,内外不一,心手不相应,不学之过也。"强调只有通过不断学习、实践,才能掌握技巧。

---

① 没:通"殁",死亡。陈州:治所在今河南淮阳。

② 湖州:今属浙江省。

③ "昔曹孟德"二句:曹操年少时不被人重视,桥玄却很赏识他。桥玄死后,曹操经过谯郡,用太牢祭奠桥玄,并作《祀故太尉桥玄文》,文中说道:"又承从容约誓之言:'殂逝之后,路有经由,不以斗酒只鸡过相沃酹,车过三步,腹痛勿怪。'虽临时戏笑之言,非至亲之笃好,胡肯为此辞乎?"

## 课后练习

1.文章的主旨是什么？作者是怎样表达这一主题思想的？结合作品，体会散文“形散神凝”的特点。

2.结合自己的艺术经历，评价本文中关于绘画的见解。

# 第二十六课　怀李叔同先生

丰子恺

## 相关介绍

### 1.丰子恺简介

丰子恺(1898—1975),原名丰润,又名丰仁,浙江桐乡人。我国现代著名画家、文学家、美术和音乐教育家。他是一位多方面卓有成就的文艺大师,早年师从李叔同学习绘画与音乐。丰子恺的散文,在我国新文学史上有较大的影响。主要作品有《缘缘堂随笔》《缘缘堂再笔》《随笔二十篇》《甘美的回忆》《艺术趣味》《率真集》等。这些作品除一部分艺术评论以外,大都是叙述他自己亲身经历的生活和日常接触的人事,表现了浓厚的生活情趣。他的绘画以漫画最负盛名,有《丰子恺漫画全集》。

### 2.李叔同简介

李叔同(1880—1942),祖籍浙江,客居天津。他是中国话剧的开拓者之一,在音乐、书法、绘画和戏剧方面,都颇有造诣。自日本留学归国后,担任过教师、编辑之职,后剃度为僧,法号弘一。李叔同既是才气横溢的艺术教育家,也是一代高僧,一生充满传奇色彩。

## 作品赏析

距今二十九年前,我十七岁的时候,最初在杭州的浙江省立第一师范学校里见到李叔同先生,即后来的弘一法师。那时我是预科生,他是我们的音乐教师。

我们上他的音乐课时,有一种特殊的感觉:严肃。摇过预备铃,我们走向音乐教室,推进门去,先吃一惊:李先生早已端坐在讲台上。以为先生总要迟到而嘴里随便唱着、喊着,或笑着、骂着而推进门去的同学,吃惊更是不小。他们的唱声、喊声、笑声、骂声以门槛为界限而忽然消灭。接着是低着头,红着脸,去端坐在自己的位子里。端坐在自己的位子里偷偷地仰起头来看看,看见李先生的高高的瘦削的上半身穿着整洁的黑布马褂,露出在讲桌上,宽广得可以走马的前额,细长的凤眼,隆正的鼻梁,形成威严的表情。扁平而阔的嘴唇两端常有深涡，显示和蔼的表情。这副相貌，用温而厉三个字来描写，大概差不多了。讲桌上放着点名簿、讲义，以及他的教课笔记簿、粉笔。钢琴琴衣解开着，琴盖开着，谱表摆着，琴头上又放着一只时表，闪闪的金光直射到我们的眼中。黑板(是上下两块可以移动的)上早已清楚地写好本课内所应写的东西(两块都写好，上块盖着下块，用下块时把上块推开)。在这样布置的讲台上，李先生端坐着。坐到上课铃响出(后来我们知道他这脾气，上音乐课必早到。故上课铃响时，同学早已到齐)，他站起身来，深深地一鞠躬，课就开始了。这样地上课，空气严肃得很。

有一个人上音乐课时不唱歌而看别的书，有一个人上音乐课时吐痰在地板上，以为李先生看不见的，其实他都知道。但他不立刻责备，等到下课后，他用很轻而严肃的声音郑重地说：某某等一等出去。于是这位某某同学只得站着。等到别的同学都出去了，他又用轻而严肃的声音向这某某同学和气地说：下次上课时不要看别的书。或者：下次痰不要吐在地板上。说过之后他微微一鞠躬，表示你出去罢。出来的人大都脸上发红。又有一次下音乐课，最后出去的人无心把门一拉，碰得太重，发出很大的声音。他走了数十步之后，李先生走出门来，满面和气地叫他转来。等他到了，李先生又叫他进教室来。进了教室，李先生用很轻而严肃的声音向他和气地说：下次走出教室，轻轻地关门。就对他一鞠躬，送他出门，自己轻轻地把门关了。

最不易忘却的，是有一次上弹琴课的时候。我们是师范生，每人都要学弹琴，全校有五六十架风琴及两架钢琴。风琴每室两架，给学生练习用；钢琴一架放在唱歌教室里，一架放在弹琴教室里。上弹琴课时，十数人为一组，环立在琴旁，看李先生范奏。有一次正在范奏的时候，有一个同学放一个屁，没有声音，却是很臭。钢琴及李先生十数同学全部沉浸在亚莫尼亚气体中。同学大都掩鼻或发出讨厌的声音。李先生眉头一皱，管自弹琴(我想他一定屏息着)。弹到后来，亚莫尼亚气散光了，他的眉头方才舒展。教完以后，下课铃响了。李先生立起来一鞠躬，表示散课。散课以后，同学还未出门，李先生又郑重地宣告：大家等一等去，还有一句话。大家又肃立了。李先生又用很轻而严肃的声音和气地说：以后放屁，到门外去，不要放在室内。接着又一鞠躬，表示叫我们出去。同学都忍着笑，一出门来，大家快跑，跑到远处去大笑一顿。

李先生用这样的态度来教我们音乐，因此我们上音乐课时，觉得比上其他一切课更严肃。同时对于音乐教师李叔同先生，比对其他教师更敬仰。那时的学校，首重的是所谓英、国、算，即英文、国文和算学。在别的学校里，这三门功课的教师最有权威；而在我们这师范学校里，音乐教师最有权威，因为他是李叔同先生的缘故。

李叔同先生为甚么能有这种权威呢？不仅为了他学问好，不仅为了他音乐好，主要的还是为了他态度认真。李先生一生的最大特点是认真。他对于一件事，不做则已,要做就非做得彻底不可。

他出身于富裕之家,他的父亲是天津有名的银行家。他是第五位姨太太所生。他父亲生他时,年已七十二岁。他坠地后就遭父丧,又逢家庭之变,青年时就陪着他的生母南迁上海。在上海南洋公学读书奉母时,他是一个翩翩公子。当时上海文坛有著名的沪学会,李先生应沪学会征文,名字屡列第一。从此他就为沪上名人所器重,而交游日广,终以才子驰名于当时的上海。后来他母亲死了,他赴日本留学的时候,作一首《金缕曲》,词曰:"披发佯狂走。莽中原,暮鸦啼彻,几株衰柳。破碎河山谁收拾?零落西风依旧。便惹得、离人消瘦。行矣临流重太息,说相思,刻骨双红豆。愁黯黯,浓于酒。漾情不断淞波溜。恨年年絮飘萍泊,遮难回首。二十文章惊海内,毕竟空谈何有!听匣底、苍龙狂吼。长夜凄风眠不得,度群生,哪惜心肝剖!是祖国,忍孤负?"读这首词,可想见他当时豪气满胸,爱国热情炽盛。他出家时把过去的照片统统送我,我曾在照片中看见过当时在上海的他:丝绒碗帽,正中缀一方白玉,曲襟背心,花缎袍子,后面挂着胖辫子,底下缎带扎脚管,双梁厚底鞋子,头抬得很高,英俊之气,流露于眉目间。真是当时上海一等的翩翩公子。这是最初表示他的特性:凡事认真。他立意要做翩翩公子,就彻底地做一个翩翩公子。

后来他到日本,看见明治维新的文化,就渴慕西洋文明。他立刻放弃了翩翩公子的态度,改做一个留学生。他入东京美术学校,同时又入音乐学校。这些学校都是模仿西洋的,所教的都是西洋画和西洋音乐。李先生在南洋公学时英文学得很好;到了日本,就买了许多西洋文学书。他出家时曾送我一部残缺的原本《莎士比亚全集》,他对我说:这书我从前细读过,有许多笔记在上面,虽然不全,也是纪念物。由此可想见他在日本时,对于西洋艺术全面进攻,绘画、音乐、文学、戏剧都研究。后来他在日本创办春柳剧社,纠集留学同志,并演当时西洋著名的悲剧《茶花女》(小仲马著)。他自己把腰束小,扮作茶花女,粉墨登场。这照片,他出家时也送给我,一向归我保藏;直到抗战时为兵火所毁。现在我还记得这照片:卷发,白的上衣,白的长裙拖着地面,腰身小到一把,两手举起托着后头,头向右歪侧,眉峰紧蹙,眼波斜睇,正是茶花女自伤命薄的神情。另外还有许多演剧的照片,不可胜记。这春柳剧社后来迁回中国,李先生就脱身而出,由另一班人去办,便是中国最初的话剧社。由此可以想见,李先生在日本时,是彻头彻尾的一个留学生。我见过他当时的照片:高帽子、硬领、硬袖、燕尾服、史的克、尖头皮鞋,加之长身、高鼻,没有脚的眼镜夹在鼻梁上,竟活像一个西洋人。这是第二次表示他的特性:凡事认真。学一样,像一样。要做留学生,就彻底地做一个留学生。

他回国后,在上海太平洋报社当编辑。不久,就被南京高等师范请去教图画、音乐。后来又应杭州师范之聘,同时兼任两个学校的课,每月中半个月住南京,半个月住杭州。两校都请助教,他不在时由助教代课。我就是杭州师范的学生。这时候,李先生已由留学生变为教师。这一变,变得真彻底:漂亮的洋装不穿了,却换上灰色粗布袍子、黑布马褂、布底鞋子。金丝边眼镜也换了黑的钢丝边眼镜。他是一个修养很深的美术家,所以对于仪表很讲究。虽然布衣,却很合身,常常整洁。他穿布衣,全无穷相,而另具一种朴素的美。你可想见,他是扮过茶花女的,身材生得非常窈窕。穿了布衣,仍是一个美男子。淡妆浓抹总相宜,这诗句原是描写西子的,但拿来形容我们的李先生的仪表,也很适用。今人侈谈生活艺术化,大都好奇立异,非艺术的。李先生的服装,才真可称为生活的艺术化。他一时代的服装,表出着一时代的思想与生活。各时代的思想与生活判然不同,各时代的服装也判然不同。布衣布鞋的李先生,与洋装时代的李先生、曲襟背心时代的李先生,判若三人。这是第三次表示他的特性:认真。

我二年级时,图画归李先生教。他教我们木炭石膏模型写生。同学一向描惯临画,起初无从着手。四十余人中,竟没有一个人描得像样的。后来他范画给我们看。画毕把范画贴在黑板上。同学们大都看着黑板临摹。只有我和少数同学,依他的方法从石膏模型写生。我对于写生,从这时候开始发生兴味。我到此时,恍然大悟:那些粉本原是别人看了实物而写生出来的。我们也应该直接从实物写生入手,何必临摹他人,依样画葫芦呢?于是我的画进步起来。此后李先生与我接近的机会更多。因为我常去请他教画,又教日本文,以后的李先生的生活,我所知道的较为详细。他本来常读性理的书,后来忽然信了道教,案头常常放着道藏。那时我还是一个毛头青年,谈不到宗教。李先生除绘事外,并不对我谈道。但我发现他的生活日渐收敛起来,仿佛一个人就要动身赴远方时的模样。他常把自己不用的东西送给我。他的朋友日本画家大野隆德、河合新藏、三宅克己等到西湖来写生时,他带了我去请他们吃一次饭,以后就把这些日本人交给我,叫我陪伴他们(我当时已能讲普通应酬的日本话)。他自己就关起房门来研究道学。有一天,他决定入大慈山去断食,我有课事,不能陪去,由校工闻玉陪去。数日之后,我去望他。见他躺在床上,面容消瘦,但精神很好,对我讲话,同平时差不多。他断食共十七日,由闻玉扶起来,摄一个影,影片上端由闻玉题字:李息翁先生断食后之像,侍子闻玉题。这照片后来制成明信片分送朋友。像的下面用铅字排印着:“某年月日,入大慈山断食十七日,身心灵化,欢乐康强——欣欣道人记。”李先生这时候已由“教师”一变而为“道人”了。

学道就断食十七日,也是他凡事认真的表示。但他学道的时候很短。断食以后,不久他就学佛。他自己对我说,他的学佛是受马一浮先生指示的。出家前数日,他同我到西湖玉泉去看一位程中和先生。这程先生原来是当军人的,现在退伍,住在玉泉,正想出家为僧。李先生同他谈得很久。此后不久，我陪大野隆德到玉泉去投宿，看见一个和尚坐着，正是这位程先生。我想称他程先生，觉得不合。想称他法师，又不知道他的法名（后来知道是弘伞）。一时周章得很。我回去对李先生讲了，李先生告诉我，他不久也要出家为僧，就做弘伞的师弟。我愕然不知所对。过了几天，他果然辞职，要去出家。出家的前晚，他叫我和同学叶天瑞、李增庸三人到他的房间里，把房间里所有的东西送给我们三人。第二天，我们三人送他到虎跑。我们回来分得了他的遗产，再去望他时，他已光着头皮，穿着僧衣，俨然一位清癯的法师了。我从此改口，称他为法师。法师的僧腊二十四年。这二十四年中，我颠沛流离，他一贯到底，而且修行功夫愈进愈深。当初修净土宗，后来又修律宗。律宗是讲究戒律的，一举一动，都有规律，严肃认真之极。这是佛门中最难修的一宗。数百年来，传统断绝，直到弘一法师方才复兴，所以佛门中称他为重兴南山律宗第十一代祖师。他的生活非常认真。举一例说：有一次我寄一卷宣纸去，请弘一法师写佛号。宣纸多了些，他就来信问我，余多的宣纸如何处置？又有一次，我寄回件邮票去，多了几分，他把多的几分寄还我。以后我寄纸或邮票，就预先声明：余多的送与法师。有一次他到我家。我请他藤椅子里坐。他把藤椅子轻轻摇动，然后慢慢地坐下去。起先我不敢问。后来看他每次都如此，我就启问。法师回答我说：这椅子里头，两根藤之间，也许有小虫伏着。突然坐下去，要把它们压死，所以先摇动一下，慢慢地坐下去，好让它们走避。读者听到这话，也许要笑。但这正是做人极度认真的表示。

如上所述，弘一法师由翩翩公子一变而为留学生，又变而为教师，三变而为道人，四变而为和尚。每做一种人，都做得十分像样。好比全能的优伶：起青衣像个青衣，起老生像个老生，起大面又像个大面，都是认真的缘故。

现在弘一法师在福建泉州圆寂了。噩耗传到贵州遵义的时候，我正在束装，将迁居重庆。我发愿到重庆后替法师画像一百帧，分送各地信善，刻石供养。现在画像已经如愿了。我和李先生在世间的师弟尘缘已经结束，然而他的遗训认真永远铭刻在我心头。

## 文本导读

本文是一篇写人记事的纪实性散文，主要写一位“温而厉”的文学艺术大师。李叔同“由翩翩公子一变而为留学生，又变而为教师，三变而为道人，四变而为和尚，每做一种人，都做得十分像样”，可以看出他一生最大的特点是“认真”。

对于李叔同这样一位传奇人物，小小的一篇散文是很难容纳的。但本文善于选材,选取李叔同一生中极具代表性的五个时期,生动地展现了主人公每个时期的鲜活面貌。本文又善于从细微处入手。细节描写是指抓住生活中的细微而又具体的典型情节,加以生动细致的描绘,具体渗透在对人物、景物或场面描写之中。在本文中,无论哪个场景或事件,我们无时无刻不读到与“严肃”“认真”有关的字眼。李叔同的成功,就在于他的细微的动作、细微的神情,对待细微处的讲究。这个人物之所以栩栩如生,正是作者独到的细节描写的功劳,使读者从细微处见真实。

丰子恺崇拜李叔同,两人的师徒情谊天高地厚。本文字里行间渗透着作者真挚的感情。

文章语言朴素无华,不事雕琢,明白如话,通过轻松通俗的文字描绘生动的生活场景,颇具神韵。

## 课后练习

1.李叔同先生的“认真”表现在哪些地方?你有何感想?

2.李叔同早年曾是热血的爱国青年,后来却出家为僧。对李先生出家的选择,请发表你的看法。

3.搜集你喜欢的一位艺术家的相关资料,并结合资料写一段文字,分析他(她)的性格特点。

# 第二十七课 论莫扎特

## ——根据莫扎特的书信(节选)

罗曼·罗兰

## 相关介绍

### 1.作家简介

罗曼·罗兰(Romain Rolland,1866—1944)法国作家、音乐评论家,20世纪上半叶法国著名的人道主义作家。20世纪初,罗兰为让世人“呼吸英雄的气息”,替具有巨大精神力量的英雄树碑立传,连续写了几部名人传记:《贝多芬传》(1903)、《米开朗琪罗传》(1906)和《托尔斯泰传》(1911)(共称《名人传》)。同时他发表了长篇小说杰作《约翰·克利斯朵夫》,该小说于1913年获法兰西学院文学奖金,由此罗曼·罗兰被认为是法国当代最重要的作家。在提到艺术风格时,罗曼·罗兰表示,除了“诚恳”二字,他不希望别人承认他有什么别的优点。他的小说特点,常常被人们归纳为“用音乐写小说”。

罗曼·罗兰有着广泛的国际影响,也是著名的社会活动家,一生为争取人类自由,民主与光明进行着不屈的斗争。

### 2.莫扎特简介

沃尔夫冈·阿玛多伊斯·莫扎特(Wolfgang Amadeus Mozart,1756年1月27日–1791年12月5日),奥地利作曲家,杰出的古典主义音乐家,是人类历史上极为少见的音乐天才,被誉为“音乐神童”。莫扎特留下的重要作品包括了各种音乐类型:歌剧是莫扎特创作的主流,他与格鲁克、瓦格纳和威尔第并称为欧洲歌剧史上四大巨子,代表作有《费加罗的婚礼》《唐·乔万尼》《魔笛》等。莫扎特与海顿、贝多芬一起为欧洲交响乐写下了光辉的一页,他谱出的协奏曲、交响曲、奏鸣曲、小夜曲、嬉游曲等都成为后来古典音乐的主要形式。另外,他创作的《安魂曲》也是宗教音乐中难能可贵的杰作。

## 作品赏析

他[1]是快乐的，可是没有一个人的生活像他的那么艰苦。那是一场无休无歇的，跟贫穷与疾病的斗争。这斗争，到他三十五岁才由死亡加以结束。那末他的快乐是从何而来的呢？第一是从他的信仰来的。他的信仰没有一点儿迷信的成分，而是富于智慧的、坚强的、稳固的，非但没有被怀疑动摇，便是极轻微的怀疑也不曾有过。他的信仰非常恬静，和平，没有狂热的情绪，也没有神秘气息，他只是真诚的相信着。

他的艺术老是倾向于争取成功，同时却绝对不牺牲他的信仰。他写作乐曲的时候，始终注意到对群众的效果。然而他的音乐决不丧失尊严，只说它要说的话。

他心中的愿望，他实际上都能做到，而且他只愿望他所能做到的。他的作品有如生命的香味：正如一朵美丽的花，只要拿出劲来活着就是了。

他有的是一颗完全健康而平衡的灵魂，一颗平静的、没有热情的风暴，可是非常敏感、非常婉转柔顺的心，受着坚强的意志控制。这样的一个人假如能创造，必然比别人更能用客观的方式表现人生。

莫扎特深信歌剧必须真实地表现情感和性格，但表现的任务，他是交给音乐，而非交给歌词的。

诗歌的责任在于供给一个组织完美的布局，供给一些戏剧化的场面，“富于服从性的歌词，专为音乐写的歌词”。

音乐是否有这种力求表情真实的功夫？音乐是否永远能够，如莫扎特所说的，“像一颗情绪高涨的心的跳动”呢？——是的，只要这种心的跳动始终保持和谐。

他在 1781 年 9 月 26 日信中说：“因为感情——不论是否激烈——永远不可用令人厌恶的方式表现，所以音乐即使在最惊心动魄的场面中也永远不可引起耳朵的反感，而仍应当使它入迷，换句话说，要始终成为音乐。”可见音乐是人生的绘画，但这人生是经过净化的。反映心灵的歌词，必须对心灵有诱惑的力量，但不能伤害皮肉，“引起耳朵的反感”。音乐表现生命，但是是一种很和谐的表现。

莫扎特所描写的感情往往不是他自己的，而是在别人心中观察得来的。

莫扎特所歌咏的爱没有一点儿狂热的气息，也没有浪漫底克[2]意味；他歌咏的只是爱情的甜蜜或是爱情的惆怅。

莫扎特在一切激烈的感情中，只有骄傲与愤怒两项。最突出的激烈的感情——狂

---

① 他指的是莫扎特。

② 浪漫底克：romantic 的音译，现多译为“罗曼谛克”，浪漫之意。

热的爱，——从来没有在他身上出现过。就因为此，他全部的作品才有那种无可形容的清明恬静的特征……莫扎特的音乐所以能吸引我们，不但由于它对爱情有所知，还因为它对爱情有所不知。

莫扎特的心几乎永远是天真的；被他的诗意接触之下，什么都变了，

它绝不给人辛辣的回味，它毫无恶意，只因为能够活动，能够活着，能够忙碌，能说些疯话，作些傻事，能享受世界，享受人生而觉得快乐；莫扎特的精神是被一片爱的情绪浸透了的。

充沛的快乐自然会产生滑稽①。

他能把基督徒的灵魂和希腊式的美②融合为一，像贝多芬希望在"第十交响曲"中所实现的那样，把近代世界和古代世界调和起来，——这便是歌德在第二部《浮士德》中间所尝试的。

莫扎特表达神明的境界，在三件作品中特别显著；那三件作品是《安魂曲》、《唐·璜》和《魔笛》。《安魂曲》所表现的是纯粹基督徒信仰的感情，莫扎特把他那套迷人的手段和浮华的风韵完全牺牲了。他只保留他的心，而且是一颗谦卑、忏悔、诚惶诚恐、向上帝倾诉的心。作品中充满了痛苦的骇怯③和温婉的悔恨，充满了伟大的、信仰坚定的情绪。

两件作品是互相补足的。《唐·璜》说明宿命的力量，这力量压在一个被自己的恶习所奴役，被许多物质形象的旋涡所带走的人身上。《魔笛》所讴歌的，却是哲人们恬静而活泼的出神的境界。两件作品，由于朴素，有力和沉静的美，都有古代艺术的特色。

（选自罗兰·罗兰著，秦传安、王璠译《灵魂与呐喊》.东方出版中心 2012 年版）

## 文本导读

在聆听莫扎特创作的歌剧、协奏曲，阅读莫扎特的书信后，罗曼·罗兰写下了《论莫扎特》一文，从性格、信仰、天才三方面分析了莫扎特的音乐创作特点。

这篇音乐评论，既是对莫扎特音乐作品的直接分析，也是在熟悉莫扎特的人生经历、自我表述和时代背景的基础上所作的理论分析。罗曼·罗兰认为，莫扎特性格敏感、柔和，追求平衡，在音乐创作中，能很好地从客观出发，描述自己看到的世界。莫扎

---

① 滑稽：此处为幽默之意。

② 希腊式的美：被温克尔曼称为"高贵的单纯、静穆的伟大"。

③ 骇怯：此处为敬畏之心。

特的爱，是天真的，类似于儿童。虽然生活艰辛，但他一直对生命和世界充满热爱，追求自由，不肯对封建权贵低头，选择了独立创作的道路。他的音乐世界是和谐、完整、向上的。莫扎特具有发自内心、自然而然的真诚信仰。在音乐中，这种宗教观也表现为平衡世界的展现。他天赋极高，音乐创作流畅、快捷。在一生穷困潦倒、身体状况也受生活影响的情况下，莫扎特创作出“含泪的微笑”的作品，反映了他对于世界、生活的热爱，至今仍能打动世人。

罗曼·罗兰认为，莫扎特的音乐创作，接近于古希腊的作品，具有温克尔曼描述的“高贵的单纯、静穆的伟大”的特点。

## 课后练习

1.通过聆听莫扎特音乐作品，体会“含泪的微笑”的音乐内涵及生命的深度。

2.欣赏贝多芬、莫扎特的音乐作品，体会罗曼·罗兰对贝多芬、莫扎特不同的评析。

# 第二十八课　拉奥孔（节选）

莱　辛

## 相关介绍

### 1.作家简介

高特荷尔特·爱弗兰姆·莱辛（Gotthold Ephraim Lessing，1729–1781），德国启蒙运动时期的剧作家、文艺理论批评家、美学理论家。他出生于贫穷的牧师家庭，1746年入莱比锡大学学习神学，但醉心于文学、哲学，同时开始和戏剧界接触。1748年，处女作《年轻的学者》首演并获得成功，使他立下了要做“德国莫里哀”的志向。

此后他中断学业，以卖文为生，从事编辑和撰稿工作，主编过《柏林特许报》文学副刊等。1753年出版了《寓言与故事》，1755年创作了《萨拉·萨姆逊小姐》，1760年翻译了《狄德罗先生的戏剧》。在此期间莱辛与尼考莱和门德尔松共同主编《戏剧文库》，合办杂志《当代文学通信》。1766年写成美学名著《拉奥孔》，1767担任汉堡民族剧院的艺术顾问和演出评论员，并写成《汉堡剧评》。1772年创作著名悲剧《爱米丽娅·迦洛蒂》，1778年写成诗剧《智者纳旦》，二者与《萨拉·萨姆逊小姐》构成莱辛的三大名剧。

莱辛终生靠写作维持独立生活，成为德国文学史上第一个靠写作维持生活的职业作家。但是一生贫困，1781年2月15日因脑溢血在不伦瑞克逝世。

莱辛在戏剧理论、戏剧创作和美学方面作出了杰出的贡献。此外，他也写过诗体和散文体的寓言、有关哲学和神学的评论文章。

莱辛的主要理论著作有三部：《关于当代文学的通讯》（1760）、《拉奥孔》（1766）、《汉堡剧评》（1767）。《关于当代文学的通讯》简称为《文学书简》，涉及教育、翻译、诗律、语言等方面的问题。《拉奥孔》指出了诗与画的界限，还着重分析了古代雕刻与诗歌的表现手法，是德国古典美学发展中的里程碑。在《汉堡剧评》中，莱辛批判了古典主义的戏剧理论，并创立了市民剧理论。

1759年莱辛完成了《寓言三卷集》和《关于寓言的论文》，三卷寓言是用散文写的，语言精炼，风格朴素。这些寓言已经显露出莱辛对德国现实的批判的锋芒。

### 2.拉奥孔简介

拉奥孔(Laocoon)是希腊传说里的特洛伊英雄,阿波罗(或波塞冬)的祭司。其名最早出现在关于特洛伊的传说中,他的故事在《埃涅阿斯纪》里最后形成。

在希腊神话故事里的特洛伊战争中,希腊人使用了木马计,当时特洛伊城的祭祀和预言家拉奥孔出面阻止,他警告特洛伊人不要将木马引入城中。拉奥孔的举动触怒了雅典娜和众神要毁灭特洛伊的意志,于是雅典娜派出两条巨蛇将拉奥孔和他的两个儿子咬死。

《拉奥孔》(大理石群雕作品)又名《拉奥孔和他的儿子们》,是公元前一世纪中叶古希腊罗得岛的雕塑家阿格桑德罗斯(Agesandros)和他的儿子波利佐罗斯(Polydoros)、阿典诺多罗斯(Athanodoros)三人集体创作而成,现收藏于罗马梵蒂冈美术馆。

雕塑表现了一个触目惊心的瞬间:巨蛇缠绕着拉奥孔和他的儿子们,试图扼杀他们。右侧的小儿子已被蛇紧紧缠住,难以动弹;左侧的长子正试图摆脱蛇的缠绕,同时恐惧地望着父亲;中间的拉奥孔的头部向后仰着,嘴唇微张,脸由于痛苦而变形,他极力想使自己和孩子们从两条蛇的缠绕中挣脱出来。三个由于痛苦而扭曲的身体,所有的肌肉运动都已达到了极限,甚至到了痉挛的地步,整个作品弥漫着紧张而惨烈的气氛。

## 作品赏析

第二章 美就是古代艺术家的法律;他们在表现痛苦中避免丑话说出题外了。

我要建立的论点只是:在古希腊人看来,美是造形艺术的最高法律。

这个论点既然建立了,必然的结论就是:凡是为造形艺术所能追求的其他东西,如果和美不相容,就须让路给美;如果和美相容,也至少须服从美。

现在我要来谈一下**表情**。有一些激情和激情的深浅程度如果在面孔上,就要通过对原形进行极丑陋的歪曲,使整个身体处在一种非常激动的姿态,因而失去原来在平静状态中所有的那些美的线条。所以古代艺术家对于这种激情或是完全避免,或是冲淡到多少还可以现出一定程度的美。

……

如果把这个道理应用到拉奥孔,我所寻求的理由就很明显了。雕塑家要在既定的身体苦痛的情况之下表现出最高度的美。身体苦痛的情况之下的激烈的形体扭曲和最高度的美是不相容的。所以他不得不把身体苦痛冲淡,把哀号化为轻微的叹息。这并非因为哀号就显出心灵不高贵，而是因为哀号会使面孔扭曲，令人恶心。

第三章 造形艺术家为什么要避免描绘激情顶点的顷刻？……

我相信，艺术由于材料的限制，只能把它的全部摹仿局限于某一顷刻。

……

在一种激情的整个过程里，最不能显出这种好处的莫过于它的顶点。到了顶点就到了止境，眼睛就不能朝更远的地方去看，想象就被捆住了翅膀，因为想象跳不出感官印象，就只能在这个印象下面设想一些较软弱的形象，对于这些形象，表情已达到了看得见的极限，这就给想象划了界限，使它不能向上超越一步。所以拉奥孔在叹息时，想象就听得见他哀号；但是当他哀号时，想象就不能往上面升一步，也不能往下面降一步；如果上升或下降，所看到的拉奥孔就会处在一种比较平凡的因而是比较乏味的状态了。想象就只会听到他在呻吟，或是看到他已经死去了。

第十六章 荷马所描绘的是持续的动作，他只用暗示的方式去描绘物体……

既然绘画用来摹仿的媒介符号和诗所用的确实完全不同，这就是说，绘画用空间中的形体和颜色而诗却用在时间中发出的声音；既然符号无可争辩地应该和符号所代表的事物互相协调；那么，在空间中并列的符号就只宜于表现那些全体或部分本来也是在空间中并列的事物，而在时间中先后承续的符号也就只宜于表现那些全体或部分本来也是在时间中先后承续的事物。

全体或部分在空间中并列的事物叫做“物体”。因此，物体连同它们的可以眼见的属性是绘画所特有的题材。

全体或部分在时间中先后承续的事物一般叫做“动作”（或译为“情节”）。因此，动作是诗所特有的题材。

但是一切物体不仅在空间中存在，而且也在时间中存在。物体也持续，在它的持续期内的每一顷刻都可以现出不同的样子，并且和其它事物发生不同的关系。在这些顷刻中各种样子和关系之中，每一种都是以前的样子和关系的结果，都能成为以后的样子和关系的原因，所以它仿佛成为一个动作的中心。因此，绘画也能摹仿动作，但是只能通过物体，用暗示的方式去摹仿动作。

另一方面，动作并非独立地存在，须依存于人或物。这些人或物既然都是物体，或是当作物体来看待，所以诗也能描绘物体，但是只能通过动作，用暗示的方式去描绘物体。

绘画在它的同时并列的构图里，只能运用动作中的某一顷刻，所以就要选择最富于孕育性的那一顷刻，使得前前后后都可以从这一顷刻中得到最清楚的理解。

同理，诗在它的持续性的摹仿里，也只能运用物体的某一个属性，而所选择的就应该是，从诗要运用它那个观点去看，能够引起该物体的最生动的感性形象的那个属性。

（选自莱辛著，朱光潜译《拉奥孔》，人民文学出版社 1979 年版）

## 文本导读

宋代苏轼在《东坡题跋 · 书摩诘〈蓝关烟雨图〉》中说："味摩诘之诗，诗中有画；观摩诘之画，画中有诗。"意思是王维长于描写景物，使读者如置身图画当中。"诗中有画，画中有诗"用来形容诗的意境非常优美。但本文所说的是具体创作方法上的诗画不分，与中国古代诗论中的诗画关系不同。

在西方，"诗如画"的说法延续了千百年，古希腊诗人西蒙尼德斯就认为画是无言的诗，诗是能言的画；罗马诗人贺拉斯也说"诗即画"；德国著名的艺术理论家温克尔曼在他的古代艺术研究中也持这种观点。对此，莱辛在《拉奥孔》中重点探讨了诗与画的界限，辨析了诗与画的不同美学特征。

莱辛认为诗与画的界限存在于三个方面：一是模仿的媒介不同，画是空间艺术，诗是时间艺术。二是模仿的对象不同，画以空间中的颜色、形体为符号，宜表现全体或部分在空间中并列的物体；诗运用在时间中持续的声音和语言为符号，宜于表现全体或部分在时间中持续的事物。三是艺术作品的效果不同，绘画作用于人的视觉，以形体、色彩引起欣赏者的美感；诗作用于人的听觉，通过声音、语言使欣赏者产生丰富的联想。

此外，莱辛提出了诗与画的不同美学原则，实际上指的是诗与雕塑这种造型艺术的界限。他把维吉尔诗里描写的拉奥孔与雕塑《拉奥孔》进行了比较，认为绘画和雕塑这类空间艺术只宜描写在空间中并列的物体或某一瞬间的表情，擅长表现静态事物，因此美是它们的最高美学原则；而诗是时间艺术，在直接描绘形态美方面不如绘画、雕塑等造型艺术，但却有更广阔、更自由的空间，它善于描写动态的事物或事物的运动发展过程，真实地揭示人类的心灵世界，所以真是诗的最高美学原则。

莱辛虽强调诗与画的界限——诗是时间艺术，画是空间艺术，但他又没有绝对化，而是提出了艺术的时空辩证观。他指出，诗虽长于表现动作，但通过动作也可以暗示物体；画虽长于表现物体，但通过物体也可以表现动作，但诗与画的界限并不能因此而混淆。

## 课后练习

1.欣赏雕塑《拉奥孔》和维吉尔的史诗《埃涅阿斯纪》中关于拉奥孔的描写,体会莱辛对二者在创作方法上的比较,谈谈你的认识。

2.在造型艺术中任选一个作品,运用莱辛的观点分析“美是艺术的最高美学原则”。

3.在时间艺术中任选一个文学作品,运用莱辛的观点分析“真是文学的最高美学原则”。

# 第二十九课　悲剧的诞生(节选)

尼　采

## 相关介绍

尼采(Frjedrieh Njetzsehe,1844—1900),德国哲学家、古典语言学家、诗人。1864年进入波恩大学学习神学和古典语言学,次年放弃神学,转入莱比锡大学,开始接触叔本华的著作。1869年任瑞士巴塞尔大学语言学教授,同年,莱比锡大学免试授予他博士学位。其主要著作有:《悲剧的诞生》《偶像的黄昏》《查拉图斯特拉如是说》《善恶之彼岸》《反基督》《希腊悲剧时代的哲学》《论道德的谱系》《不合时宜的思考》《权力意志》等。

## 作品赏析

……我们最内在的本质,我们所有人共同的深层基础,带着深刻的喜悦和愉快的必要性,亲身经验着梦①。

日神②,作为一切造型力量之神,同时是预言之神。按照其语源,他是"发光者",是光明之神,也支配着内心幻想世界的美丽外观。这更高的真理,与难以把握的日常现实相对立的这些状态的完美性,以及对在睡梦中起恢复和帮助作用的自然的深刻领悟,都既是预言能力的、一般而言又是艺术的象征性相似物,靠了它们,人生才成为可能并值得一过。

或者由于所有原始人群和民族的颂诗里都说到的那种麻醉饮料的威力,或者在春

① 梦:幻想。

② 日神阿波罗(Apollo):古希腊神话中最著名的神祇之一,希腊神话中十二主神之一,是主神宙斯与暗夜女神勒托所生之子,阿尔忒弥斯的孪生哥哥,全名为福玻斯·阿波罗(Phoebus Apollo),意思是"光明"或"光辉灿烂"。阿波罗被视为司掌文艺之神,主管光明、青春、医药、畜牧、音乐等,是人类的保护神、光明之神、预言之神、迁徙和航海者的保护神、医神以及消灾弥难之神,是希腊神话中最多才多艺,也是最美最英俊的神祇。

日熠熠照临万物欣欣向荣的季节，酒神①的激情就苏醒了，随着这激情的高涨，主观逐渐化入浑然忘我之境。

在酒神的魔力之下，不但人与人重新团结了，而且疏远、敌对、被奴役的大自然也重新庆祝她同她的浪子人类和解的节日。……人不再是艺术家，而成了艺术品：整个大自然的艺术能力，以太一的极乐满足为鹄的，在这里透过醉的颤傈显示出来了。人，这最贵重的粘土，最珍贵的大理石，在这里被捏制和雕琢，而应和着酒神的宇宙艺术家的斧凿声，响起厄琉息斯秘仪②的呼喊："苍生啊，你们颓然倒下了吗？宇宙啊，你预感到那创造者了吗？"

希腊人知道并且感觉到生存的恐怖和可怕，为了能够活下去，他们必须在它前面安排奥林匹斯众神的光辉梦境之诞生。

在日神阶段，"意志"如此热切地要求这种生存，荷马③式人物感觉到自己和生存是如此难解难分，以致悲叹本身化作了生存颂歌。

个人带着他的全部界限和适度，进入酒神的陶然忘我之境，忘掉了日神的清规戒律。过度显现为真理，矛盾、生于痛苦的欢乐从大自然的心灵中现身说法。无论何处，只要酒神得以通行，日神就遭到扬弃和毁灭。

日神和酒神怎样在彼此衔接的不断新生中相互提高，支配了希腊人的本质；从"青铜"时代④及其泰坦诸神⑤的战争和严厉的民间哲学中，在日神的美的冲动支配下，怎样发展出了荷马的世界；这"素朴"的壮丽又怎样被酒神的激流淹没；最后，与这种新势力相对抗，日神冲动怎样导致多立克艺术⑥和多立克世界观的刻板威严。

---

① 酒神狄俄尼索斯(Dionysus)：与罗马人信奉的巴克斯(Bacchus)是同一位神祇，他是古代希腊色雷斯人信奉的葡萄酒之神，不仅握有葡萄酒醉人的力量，还以布施欢乐与慈爱在当时成为极有感召力的神。他推动了古代社会的文明并确立了法则，维护着世界的和平。此外，他还护佑着希腊的农业与戏剧文化。在奥林匹亚圣山的传说中他是宙斯与赛墨勒之子，又有说是宙斯与普赛芬妮之子。

② 厄琉息斯秘仪：古希腊农业庆节，始于雅典附近的厄琉息斯城，后传入雅典。

③ 荷马：古希腊盲诗人，公元前 873 年生。相传记述公元前 12 世纪—前 11 世纪特洛伊战争及有关海上冒险故事的古希腊长篇叙事代表作——史诗《伊利亚特》和《奥德赛》，即是他根据民间流传的短歌综合编写而成。据此，他生活的年代，当在公元前 10 世纪—前 9 或 8 世纪之间。他的杰作《荷马史诗》，在很长时间里影响了西方的宗教、文化和伦理观。

④ 青铜时代：人类利用金属的第一个时代。各地区的青铜时代开始时间不一。希腊、埃及始于公元前 3000 年以前，中国始于公元前 1800 年。青铜是铜和锡的合金。

⑤ 泰坦诸神(Titans)：希腊神话中天神和地神所生的六儿六女，与宙斯争夺统治权而为所败，象征大自然的原始暴力。

⑥ 多立克艺术：多立克柱式(Doric Order)是古典建筑的三种柱式中出现最早的一种(公元前 7 世纪)。(另外两种柱式是爱奥尼亚柱式和科林斯柱式)，它们都源于古希腊。在希腊，多立克柱式一般都建在阶座之上，特点是柱头是个倒圆锥台，没有柱础.柱身有 20 条凹槽，柱头没有装饰。建造比例通常是：柱下径与柱高的比例是 1 ∶ 5.5；柱高与柱直径的比例是 4 或 6 ∶ 1。多立克柱又被称为男性柱。著名的雅典卫城(Athen Acropolis)的帕提农神庙(Parthenon)即采用的是多立克柱式。

对于艺术世界的真正创造者来说,我们已是图画和艺术投影,我们的最高尊严就在作为艺术作品的价值之中——因为只有作为审美现象,生存和世界才是永远有充分理由的。

民歌首先是音乐的世界镜子,是原始的旋律,这旋律现在为自己找到了对应的梦境,将它表现为诗歌。因此,旋律是第一和普遍的东西,从而能在多种歌词中承受多种客观化。按照人民的朴素评价,它也是远为重要和必需的东西。旋律从自身中产生诗歌,并且不断地重新产生诗歌。

诗与音乐、词与声音之间唯一可能的关系:词、形象、概念寻求一种同音乐相似的表达方式,终于折服于音乐的威力。

且让我们把抒情诗看作音乐通过形象和概念的模仿而闪射的光芒,这样,我们就可追问:“音乐在形象和概念中表现为什么?”它表现为意志(按叔本华所赋予的含义来使用这个词),也就是表现为纯观照、无意志的审美情绪的对立面。

抒情诗丝毫不能说出音乐在最高一般性和普遍有效性中未曾说出的东西,音乐迫使抒情诗作图解。所以,语言绝不能把音乐的世界象征圆满表现出来,音乐由于象征性地关联到太一心中的原始冲突和原始痛苦,故而一种超越一切现象和先于一切现象的境界得以象征化了。相反,每种现象之于音乐毋宁只是譬喻;因此,语言作为现象的器官和符号,绝对不能把音乐的至深内容加以披露。

(选自尼采著,周国平译《悲剧的诞生》,生活·读书·新知三联书店1986年版)

## 文本导读

《悲剧的诞生》在于为人生创造一种纯粹审美的评价,审美价值是该书承认的唯一价值,尼采指出:“我们的宗教、道德和哲学是人的颓废形式。相反的运动:艺术。”尼采后来提出的“重估一切价值”的思想早已蕴含在他早期的美学理论中了。

尼采对于悲剧艺术和人生的痛苦有独特的理解和解释。在尼采看来,人生的欢乐需要释放人的意志,积极地去创造和感受;人生的痛苦虽然是不可避免的,但生命一定要有对抗痛苦的欢乐。在《悲剧的诞生》中,尼采借用希腊神话中的日神阿波罗和酒神狄奥尼索斯的名称,赋予其象征意义,形象地说明了艺术和人生的重大问题。

尼采认为,日神精神和酒神精神都是人的生命意志的本能体现:日神精神表现为“梦境”,是人的想象力的表现,产生绘画、雕塑等造型艺术,释放意志和诗意,使人生活在现实和理想两种状态中,感到人生富有意义。酒神精神则对应为“醉境”,体现为洒脱、旷达、豪放,是“情绪的总激发和总释放”,意味着力量的增长和欢乐的陶醉,产生音乐和舞蹈艺术,使人生过得快乐。对于日神—酒神精神的意义,尼采说,“正是靠着这一点,人生才成为可能,并值得一过”,“艺术……是此生的最高使命和真正的形而上活动”。

《悲剧的诞生》第一章开宗明义,指出悲剧源于酒神精神与日神精神的结合,接着作者向我们阐释了日神倾向与酒神倾向的含义。对于这两个核心关键词,尼采采用“梦”与“醉”两种状态来描述。日神理论为“关于秩序、静态美和明确界限的理论”。尼采说,“在梦的现实最栩栩如生的时候,它也还是给我们一种朦胧本质的不良感觉”,并将梦的现实称为“幻影”。对这一譬喻的理解需要在继续下去的阅读中慢慢体会。十八章开头对“意志迫使存在继续”所采取的三种手段的描述比较清晰地为我们提供了注解。其中,第二种手段,即“眼前飘拂的艺术之诱人美丽面纱”,正是日神精神之梦的另一个版本,再联系十七章里的相关论述,我们终于可以认识到日神精神应当包括以下两个层面的要求:第一,也就是具有根本性质上的规定性的——艺术的精神,或曰审美的精神。“梦”的喻体,以其“朦胧”的特性强调的就是日神精神区别于现实的、功利主义的审美特质,它所形成的是不同于刻板现实的另一个“美”的世界(“外观”)。第二,在表现形式上,是一种直观的、明确的审美效果,要求主体的高度客观性,是为日神艺术的“适度”原则,故尼采称阿波罗为“生成”“伦理”之神。实质上这是继承了早期希腊美学原则。与日神精神相类似,这一时期“希腊思维具有静观性”,因为“它认可现在的存在,而不要求对存在作根本的改变”,“和谐更适用于艺术”,日神艺术的代表《荷马史诗》恰恰完成于这个时期。“酒神-醉”,是一种杂糅着神秘主义、灵感论、迷狂说、空想主义等因子的狂歌乱舞状态,表现为“疯狂、过度和个体界限的崩塌”,众人在永恒真理的感召下融合成一个整体,达到回归太一的状态.在对“梦”与“醉”的理解过程中需要注意的主要有两点:第一,二者都属于审美范畴,只是程度上有所不同;第二,二者都是对最高真理的反映。从中我们可以明显地感受到尼采的文艺理论中强烈的非理性色彩。

如果说生命要靠日神来丰富,依赖这种梦境般冲动所形成的强大生命力以催人奋进,那么酒神的作用则在于使人类最个人最本质的天性与欲望得以显露。艺术则是它们永恒的形式与纽带,使人不断从自身中得到解脱,寻求救赎以达到超脱一切痛苦与磨难的悲剧性快感,进一步在音乐中转化为人性的自然,万物也就因此有了更为深刻的意义。

## 课后练习

1.如何理解西方话剧中的悲剧色彩?

2.如何理解日神的“梦”的艺术?请你用自己熟悉的艺术形式表现出来。

3.请你创作一个以“酒神-醉”的艺术为主题的话剧片段。

**图书在版编目(CIP)数据**

大学语文 / 李改婷主编. -- 北京：中国传媒大学出版社，2023.3(2024.3 重印)
ISBN 978-7-5657-3385-7

Ⅰ. ①大…　Ⅱ. ①李…　Ⅲ. ①大学语文课—高等学校—教材　Ⅳ. ①H19

中国国家版本馆 CIP 数据核字(2023)第 017646 号

**大学语文**
DAXUE YUWEN

**主　　编**　李改婷
**副 主 编**　马文文　邢香菊
**责任编辑**　黄松毅
**封面设计**　拓美设计
**责任印制**　阳金洲

**出版发行**　中国传媒大学出版社
**社　　址**　北京市朝阳区定福庄东街 1 号　　**邮　　编**　100024
**电　　话**　86-10-65450528　65450532　　**传　　真**　65779405
**网　　址**　http://cucp.cuc.edu.cn
**经　　销**　全国新华书店

**印　　刷**　北京中科印刷有限公司
**开　　本**　787mm×1092mm　1/16
**印　　张**　13.5
**字　　数**　256 千字
**版　　次**　2023 年 3 月第 1 版
**印　　次**　2024 年 3 月第 2 次印刷

**书　　号**　ISBN 978-7-5657-3385-7/H · 3385　　**定　　价**　49.00 元

**本社法律顾问：北京嘉润律师事务所　郭建平**